U0728186

江西中医药
发展报告 2020

主 编 章德林 王立元 姚东明

全国百佳图书出版单位
中国中医药出版社
·北 京·

图书在版编目（CIP）数据

江西中医药发展报告 . 2020 / 章德林，王立元，
姚东明主编 . -- 北京：中国中医药出版社，2024. 12
ISBN 978-7-5132-9198-9

Ⅰ . F426.77

中国国家版本馆 CIP 数据核字第 2024CA0235 号

中国中医药出版社出版

北京经济技术开发区科创十三街 31 号院二区 8 号楼
邮政编码　100176
传真　010-64405721
山东临沂新华印刷物流集团有限责任公司印刷
各地新华书店经销

开本 787×1092　1/16　印张 17.75　字数 389 千字
2024 年 12 月第 1 版　2024 年 12 月第 1 次印刷
书号　ISBN 978 - 7 - 5132 - 9198 - 9

定价　139.00 元
网址　www.cptcm.com

服 务 热 线　010-64405510
购 书 热 线　010-89535836
维 权 打 假　010-64405753

微信服务号　**zgzyycbs**
微商城网址　**https://kdt.im/LIdUGr**
官 方 微 博　**http://e.weibo.com/cptcm**
天猫旗舰店网址　**https://zgzyycbs.tmall.com**

如有印装质量问题请与本社出版部联系（010-64405510）
版权专有　侵权必究

《江西中医药发展报告（2020）》编委会

荣誉顾问	黄璐琦				
总 顾 问	刘红宁				
顾　　问	左铮云	朱卫丰	杨　明	周步高	周秋生	刘希伟
	李中方	郑林华	杜益波	徐道富	薛　晓	艾卫平
	周小青	薛铁瑛	徐　潮	龚一鸣		
主　　编	章德林	王立元	姚东明			
副 主 编	严小军	张寿文	李军山	陈晓凡	查清林	吴海波
	王军永	王素珍				
编　　委	柯　瑜	田　娜	朱　瑶	潘玲玲	时洪洋	陈永成
	敖梅英	聂鹤云	曹　征	周平生	严　军	聂　鹏
	刘志勇	王　飞	刘　霞	孟晓伟		
参与编写	谭萍芬	董燕婧	秦　倩	刘永忠	李永强	王业鸿
	方建和	颜冬梅	周　旭	程仕萍	林色奇	吴晓慧
	付培涛	周　翔	李　斐	吴亚芬	刘　畅	李　丛
	唐莉萍	刘路华	单　思	陈　鑫	周贵凤	祝　青
	田　磊	陈昭玖	廖　斌	吴依林	程　访	范转转
	向乐怡	何庆英	庾馨予			

联合资助

江西省重点新型智库"中医药与大健康发展研究院"

江西省管理科学研究基地"江西省大健康管理科学研究基地"

江西省科协高端科技创新智库研究基地"中医药与大健康发展研究基地"

江西中医药大学"中医药政策研究中心"

目　录

上篇　现状篇

中篇 对策篇

下篇　特色篇

上篇

现状篇

报告 I

江西省中医药发展的现状、趋势与对策研究

▶ 江西省中医药发展战略研究总报告

摘要：

2016 年以来，党中央、国务院把中医药工作摆在了更加突出的位置，江西省委、省政府贯彻落实习近平总书记考察江西的讲话精神，将中医药发展上升为"强省"战略。通过系统调研，课题组从中医药第一、二、三产业和科技创新人才培养四个维度，中药种植业、中药工业与流通、中医药医疗服务能力、中医药健康养生保健服务、人才培养与科技创新五个角度对江西中医药发展状况进行评估，认为：江西中医药取得了系列成效，中药材种植业发展突飞猛进，中医医疗服务能力稳步提升，中药工业继续居于全国第一方阵，中医药科创城建设初见成效，科技创新对中医药产业发展的支持力度明显增强，但在中药材种植、中医医疗服务、中医药养生保健服务等方面，江西仍处于全国中等位置，离"国内领先、世界知名"的中医药强省战略目标还有一定差距。基于中医药发展规律，报告具体提出以下对策建议：研究制定建设中医药强省、推动中医药高质量发展的若干政策，提升中医药治理能力现代化水平；建立中医药全行业管理机制，尽快制定如"中医药强省建设三年行动计划"等政策；创新人才培养模式，优化落实行业人才留赣政策；建立中医药发展工作的考评机制；在审评、审批制度和医保付费等领域先行先试；大力培育知中医药、信中医药、用中医药的群众基础。

关键词： 江西；中医药强省；十三五；战略研究

一、研究背景与意义

（一）党中央高度重视江西中医药发展

党的十八大以来，习近平总书记先后在 20 余次的讲话中强调发展中医药。2016

年，中共中央总书记、国家主席、中央军委主席习近平在江西江中药谷制造基地考察时指出，中医药是中华民族的瑰宝，一定要保护好、发掘好、发展好、传承好。2019年，习近平同志在江西视察时，要求江西努力在加快革命老区高质量发展上作示范、在推动中部地区崛起上勇争先。总书记的讲话为江西省未来的发展指明了方向，极大地促进了江西省中医药事业和产业发展。

（二）江西省委、省政府将中医药发展上升为"强省"战略

2016年11月，江西省委、省政府审时度势，在中国共产党江西省第十四次代表大会上正式提出"发掘利用中医药历史文化遗产，建设国家中医药综合改革试验区，打造国内领先、世界知名的中医药强省"，即中医药强省战略，并提出建设中国（南昌）中医药科创城的战略构想；随后出台了《江西省人民政府关于促进中医药事业发展的若干意见》《江西省"十三五"中医药发展规划》等政策文件。自省委、省政府提出中医药强省战略以来，中医药强省战略取得了哪些进展与成效？推进过程中还存在哪些问题？新的目标定位和更高要求下如何加快江西省中医药事业与产业发展？这些迫切需要进行调查研究，摸清底数，把脉问诊，提出对策，助推中医药强省建设。

（三）研究目的与意义

通过对江西省及周边省份尤其是全国中医药大省中药材种植、中药制造、中医医疗服务、养生保健及人才培养科技创新等方面的调查研究，摸清江西省中医药产业的底数与现状，比较江西省与外省的优势和不足，查找分析江西省中医药发展存在的问题及原因，探索打造"国内领先、世界知名"中医药强省的有效路径，推动江西省中医药事业在新起点实现新发展，使中医药产业成为江西省新的经济增长点，让群众享有更优质的中医药服务，为建设健康江西做出更大的贡献。具体而言：

1. 有利于将习近平总书记"保护好、发掘好、发展好、传承好中医药民族瑰宝"的指示落到实处。

2. 有利于进一步完善相关政策，助推早日实现江西中医药强省战略。

3. 有利于更好发挥江西省中医药特色优势，补足短板，提升江西省中医药医疗服务能力。

4. 有利于全面提升江西人民总体健康水平，满足人民对美好生活的需要。

二、研究方法及数据来源

本研究分为《江西省中药材种植业的现状、发展趋势及对策研究》《江西省中医医疗服务能力、发展趋势及对策研究》《江西省中药生产与物流企业的现状、发展趋势及对策研究》《江西省中医药健康养生保健服务能力、发展趋势及对策研究》《江西省中医

药人才培养、科技创新的现状、发展趋势及对策研究》5个部分。

本研究主要采用文献研究与专家咨询相结合、问卷调查与实地考察相结合、省内与省外对比分析相结合等研究方法。

本研究的数据来源主要包括：①政府部门的统计资料，如《中国卫生计生统计年鉴》《江西省卫生计生统计提要》等。②对各地市、重点区县、重点企业及医疗机构的实地调研数据。③外省数据主要通过官方网站搜集。其他文献资料主要来源于中国知网、万方、维普等数据库及政府或政府部门颁布的法规和政策文件。需要说明的是，由于中医药产业的统计制度不完善，实地调研也未能做到全覆盖，外省市数据难获取，导致部分数据不完整。

三、江西省中医药发展的现状

（一）中医药发展的成就

1. 中药材种植业发展突飞猛进

中药材种植是中医药产业的前端，也是中医药产业链中的第一产业。在各级政府的高度重视下，农业、林业、发改等部门协同发力，江西省中药材种植业发展突飞猛进，种植面积、产量及产值均有大幅提高。

种植面积上，全省2015年为72万亩，2018年达到168.9万亩，增长134.6%。宜春、上饶、抚州、吉安、新余等地中药材扩种趋势明显，尤其是上饶市，仅3年时间，其种植面积由原来的7.68万亩，攀升至2018年的24.00万亩，规模翻了3倍，种植规模显著提高。

产量上，全省2016年产量为21.87万吨，2018年达到41.86万吨，增长91.4%。宜春处于领跑地位；上饶、抚州、吉安、新余、赣州等地紧跟步伐，增产势头较猛；南昌、萍乡、鹰潭等地原始积累较晚，产量基数相对较小，处于稳步提升过程中；九江较平稳，处于小幅度提升状态。

产值上，全省中药材产值大幅度提高，由2016年的322319万元，攀升至2018年的850510.15万元，增幅显著。其中，宜春、上饶、抚州、吉安等地占比较大，分别为全省总产值的31.95%、22.29%、12.74%、15.51%。尤其是上饶市产值剧增，2016年仅为15390万元，占全省中药材产值的4.77%，2017年产值为17844万元，占全省中药材产值的4.34%，2018年疯狂增长，超越宜春，跃居省内第一，产值高达319757万元，占全省总产值的37.60%。相较于2016年，上饶市中药材产值翻了20.78倍。

中药材种植面积、产量、产值的增加得益于中药材种植主体的增加。经江西省市场监督管理局统计，截至2019年8月2日江西省登记注册的中药材种植主体8052家，较2015年的2186家，增加了5866家，增长2.68倍。

2. 中医医疗服务能力稳步提升

中医医疗服务能力是中医药事业发展的核心。截至 2018 年年底，江西省共有中医类医院 116 所，其中，中医医院 105 家，比 2015 年增加了 4 家，基本上做到了每个县都建有一所县级中医院。中医医院床位数 31389 张，其中中医医院 29645 张，比 2015 年增加了 5531 张。

截至 2018 年年底，江西省中医医院中医药人员达到 6367 人，自 2015 年以来年均增长 9.27%。其中，中医类别执业（助理）医师 4958 人，年增长率为 8.16%。江西省中医医院中医类别执业（助理）医师占比由 2015 年的 44.4% 增加到 48.6%，年均增长 3.06%。

截至 2018 年年底，江西省中医医院总诊疗人次、门急诊人次和出院病人分别达 1439.04 万人次、1316.14 万人次和 105.14 万人，过去 3 年年均增长分别为 5.15%、3.83% 和 8.64%。中医非药物技术治疗人次和中医非药物技术治疗人次占比分别为 430.24 万人次和 29.89%，3 年来年均增长 18.07% 和 12.27%。中医医院病床使用率为 90.02%。

中医医院中医服务能力指标（病床使用率除外）相对 2015 年均有不同程度增长，表明过去 3 年江西省中医医院中医药服务资源、中医药服务质量和效率指标均有提升，中医药服务能力有了较大提升。

3. 中药工业继续居于全国第一方阵

中药工业一直是江西省中医药产业的优势。"十三五"以来，江西省中药工业继续居于全国第一方阵。2018 年，全省中药产业实现主营业务收入 413.98 亿元。其中，中成药主营业务收入 322.32 亿元；中药饮片主营业务收入 91.66 亿元，排在全国第四位。

中药产业集群进一步扩大。目前，全省已经形成的多个医药产业集群，有 4 个以中医药为主，分别是南昌高新区医药产业集群、小蓝医药产业集群、樟树医药产业集群、袁州医药产业集群。各产业集群主营业务收入均突破 100 亿元，合计占全省医药行业总量的 40% 左右。其中，中医药产业主营业务收入均达到 50 亿元以上，占全省中医药产业总量的 60% 以上。集群内初步建成了集研发、孵化、中试、检测为一体的产品研发创新和公共服务平台，产业配套和基础设施建设也在加速完善。此外，在抚州高新技术产业开发区、井冈山经济技术开发区、新余高新技术产业开发区、南昌经开区桑海产业园等，也聚集了一批中医药企业，有望形成新的中医药产业集群。

中药龙头企业地位进一步巩固。按主营业务收入，江西济民可信集团有限公司（济民可信）、仁和（集团）发展有限公司（仁和药业）、江西青峰医药集团有限公司（青峰药业）、江中制药集团有限责任公司（江中制药）、江西青春康源集团有限公司（青春康源）、江西银涛药业股份有限公司（银涛药业）分列 2017 年度中成药工业百强企业第 3、24、26、39、88 和 93 位。这 6 家企业，无论是企业规模，还是行业知名度，均稳居行业前茅。按企业法人单位资产总额，江中制药、济民可信、仁和药业、青峰药业均榜上有名，分排 100 强的第 13、30、37 和 45 位。

此外，还有一批快速成长、加速发展的中医药企业，包括江西百神药业股份有限公司、江西普正制药股份有限公司、江西天施康中药股份有限公司、江西博士达药业有限责任公司、江西银涛药业股份有限公司、江西杏林白马药业股份有限公司、江西樟树天齐堂中药饮片有限公司、樟树市庆仁中药饮片有限公司等。这些企业近年来增长势头猛，领域内优势比较明显，是中医药产业未来发展的生力军。

4. 中医药科创城建设初见成效

中国（南昌）中医药科创城是江西省委、省政府重大战略部署。2017 年 3 月，江西省政府下发了《中国（南昌）中医药科创城建设方案》，提出了"一年定框架、两年出形象、三年见成效、五年大发展"的总体要求。经过 3 年建设，科创城已经初见成效。

一是基础设施、功能配套建设拉开框架。按照五大功能区块布局，科创城启动了总投资达 42 亿元的会展交易中心、公共研发中心及公共服务中心、标准厂房一期 1 标、扁鹊路东段等项目建设，目前总体进展顺利。会展交易项目 2 栋会展中心将于年底主体框架封顶，公共研发中心及公共服务中心年底出正负零，标准厂房一期 1 标年底主体结构全面封顶，扁鹊路东段已具备通车条件，下一步还将启动高端人才公寓、标准厂房二期、星级酒店及配套、星海湖生态环境整治等项目建设。

二是引资引智、平台建设成效凸显。科创城进一步加大引资引智力度，加快"筑巢引凤"，招大引强初见成效。一方面，引资成果凸显，先后洽谈项目 60 多个，签约项目 30 多个，总投资达 350 亿元，其中百亿元项目 2 个、40 亿元项目 2 个、20 亿元项目 2 个，含上市公司 6 家、龙头药企 4 家、研发机构 10 所，同时康美药业、国药集团等旗舰项目也在积极对接中。另一方面，平台引智卓有成效，省卫生、食监部门下属科研院所明确入驻中医药科创城，并初步明确了项目选址和临时办公场所；与中国中医科学院共建的道地药材认证标准检测中心正在加快装修中，与北京中医药大学的合作项目也在加快跟踪对接；同时聘请了詹启敏、黄璐琦两位院士及徐安龙、巴里·马歇尔（诺贝尔奖获得者）、王国辰等为科创城发展顾问。

5. 中医药科技创新对中医药产业发展的支持力度明显增强

中药大品种科技竞争力居于全国中上水平。2018 年，江西省 25 个产品入围中药大品种，位于全国第 11 位；总科技因子 381.414 分，位于全国第 12 名；平均科技因子 15.257 分，位于全国第 17 位；青峰药业的喜炎平注射液、济民可信的金水宝胶囊、江西沃华济顺医药有限公司的荷丹片分别以 65.614 分、40.554 分、33.436 分登上"中药大品种（全品类）科技竞争力百强榜"的第 7、34、65 名；另外，济民可信的金水宝胶囊同时也位于"中药大品种（非注射类）科技竞争力百强榜"的第 24 名。

"热敏灸技术"推广应用加快。自 2015 年"热敏灸技术的创立及推广应用"荣获国家科技进步奖二等奖以来，该技术在国内 27 个省、自治区、直辖市的 500 余家医院推广应用，并推广到了葡萄牙等国，迄今为止治疗患者 500 万例，现已经被国家列为重点研究和推广项目。该项技术的推广与应用，使我国中医界逐渐形成了"南看江西灸，北看天津针"的发展格局。依托热敏灸技术，组建了省市县中医医疗机构"热敏灸联盟共同体"，目前全省已有 21 个联盟单位签订了协议，实施八个统一，上下联动，基本形成了以热敏灸技术为核心的中医医疗康复联合体。

（二）存在的主要问题

"十三五"以来，江西省中医药强省建设成效喜人，但本次调研的结果也表明还存在不少问题。

1. 中药材种植方面

一是中药材种植面积迅速增长，但规范化、标准化的中药材种植面积不到一半，重产量轻质量，滥用化肥、农药、生长调节剂现象较为普遍，种植技术落后不规范、药材农残、重金属超标现象严重，药材质量稳定性、均一性差。二是中药农业与中药工业没有形成有效的产业链，中药工业所需的原材料大部分从省外采购，省内种植的中药材又大部分销往省外，一二产业各自为政。三是发展无序，抗市场风险能力较弱。目前，栀子、枳壳、吴茱萸、芡实等大宗品种，各地争先引入，一哄而上，种植养殖呈无序、混乱发展状态，造成规模过剩、恶性竞争，价格上此起彼伏，抗市场风险能力低，严重影响了种植养殖业的健康发展。

2. 中药工业方面

一是中成药主营业务收入出现较大波动，2016 年为 416.49 亿元、2017 年为 458.89 亿元、2018 年为 322.32 亿元，2017 年较 2016 年增长 10.18%，而 2018 年却较 2017 负增长 29.76%。二是产品同质化严重，功能相同的片剂、胶囊、保健品很多药企都有生产，独家品种、中药提取物、配方颗粒、功能性保健食品等高附加值产品较少。

3. 中医医疗服务方面

一是基层医疗机构中医药服务能力下降。2015 年，江西省基层医疗卫生机构中医类别执业（助理）医师总数为 7038 人，而 2018 年却减少为 6161 人，3 年来年均减少 4.34%。这直接导致能够提供中医药服务的基层卫生机构数量和占比有所下降。2018 年，能够提供中医药服务的乡镇卫生院、村卫生室数量分别为 1401 个和 14685 个，相比 2015 年年均减少了 1.43% 和 5.28%。2018 年，能够提供中医药服务的社区卫生服务中心、乡镇卫生院以及村卫生室占比分别为 88.04%、87.84% 和 62.00%，相对 2015 年，年均减少 2.89%、1.68% 和 2.59%。二是财政投入同中医药强省战略目标相差甚远。2018 年度，江西省中医医院事业经费为 29067 万元，相对 2015 年度（36842 万元）年均减少 7.6%，表现为中医医疗机构，尤其是各级中医院基础设施建设滞后。实地调研获知，有些地市中医院新院建设完全依赖自筹资金，或者使用本地人民医院废弃不用的旧院，而人民医院新院建设多为"交钥匙"工程。三是受各种因素影响，中医医疗服务量占比较少，中医机构西医化现象仍然存在。

4. 中医养生保健服务方面

一是社会办中医养生保健机构监管较为混乱，中医管理部门无法对其进行有效监管，其开展的中医养生保健活动是否符合国家中医药管理局发布的《中医养生保健服务规范（试行）》无法进行认定。二是医疗机构中医养生保健项目定价偏低。调查数据显示，当前医疗机构中医养生保健项目每次收费以 20～40 元为主，其次是 40～60 元，相比社会养生保健机构的收费，中医养生保健项目的定价是偏低的。过低的收费不利于调动养生保健人员的积极性。

5. 中医药科创城建设方面

按照《中国（南昌）中医药科创城建设方案》（赣府字〔2017〕19 号）确定的发展目标，科创城建设分 2020 年和 2030 年两个阶段进行。到 2020 年，基本完成科创城建设，各功能区块影响力和辐射力显著提高。一是创新能力明显增强。基本建成"点、线、面、体"的技术创新及成果转化体系。"点"，即建成 5 个以上国家工程（技术）研究中心、国家重点（工程）实验室、国家企业技术中心等平台；"线"，即按照药材种植、新药创制、装备研制等细分专业，建成 20 个以上省部级企业技术中心、工程（技术）研究中心、实验室等平台；"面"，即推进企业建成 50 个以上内部研发机构，消化应用高层次研究成果；"体"，即建成 50 万平方米以上创新创业、孵化加速基地，承接各类创新成果的产业化。二是人才集聚效应充分显现。按照"引进一批、聚集一批、培育一批"的方式，力争实现"四个 5"目标，即引进 5 名以上中医药领域的两院院士、国医大师，聚集 50 名以上千人计划和省内各类高层次人才引进计划人才，培育 50 名中医药产业和学科领军人才，科创城技术人员占从业人数比重不低于 50%。三是引领产业发展作用更加凸显。增强科技创新对中医药产业的辐射带动作用，力争实现"四个 1"目标。即：推动中医药领域科技成果转化超过 100 项，培育中医药领域创新型初创企业超过 100 家，引领中医药产业主营业务收入突破 1000 亿元，中医药产业占全国的比重提升至 10%。但是对照建设指标，建设进展还是非常缓慢，如果不能全力推动，要实现上述目标非常困难。

（三）对中医药强省建设进展的总体评价

江西省委、省政府确定建设中医药强省战略目标后，先后制定了《江西省人民政府关于加快中医药发展的若干意见》《江西省"十三五"中医药发展规划》《中国（南昌）中医药科创城建设方案》等指导性文件和其他一系列实施方案，对照这些文件所确定的具体目标，本次调查结果表明：中医药强省建设成效明显，但是与国内先进省市相比，我们离"国内领先、世界知名"的中医药强省战略目标还有较大差距。

四、江西中医药发展的趋势

(一) 面临的机遇

1. 党和国家高度重视，中医药发展迎来新春天

党的十八大以来，习近平总书记有 20 多次讲到中医药的重要作用，强调要加快发展中医药事业。如 2015 年 2 月 15 日，习近平总书记在西安雁塔区一家社区中医馆调研时说："很多患者喜欢看中医，因为副作用小，疗效好，中草药价格相对便宜。像我自己也喜欢看中医。"2016 年 8 月 19 日，习近平总书记在全国卫生与健康大会上强调："要着力推动中医药振兴发展，坚持中西医并重，推动中医药与西医药相互补充、协调发展，努力实现中医药健康养生文化的创造性转化和创新性发展。"这些讲话极大地促进中医药事业发展。

2015 年 4 月，国务院办公厅发布《中医药健康服务发展规划（2015—2020 年）》，2016 年印发了《中医药发展战略规划纲要（2016—2030 年）》。2017 年 7 月《中华人民共和国中医药法》（简称《中医药法》）正式实施，从法律层面明确了中医药的地位、发展方针和扶持措施，为中医药事业发展提供了法律保障。各职能部门及地方各级人民政府围绕中医医疗服务、养生保健、中药材种植、中药产业、中医药文化传播、中医药健康旅游等纷纷出台相关的规划、实施方案、行动计划，中医药呈现蓬勃发展的新气象。

2. 人民生活水平提高，催生中医药新需求

随着我国经济实力增强，生活水平提升，人民群众健康观念由"重治疗、轻预防"向"预防与治疗并重"转变，对中医药的需求大幅增长，尤其是中医药产业市场将大幅拓展。

3. 科技创新加快，为中医药发展注入新动力

科技创新是引领经济社会发展的不竭动力，也是引领中医药产业转型升级的核心要素。以信息技术、互联网为代表的数字技术必将给中医药相关产业带来革命性变化。在创新科技的大力驱动下，未来中医药产业的价值将发生重大改变，无论是中医还是中药，绿色化、数字化、智能化、高端化都将不可避免，整个中医药产业都将迈入一个全新的发展领域，发展空间将变得无限广阔。

4. "一带一路"建设，为中医药发展带来新机遇

"一带一路"秉持开放包容精神，充分依靠中国与有关国家既有的双多边机制，借助既有的、行之有效的区域合作平台，不断拓展同世界各国特别是周边国家的互利合作，也为中医药国际化发展带来巨大机遇。

（二）面临的挑战

1. 竞争加剧，抢抓机遇的难度增大

在"健康中国"的大背景下，随着党和国家对中医药事业的高度重视，全国各省、自治区、直辖市都根据自身的优势特色提出了建设中医药大省或中医药强省的目标，纷纷出台支持中医药发展的政策措施，从中医药资源分配、中医药人才引进、中药企业重组兼并等方面开展了激烈竞争。

2. 人才缺乏成为制约中医药发展的瓶颈

与经济发达的省市相比，江西省对中医药人才的吸引力优势不足，相反，江西省中医药行业原有的骨干人才很容易被挖走，导致人才不足。

3. 体制机制不顺，管理效率低下，政策实施难于形成叠加效应

由于中医药涉及第一、二、三产业，产业链条长，管理部门多，从现状看，虽然成立了中医药强省建设领导小组，出台了众多政策措施，但协调依然困难，导致管理效率低下，政策实施难于形成叠加效应。

（三）发展方向与重点任务

1. 中医医疗领域

在不断完善中医医疗体系基础上，深入研究中医在治疗癌症等重大疾病中的作用，全面提高中医药应急救治和重大传染病防治能力。

2. 中药材种植领域

加快建设中药材种植科技服务体系，提升中药材种植规范化、标准化水平，不断提高中药材质量，降低中药材种植风险。

3. 中药工业方面

借助科技创新，推进中药制造向智能化、信息化、绿色化转型升级是发展方向，加快品牌建设，创新运营管理模式。

4. 中医养生保健服务

制定养生保健服务标准，规范中医养生保健服务行业经营秩序，重点提升基层医疗机构的中医养生保健能力。

5. 中医药科技创新领域

抓紧江西潜力中药品种、大品种、优势品种二次开发的研究，充分发挥樟帮和建昌帮传统技术优势，利用江西省道地特色中药材资源，开展中药饮片规范化炮制、中药配方颗粒、中药标准提取物研究及其产业化应用研究，打造江西精品中药饮片，扩大中药饮片产业规模。

五、加快推进中医药发展对策建议

（一）宏观方面

1.建立中医药全行业管理机制对中医药进行统一管理，组建政府直属厅局，充分发挥中医药强省领导小组的作用。

2.依据《江西省人民政府关于加快中医药发展的若干意见》《江西省"十三五"中医药发展规划》《中国（南昌）中医药科创城建设方案》等指导性文件及中医药强省建设进展情况，制订"中医药强省建设三年行动计划"。

3.针对中医药人才紧缺状况，一是创新人才培养模式，二是制定人才留赣政策。

4.建立中医药发展工作的考评机制，将其纳入政府部门的考核范围，督促政府部门重视中医药的发展。

5.江西作为国家中医药发展综合试验区，应该敢于先行先试。

6.大力培养知中医药、信中医药、用中医药的群众基础。

（二）微观方面

1.加强对大品种道地药材的药物经济学研究，就不同品种的经济发展潜力做出评估，选择具有较大经济价值和市场潜力的品种重点推广种植。中医药管理局和农林部门联合建立中药材种植科技服务中心，为种植业主提供技术指导，提高中药材质量。

2.制定中医医疗机构投资政策，促进中医药与健康旅游、养生保健、养老服务等新业态融合发展。

3.制定基层医疗机构开展规范化中医养生保健服务政策，提高中医养生保健服务的可及性。

4.完善中小企业服务体系，鼓励中小企业向"专、精、特、新"方向发展，打造一批中医药"小巨人"企业。

5.制定扩大消费政策，激发居民对中医养生保健的需求。

总负责人：姚东明

主要成员：周步高，吴海波，李军山，张寿文，查清林，陈晓凡，谭萍芬，范转转，向乐怡

江西省中药种植业的现状、发展趋势及对策研究

▶ 江西省中医药发展战略研究分报告之一

摘要：

中药种植位于中医药产业链上游，是中医药产品的中药来源。为客观了解江西中医药发展水平，从中药种植角度更好研究江西中医药发展规律，课题组对江西 2016—2018 年中药材种植业发展情况进行调研分析。团队对江西 11 个地市中药材种植品种进行摸底，掌握各县区中药材的种植面积、产量、产值等基础数据。通过摸排中药材种植主体情况，还掌握了从业技术人员奇缺的情况，并梳理了地方支持中药种植的政策文本。结合中药种植业的发展趋势，报告认为中药材种植规模化、标准化、市场化、区域道地化、机械化是未来一段时期的发展方向。报告提出了针对性的对策建议，具体包括：建设中药材产业技术服务平台，加强问题研究、强化科技支撑，建设中药材产业技术创新平台，完善中药材产业保障体系，开展产业示范区建设，打造赣药道地品牌、推进产业优势区建设，发展药食同源药材生产加工、对接大健康产业，发展中医药健康旅游、拓展产业范畴，营造良好的产业发展环境，强化专业人才队伍建设，组建江西省中药材种植行业协会等措施。

关键词：中药材；中药种植；赣药；道地药材；专业技术人员

一、研究背景与意义

为贯彻落实国家即将出台的《关于传承发展中医药事业的意见》精神，了解掌握江西省实施中医药强省战略以来所取得的进展与成效，研究探索新形势下加快江西省中医药事业发展的有效途径，推动江西省加速实现"国内领先、世界知名"的战略目标，团队围绕中药材领域开展本次调研。

通过对江西省及周边省份尤其是全国中医药大省中药种植、初加工等方面的调查研究，可以摸清江西省中医药产业的底数与现状，了解江西省与外省相比较的优势和不足，

分析江西省中医药发展存在的问题及原因，探索打造"国内领先、世界知名"中医药强省的有效路径，推动江西省中医药事业在新起点实现新发展，使中医药产业成为江西省新的经济增长点，让群众享有更优质的中医药服务，为建设健康江西做出更大的贡献。

二、研究方法及数据来源

（一）研究方法

1. 文献查阅

课题组通过中国知网、电子期刊资料库等获取文献综述、发展历史、概念定义等相关内容，获取 2016—2018 年江西省统计年鉴中耕地面积，分县区中药材播种面积、产量、单产、产值；通过查找政府官方网站，获取国家发布的政策依据、中药材"十三五"发展规划等相关内容；通过查阅发表的论文及研究课题，获取江西省中药材资源研究进展；通过查找中药材天地网、康美中药材网、药通网及药智网等数据中心，获取中药材价格、需求、行业前沿信息及市场前景分析相关内容。

2. 数据收集和分析

课题组通过走访统计局、卫生健康委员会（简称"卫健委"）、农业农村厅、食品药品监督管理局、工业和信息化部（简称"工信部"）及中医药管理局等相关单位，获取中药材种植面积、区域分布、种植种类、生产加工企业等信息。经汇总概括后为抽选样本提供依据，并跟踪调查相关数据，统计分析动态变化情况。

3. 实地走访

课题组通过对选样县、乡中药材种植基地、合作社、种植大户，收购、生产加工企业等进行实地走访、访谈并填写调查问卷，对部分数据的真实性进行核实。通过跟踪统计有关数据，观测动态趋势和增长速率，并着重调查各区域种植种类、面积、种子种苗采购、种植管理技术、病虫害防治、产量及产能，以及饮片加工及深加工开发利用情况，和经济效益及扶贫领域开发等情况。

4. 调查问卷

课题组着重统计了企业基本情况、企业技术人员情况、土地流转情况、种植基本情况、规模变化。问卷详见附录。

问卷方法：实地访谈并填写问卷。

调查对象：企业、合作社、家庭农场、种植大户。

（二）调研内容及数据来源

1. 江西省中药材种植品种调查

课题组通过调查摸清江西省中药材种植品种的种类和数量，按道地药材、特色药材、药食两用药材、野生药材、动物类药材和其他药材种类进行归类。数据截至 2018 年。

2. 江西省中药材种植规模、产量、产值情况调查

课题组统计了近 3 年江西省中药材种植业基础数据，主要包括各县区的种植面积、产量、产值等。

课题组拟实地调查县市为樟树（宜春市）、新干（吉安市）、湖口（九江市）、鄱阳县（上饶市）、德兴市（上饶市）。

3. 江西省中药材种植主体情况调查

课题组对江西省中药材种植主体（企业、合作社、家庭农场以及种植大户等）情况进行调查。

4. 江西省中药材种植基地情况调查

课题组调查基地规模、基地生产管理状况、经济效益、组织生产方式（农户、种植合作社、药企委托建设、产业巨头还是其他产业资本的投入）、产业扶持政策等。

5. 江西省中药材种植主体技术人员职称情况调查

课题组调查江西省中药材种植主体种植、生产、管理、加工等环节的技术人员数量、技术人员职称情况，从人才角度分析探讨江西省中药材种植业发展情况。

6. 江西省中药材种植发展主要县市相关政策情况调查

课题组调查江西省中药材种植发展主要县市，在江西省颁布实施"中医药强省"战略颁布实施之前及 2016—2018 年，关于促进、加强、保障本县市中药材种植业发展的相关配套政策，从政策层面了解江西省"中医药强省"战略实施情况。

其中，第 1、2、4、5、6 项数据来源于各地市农业农村局，以及课题组实地抽样调查，第 3 项数据来源于江西省市场监督管理局。

三、江西省中药种植业发展现状

（一）发展成就

课题组通过对江西省 2016—2018 年中药材种植业发展情况进行调研，调查分析江西省中药材种植业基本情况，结合中医药产业二产、三产探讨江西省中药材产业发展中的瓶颈问题，并针对存在的问题提出相应的对策，以期为江西省中药材产业的快速、健康发展提供科学依据。具体成就包括 6 个方面。

1. 江西省 11 个地市中药材种植品种调研结果

课题组对江西省 11 个地市中药材种植品种进行调研（数据来源：各地市农业农村局），统计结果如表 2-1 及图 2-1。

表 2-1　江西省各县市中药材种植品种统计

县市	数量（个）	品种名称
南昌	13	栀子、吴茱萸、枳壳、旱半夏、芡实、蔓荆子、决明子、菊花、金银花、凤仙花、龙脑樟、黄姜、铁皮石斛
宜春	39	枳壳、吴茱萸、栀子、车前子、太空莲、决明子、太子参、知母、芡实、半夏、瓜蒌、黄精、蔓荆子、金银花、葛根、射干、绞股蓝、金丝皇菊、药用玫瑰、白及、白术、白芷、白芍、苦参、玄参、丹参、夏枯草、厚朴、杜仲、薰衣草、粉防己、紫珠、重楼、千斤拔、黄柏、五指毛桃、蝎子、水蛭、蚯蚓
九江	62	枳壳、栀子、吴茱萸、射干、铁皮石斛、芡实、山楂、金银花、大天冬、小天冬、白及、黄精、芍药、前胡、博落回、玉竹、红豆杉、葛根、凤仙花、白术、金樱子、艾草、白芷、三叶木通、覆盆子、丹参、玄参、莲子、皇菊、鱼腥草、麦冬、桔梗、重楼、车前子、蔓荆子、信前胡、半夏、白花蛇舌草、颠茄草、夏枯草、瓜蒌、玫瑰茄、彭泽贝母、地黄、延胡索、地肤子、杜仲、厚朴、川芎、杭白菊、黄蜀葵、淫羊藿、薄荷、粉防己、山药、钩藤、细辛、野百合、绞股蓝、牛大力、五指毛桃、黄连
上饶	48	三叶青、覆盆子、延胡索、前胡、吴茱萸、代代花、枳壳、迷迭香、金银花、玉竹、黄菊、葛根、铁皮石斛、黄精、牛大力、重楼、白及、杜仲、辛夷、银杏、小蜡梅、决明子、栀子、芡实、丹参、艾草、回青橙、金线莲、甜叶菊、黑老虎、三叶木通、百合、蔓荆子、何首乌、粉防己、太子参、金樱子、信前胡、三棱、木槿花、土茯苓、钩藤、白芷、浙贝母、益母草、青钱柳、草珊瑚、白莲
抚州	27	栀子、瓜蒌、金银花、白花蛇舌草、紫苏、香榧、金毛耳草、杜仲、泽泻、何首乌、艾草、枳壳、白芷、右旋樟脑、覆盆子、油用牡丹、芍药、丹参、樟芝、吴茱萸、铁皮石斛、怀山药、葛根、丝瓜络、大枣、菊花、灵芝
吉安	69	龙脑樟、太子参、铁皮石斛、艾草、白芍、甜叶菊、黄精、栀子、黄柏、竹荪、重楼、杜仲、莲子、车前草、厚朴、灵芝、绞股蓝、覆盆子、桑椹、边三七、夏枯草、红豆杉、沙参、枳壳、吴茱萸、草珊瑚、红石猴、川贝母、何首乌、藤三七、车前子、陈皮、吴茱萸、玉竹、决明子、葛根、山药、百合、茯苓、无患子、白及、银杏、瓜蒌、木芙蓉、虎杖、温郁金、紫苏、射干、牡丹皮、钩藤、蔓荆子、金银花、延胡索、白术、白芷、芙蓉花、平卧菊三七、粉防己、石菖蒲、菊花、半夏、香榧、蒲公英、大天冬、皂角、山苍子、皇菊、白花蛇舌草、芳樟
萍乡	17	铁皮石斛、栀子、虎杖、车前子、广东紫珠、枳壳、杜仲、前胡、金银花、玉竹、重楼、白芷、白花蛇舌草、白术、白芍、板蓝根、知母
新余	38	玉竹、射干、太子参、吴茱萸、温郁金、栀子、玄参、丹参、覆盆子、三叶青、香薷、白及、广东紫珠、车前子、参薯、天花粉、夏枯草、夏天无、延胡索、白花蛇舌草、枳壳、蔓荆子、黄精、草珊瑚、重楼、钩藤、金丝皇菊、牛大力、青钱柳、急性子、肉桂、秋葵、艾草、粉防己、辣木、莲子、千斤拔、溪黄草

（续）

县市	数量（个）	品种名称
景德镇	33	车前子、芡实、延胡索、夏天无、葛根、艾草、钩藤、栀子、覆盆子、枳壳、吴茱萸、前胡、半夏、黄精、重楼、黄菊、秋葵、瓜蒌、银杏、金银花、紫菀、莪术、三棱、白及、白芍、防己、太子参、杭白菊、浙贝母、厚朴、灵芝、金银花、红豆杉
赣州	66	三叶木通、白花蛇舌草、白及、白莲、白芍、百合、板蓝根、半枫荷、半夏、草珊瑚、丹参、党参、杜仲、防风、粉防己、茯苓、腐婢、覆盆子、葛根、枸杞子、何首乌、厚朴、黄柏、黄花倒水莲、黄精、黄芪、栀子、藿香、金槐花、金银花、金樱子、桔梗、菊花、辣木子、灵芝、龙脑樟、罗汉果、牡丹、南非叶、牛大力、重楼、前胡、三叶青、桑椹、芍药、射干、神仙草、升麻、石仙桃、水半夏、太子参、田七、铁皮石斛、吴茱萸、五指毛桃、夏枯草、仙草、香蒲、山香圆、药菊、薏苡仁、郁金、郁李仁、知母、枳壳、紫珠
鹰潭	29	夏天无、广东紫珠、白花蛇舌草、地锦、延胡索、温郁金、玉竹、浙贝母、吴茱萸、皖贝母、鸢尾、艾草、麦冬、香薷、铁皮石斛、莲子、瓜蒌、栀子、百合、山药、皇菊、佛手、葛根、枳壳、藏红花、草珊瑚、巴西人参、黄精、香橼
合计	173	艾草、巴西人参、白花蛇舌草、白及、白芍、白术、白芷、百合、板蓝根、半枫荷、半夏、薄荷、边三七、博落回、参薯、藏红花、草珊瑚、车前、陈皮、川贝母、川芎、大天冬、大枣、代代花、丹参、党参、地肤子、地黄、地锦、颠茄草、杜仲、莪术、芳樟、防风、防己、粉防己、凤仙花、佛手、芙蓉花、茯苓、腐婢、覆盆子、葛根、钩藤、枸杞子、广东紫珠、杭白菊、何首乌、黑老虎、红豆杉、红石猴、厚朴、虎杖、怀山药、皇菊、黄连、黄柏、黄花倒水莲、黄姜、黄精、黄菊、黄芪、黄蜀葵、回青橙、淫羊藿、藿香、急性子、江枳壳、绞股蓝、金槐花、金毛耳草、金丝皇菊、金线莲、金银花、金樱子、桔梗、菊花、决明子、苦参、瓜蒌、辣木、莲子、灵芝、龙脑樟、罗汉果、麦冬、蔓荆子、玫瑰茄、迷迭香、牡丹、木芙蓉、木槿花、南非叶、鸢尾、牛大力、彭泽贝母、平卧菊三七、蒲公英、千斤拔、前胡、芡实、青钱柳、秋葵、蚯蚓、肉桂、三棱、三叶木通、三叶青、桑椹、沙参、山苍子、山香圆、山药、山楂、芍药、射干、神仙草、升麻、石菖蒲、石仙桃、水半夏、水蛭、丝瓜络、太子参、藤三七、田七、甜叶菊、铁皮石斛、土茯苓、皖贝母、温郁金、无患子、吴茱萸、五指毛桃、溪黄草、细辛、夏枯草、夏天无、仙草、香榧、香蒲、香薷、香橼、小蜡梅、小天冬、全蝎、辛夷、玄参、薰衣草、药菊、药用玫瑰、野百合、益母草、薏苡仁、银杏、右旋樟脑、鱼腥草、玉竹、郁金、郁李仁、延胡索、皂角、泽泻、樟芝、浙贝母、知母、栀子、枳壳、重楼、竹荪、紫苏、紫菀、紫珠

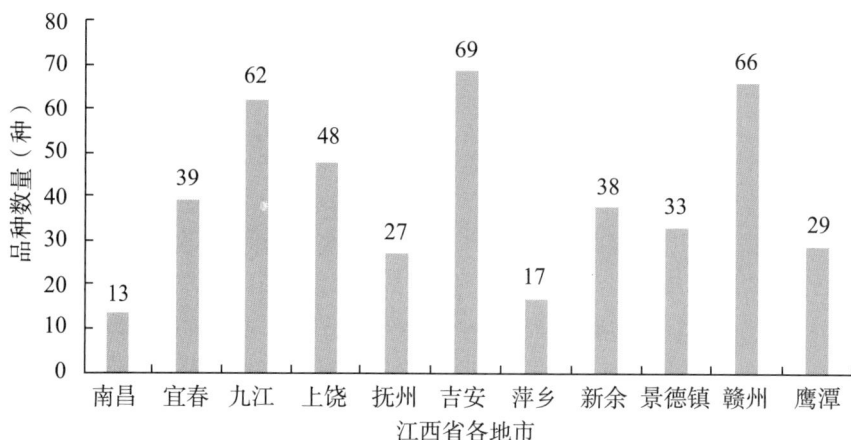

图 2-1　2019 年江西省各地市中药材种植品种数量统计

通过调查发现，江西省目前种植的中药材品种共计 173 种。其中，南昌 13 种，宜春 39 种，九江 62 种，上饶 48 种，抚州 27 种，吉安 69 种，萍乡 17 种，新余 38 种，景德镇 33 种，赣州 66 种，鹰潭 29 种。统计表明，九江、吉安、赣州中药材种植品种数量较多。

对上述 174 个品种进行分类研究，结果见表 2-2。

表 2-2　江西省中药材种植品种分类情况统计

类别	数量（个）	品种名称
道地药材品种	10	草珊瑚、车前、覆盆子、香薷、枳壳、彭泽贝母、前胡、吴茱萸、栀子、蔓荆子
特色药材品种	16	铁皮石斛、黄精、香薷、三叶青、覆盆子、半枫荷、彭泽贝母、白花蛇舌草、青钱柳、红豆杉、粉防己、钩藤、蒲公英、杜仲、黄柏、绞股蓝
药食两用品种	40	巴西人参、百合、板蓝根、薄荷、车前、陈皮、大枣、杜仲、覆盆子、葛根、山药、皇菊、黄精、黄菊、金银花、桔梗、菊花、决明子、莲子、灵芝、罗汉果、麦冬、蔓荆子、彭泽贝母、蒲公英、芡实、秋葵、桑椹、山楂、铁皮石斛、吴茱萸、香薷、薏苡仁、鱼腥草、玉竹、栀子、枳壳、泰和乌鸡、竹荪、瓜蒌
野生药材品种	6	重楼、半夏、绞股蓝、彭泽贝母、虎杖、金樱子
动物类药材品种	3	水蛭、蝎子、蚯蚓
其他	113	白及、白芍、白术、白芷、边三七、博落回、参薯、藏红花、川贝母、川芎、大天冬、代代花、丹参、党参、地肤子、地黄、地锦、颠茄草、莪术、芳樟、防风、防己、凤仙花、佛手、芙蓉花、茯苓、腐婢、枸杞子、广东紫珠、杭白菊、何首乌、黑老虎、红石猴、厚朴、黄花倒水莲、黄姜、黄连、黄芪、回青橙、淫羊藿、

（续）

类别	数量（个）	品种名称
其他	113	藿香、急性子、金槐花、金毛耳草、金丝皇菊、金线莲、苦参、天花粉、辣木、玫瑰茄、迷迭香、牡丹、木芙蓉、木槿花、南非叶、鸢尾、牛大力、平卧菊三七、千斤拔、前胡、肉桂、三棱、三叶木通、沙参、山苍子、山香圆、山药、芍药、射干、神仙草、升麻、石菖蒲、石仙桃、水半夏、丝瓜络、太子参、藤三七、田七、甜叶菊、土茯苓、皖贝母、温郁金、无患子、五指毛桃、溪黄草、细辛、夏天无、仙草、香榧、香蒲、香橼、小蜡梅、小天冬、辛夷、玄参、薰衣草、药菊、药用玫瑰、益母草、银杏、右旋樟脑、郁金、郁李仁、延胡索、皂角、泽泻、樟芝、浙贝母、知母、竹荪、紫苏、紫菀、紫珠

对调研统计的173个中药材品种进行分类。道地中药材品种10种，包括草珊瑚、车前、覆盆子、香薷、枳壳、彭泽贝母、前胡、吴茱萸、栀子、蔓荆子。具有显著特色，且可重点发展的中药材品种16种，包括铁皮石斛、黄精、香薷、三叶青、覆盆子、半枫荷、彭泽贝母、白花蛇舌草、青钱柳、红豆杉、粉防己、钩藤、蒲公英、杜仲、黄柏、绞股蓝。另有药食两用品种40种，野生药材品种6种，动物类药材品种3种，其他类药材品种113种。

2. 江西省中药材种植规模、产量、产值情况

2016—2018年，江西省中药材种植业基础数据，主要包括各县区的种植面积、产量、产值等，实地调查的县市为樟树（宜春市）、新干（吉安市）、湖口（九江市）、鄱阳县（上饶市）、德兴市（上饶市）。

（1）2016—2018年中药材种植面积、产量、产值情况

对江西省11个地市2016—2018年中药材种植面积、产量、产值情况进行统计，结果见表2-3，2016—2018年江西省各地市中药材种植面积变化见图2-2，2016—2018年江西省各地市中药材种植产量变化见图2-3，2016—2018年江西省各地市中药材种植产值变化见图2-4。这些数据反映了自江西省提出"中医药强省"战略以来，每个地市中药材种植业发展动态变化趋势。

表2-3 2016—2018年江西省中药材种植情况统计

市区	2016年			2017年			2018年		
	面积（万亩）	产量（吨）	产值（万元）	面积（万亩）	产量（吨）	产值（万元）	面积（万亩）	产量（吨）	产值（万元）
南昌	0.98	1166	5927	2.10	1181	11329	3.45	3401.5	13985
宜春	25.00	58813	125000	31.60	74340	158000	44.62	104970	223100

（续）

市区	2016 年			2017 年			2018 年		
	面积（万亩）	产量（吨）	产值（万元）	面积（万亩）	产量（吨）	产值（万元）	面积（万亩）	产量（吨）	产值（万元）
九江	14.90	29800	35760	15.70	31400	37680	17.50	35000	42000
上饶	7.68	10124	15390	14.47	15500	17844	24.00	52200	319757
抚州	16.20	48600	40680	24.36	75516	73004	30.02	86062	88106
吉安	18.29	45338	76486	21.70	60031	84524	28.17	78804.13	84602
萍乡	1.62	1688.8	—	1.22	1590.8	—	1.73	2269.4	—
新余	2.04	6837	8991.8	3.02	9681	13364.30	5.062	18716	24762.90
景德镇	1.33	3809	4703.2	1.82	4305	5004	2.32	7661	7065
赣州	10.17（含莲）	11017（含莲）	7126（不含莲）	14.00（含莲）	16454（含莲）	8089（不含莲）	10.93	27800.91	44329.25
鹰潭	0.87	1480	2255	0.91	1578.2	2215	1.13	1710.3	2803
合计	99.08	218672.8	322319	130.9	291577	411053.3	168.932	418595.2	850510.2

图 2-2　2016—2018 年江西省各地市中药材种植面积变化

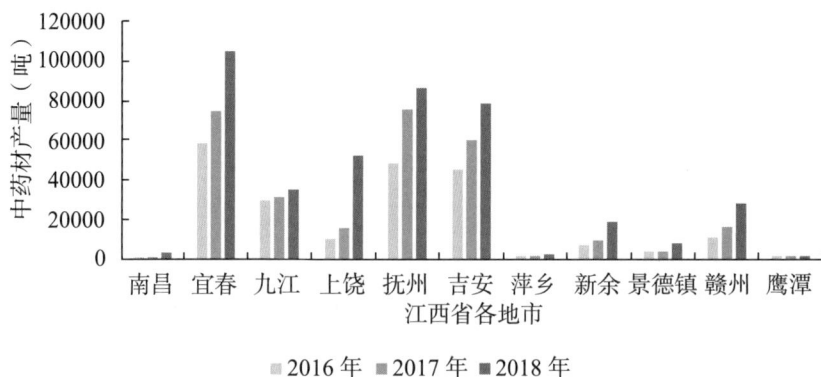

图 2-3　2016—2018 年江西省各地市中药材种植产量变化

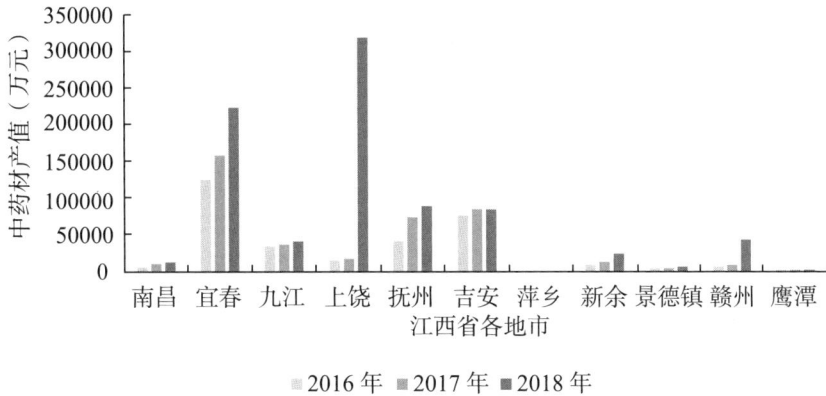

图 2-4 2016—2018 年江西省各地市中药材种植产值变化

1）种植面积方面：2016 年，江西省中药材种植面积共 99.08 万亩，2017 年共 130.9 万亩，2018 年共计 168.932 万亩，呈逐年递增趋势。全省 11 个地市 3 年来均处于上升的趋势，宜春、上饶、抚州、吉安、新余等地中药材扩种趋势明显。尤其是上饶市，仅 3 年时间，其种植面积由 2016 年的 7.68 万亩攀升至 2018 年的 24.00 万亩，规模翻了 3 倍，种植规模提高显著。

2）药材产量方面：江西省 2016—2018 年中药材产量分别为 218672.8 吨、291577.0 吨、418595.2 吨。总体上全省各地市均有大幅度提高，宜春市 3 年来均处于领跑地位；上饶、抚州、吉安、新余、赣州等地紧跟步伐，增产势头较猛；南昌、萍乡、鹰潭等地原始积累较晚，产量基数相对较小，处于稳步提升过程中；九江市中药材产量 3 年内总体节奏较平稳，处于小幅度提升状态。

3）药材产值方面：全省中药材产值大幅度提高，由 2016 年的 322319 万元攀升至 2018 年的 850510.15 万元，增幅显著。其中，宜春、上饶、抚州、吉安等地占比较大，分别为全省总产值的 31.95%、22.29%、12.74%、15.51%。上饶市药材产值增长较为显著，相较于 2016 年数据，上饶市中药材产值翻了 20.78 倍。2016 年，上饶市药材产值仅 15390 万元，占全省中药材产值的 4.77%；2017 年产值为 17844 万元，占全省中药材产值的 4.34%；2018 年增长幅度较大，超越宜春跃居省内第一，产值高达 319757 万元，占全省总产值的 37.60%。

（2）中药材发展较快的主要县市 2016—2018 年中药材种植面积、产量、产值情况见表 2-4。

经前期调研走访发现，樟树、新干、湖口、鄱阳、德兴是江西省实施"中医药强省"战略以来政府支持力度大、发展势头较猛的几个县市，见图 2-5、2-6、2-7。通过对这几个县市中药材种植规模、产量、产值等调研发现，樟树、新干、鄱阳等县市在江西省颁布实施"中医药强省"战略之前，就具备一定的中药材种植基础；湖口、德兴等地种植规模、产量、产值相对较小，但德兴市中药材种植发展迅速，2018 年产值增长迅速，超越江西省中医药发展强市樟树市，跃居各县市首位，爆发出中药材发展的强劲潜力。

表 2-4　江西省 2016—2018 年主要县市中药材种植情况统计

| 县区 | 2016 年 | | | 2017 年 | | | 2018 年 | | |
	面积（万亩）	产量（吨）	产值（万元）	面积（万亩）	产量（吨）	产值（万元）	面积（万亩）	产量（吨）	产值（万元）
樟树	21.70	51050	40200	25.11	53000	42100	30.36	56800	45200
新干	10.50	13000	28000	11.50	15000	30000	12.60	16000	32000
湖口	1.85	3400	3000	1.96	4000	3500	2.10	4500	3600
鄱阳	3.72	1488	13600	4.15	1660	16000	5.66	3500	35000
德兴	1.90	7400	540	5.10	13000	983	7.1	28000	170400

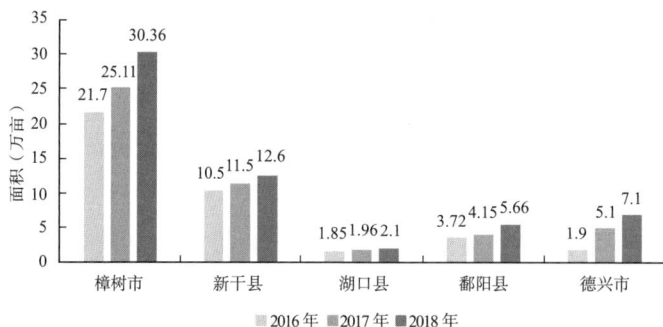

图 2-5　2016—2018 年江西省主要县市中药材种植面积变化

图 2-6　2016—2018 年江西省各地市中药材种植产量变化

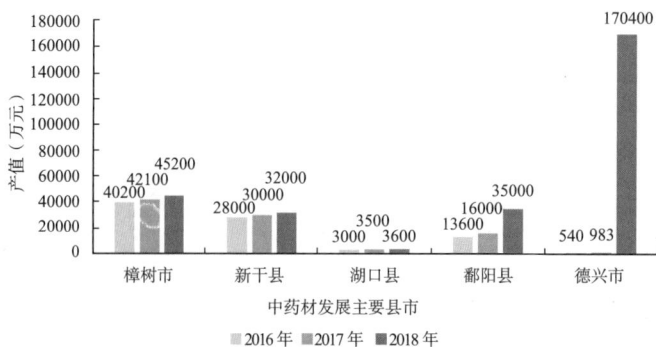

图 2-7　2016—2018 年江西省各地市中药材种植产值变化

3. 江西省各地市中药材种植主要品种种植规模、产量、产值情况

（1）江西省各地区中药材种植规模较大的品种

1）南昌市

进贤县：芡实、菊花、栀子、半夏。

新建区：龙脑樟、栀子。

2）宜春市

樟树市：枳壳、吴茱萸、黄栀子、车前子、瓜蒌、芡实、太子参、蔓荆子、皇菊、夏枯草。

3）九江市

彭泽县：前胡、地肤子、菊花、吴茱萸、白花蛇舌草、黄精、麦冬。

修水县：青钱柳、栀子、杜仲、厚朴、车前子、铁皮石斛、白及、黄精。

湖口县：栀子、枳壳、吴茱萸、芡实、桔梗、覆盆子、芍药、麦冬、白术。

4）上饶市：芡实、葛根、覆盆子、黄精、枳壳、吴茱萸、铁皮石斛、栀子、莲子、艾草。

5）抚州市：栀子、瓜蒌、金银花、白花蛇舌草、紫苏、香榧、金毛耳草、杜仲、泽泻、何首乌。

6）吉安市：枳壳、黄栀子、车前子、龙脑樟、厚朴、龙脑樟、山苍子、杜仲、香榧、莲子。

7）萍乡市

莲花县：黄栀子、草珊瑚、枳壳、广东紫珠、青钱柳、黄精、蔓荆子。

8）新余市

分宜县：太子参、夏枯草、玉竹、射干、草珊瑚、黄栀子、车前子、枳壳、温郁金、广东紫珠。

渝水区：栀子、太子参、吴茱萸、金银花、枳壳、郁金、芡实、瓜蒌、草珊瑚、艾草。

9）景德镇市

乐平县（现乐平市）：黄菊、栀子、秋葵、葛根、芡实、覆盆子、吴茱萸、枳壳、前胡、半夏。

10）赣州市：半夏、厚朴、白莲、龙脑樟、罗汉果、草珊瑚、薏苡仁、灵芝、栀子、枳壳、黄柏、葛（根）、铁皮（霍山）石斛、腐婢、吴茱萸。

11）鹰潭市

余江县（现余江区）：香薷、瓜蒌、夏天无、白莲、枳壳、铁皮石斛、广东紫珠、覆盆子、栀子、地锦。

贵溪市：覆盆子、白莲、粉防己、香橼、吴茱萸、牡丹皮、菊花、铁皮石斛、栀子、瓜蒌。

（2）江西省中药材种植发展情况前十品种统计分析：2016—2018年江西省中药材种植品种前十产量、规模、产值情况见表2-5。

表2-5 江西省中药材种植品种前十产量、规模、产值情况

序号	品种	2016年			2017年			2018年			备注
		面积（亩）	产量（kg）	产值（万元）	面积（亩）	产量（kg）	产值（万元）	面积（亩）	产量（kg）	产值（万元）	
1	枳壳	100195	15649636	52229.7	145960	19880541	57108.8	216114	22803466	39586	樟树、湖口、分宜、渝水、余江、莲花、上饶、吉安、乐平、赣州
2	栀子	98626	8005730	19222.18	69819.97	10603227	23021.2	206960	15219154	64782.4	进贤、新建、樟树、修水、抚州、吉安、分宜、乐平、余江、贵溪、湖口、上饶、莲花、渝水、赣州
3	芡实	42650	5562334	10408	74500	12468734	18338.05	91000	20516668	15995.25	进贤、樟树、湖口、上饶、渝水、乐平
4	吴茱萸	34120	3323200	81540	41220	3838200	137494.5	52614	4284770	128290.9	赣州、樟树、彭泽、湖口、上饶、渝水、乐平、吉安、贵溪
5	车前子	43048	1647397	12059.5	53604	2609749	14148	50724	2506866	13718	樟树、修水、吉安、分宜
6	葛根	13100	24001100	7540	29200	56001300	9560	44501.5	80006458	15007.8	上饶、赣州、乐平
7	瓜蒌	1703	235850	683.52	2280	310400	989	36900	368621	8448	樟树、抚州、余江、贵溪
8	覆盆子	10350	1591500	13581.3	23580	3432000	26542	30924	4333510	21143.05	湖口、上饶、乐平、余江、贵溪
9	厚朴	8100	1239	1805	10100	51254	1978	27033	1259	1921	修水、赣州
10	龙脑樟	4300	0	0	4300	0	0	18300	3640	145.6	新建、吉安、赣州

课题组以 2018 年为基准，按主关键字"面积"、次关键字"产量"，第二次关键字"产值"进行排序，得出全省种植面积、产量、产值前十位的品种分别为枳壳、栀子、芡实、吴茱萸、车前子、葛根、瓜蒌、覆盆子、厚朴、龙脑樟。

其中枳壳主要种植区域为樟树、湖口、上饶、吉安、莲花、分宜、渝水、乐平、赣州、余江。

栀子主要种植区域为进贤、新建、樟树、修水、抚州、吉安、分宜、乐平、余江、贵溪、湖口、上饶、莲花、渝水、赣州。

芡实主要种植区域为进贤、樟树、湖口、上饶、渝水、乐平。

吴茱萸主要种植区域为赣州、樟树、彭泽、湖口、上饶、渝水、乐平、贵溪。

车前子主要种植区域为樟树、修水、吉安、分宜。

葛根主要种植区域为上饶、赣州、乐平。

瓜蒌主要种植区域为樟树、抚州、余江、贵溪。

覆盆子主要种植区域为湖口、上饶、乐平、余江、贵溪。

厚朴主要种植区域为修水、吉安、赣州。

龙脑樟主要种植区域为新建、吉安、赣州。

对全省 2016—2018 年中药材种植面积、产量、产值前 10 位的品种（枳壳、栀子、芡实、吴茱萸、车前子、葛根、瓜蒌、覆盆子、厚朴、龙脑樟）进行分析，结合其价格变化，结果见图 2-8～图 2-17。

1）查阅 2014—2018 年栀子价格走势变化情况（中药材天地网）发现，2014—2018 年栀子价格呈现分段式变化。2014 年，栀子价格全年维持在一个较高的水平上，高达 30 元/千克，11 月产新过后价格下降较为严重；2015 年 9 月仅为 16.5 元/千克，之后价格稳步提升；2016 年 3 月—2017 年 7 月，栀子的价格一直处于高位为 26～29 元/千克；2017 年 11 月产新之后，其价格不断下跌，目前仅为 14 元/千克。受价格波动影响，种植栀子日常管理成本过高而收益偏低，存在农户大面积砍伐植株、任由果实在树上不采摘，或者粗放管理等现象，导致 2017 年栀子种植面积缩减严重。然而相比于 2016 年、2017 年，2018 年栀子扩种明显，可能是部分种植户预判栀子价格低谷期即将过去，并迎来下一个价格高峰。

2）查阅枳壳 2014—2019 年的价格波动走势发现：2015 年，枳壳的价格达到峰值，最高为 48 元/千克；2016—2017 年，价格维持在一个较高的水平上，2018 年产新之后，其价格一直处于回落的状态；2019 年产新时跌至 17 元/千克。根据 2016—2018 年樟树市枳壳种植面积、产量数据可以发现：枳壳种植面积不断扩大，产量一直呈现上升趋势。2018 年，枳壳种植面积高达 216114 亩，产量达到 22803466kg，但 2018 年枳壳的产值有所回落。未来 2～4 年，预计枳壳将迎来新的一波丰产期，出现供过于求现象，供需矛盾将日益凸显，烂市风险巨大。枳壳种植户需合理规划，控制种植面积，延伸产业链，积极做好价格将会下跌的准备。

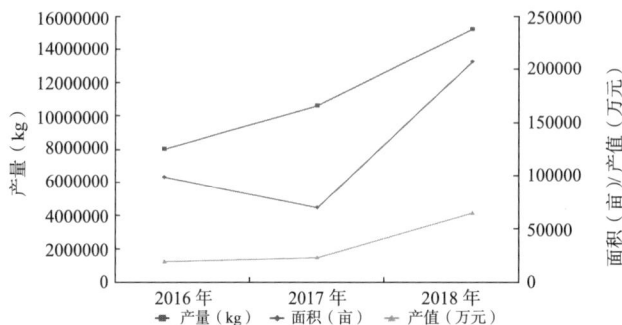

图 2-8　2016—2018 年栀子种植面积、产量、产值变化

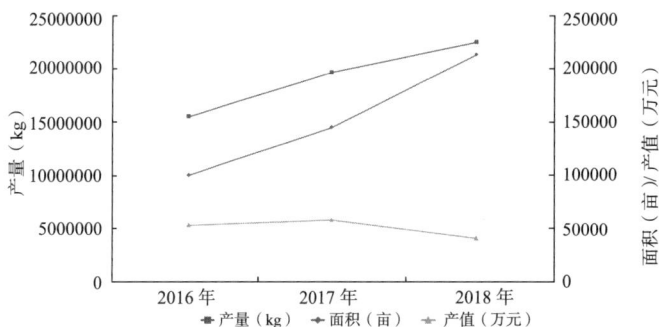

图 2-9　2016—2018 年枳壳种植面积、产量、产值变化

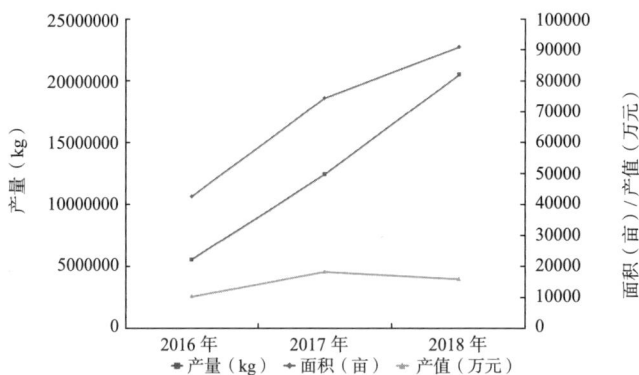

图 2-10　2016—2018 年芡实种植面积、产量、产值变化

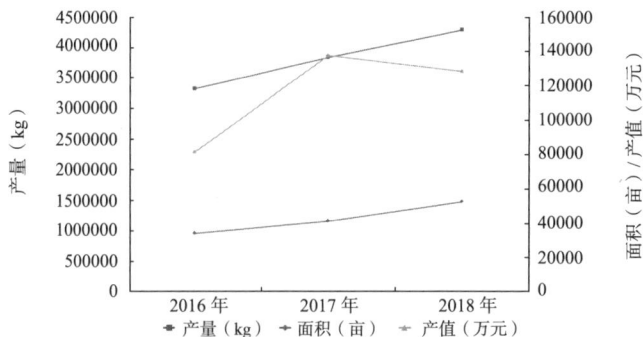

图 2-11　2016—2018 年吴茱萸种植面积、产量、产值变化

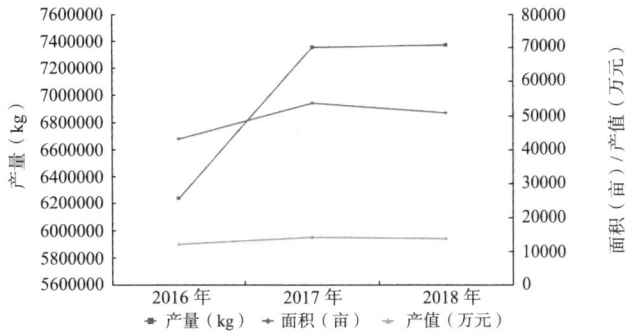

图 2-12 2016—2018 年车前子种植面积、产量、产值变化

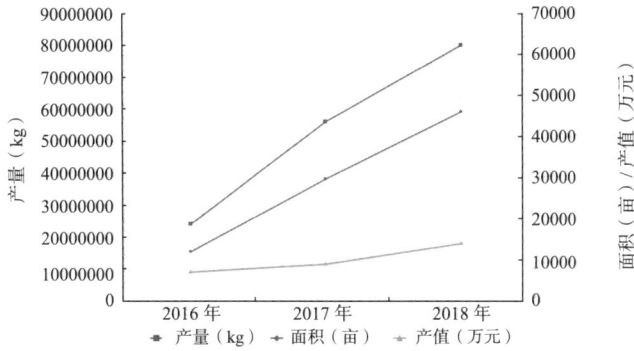

图 2-13 2016—2018 年葛根种植面积、产量、产值变化

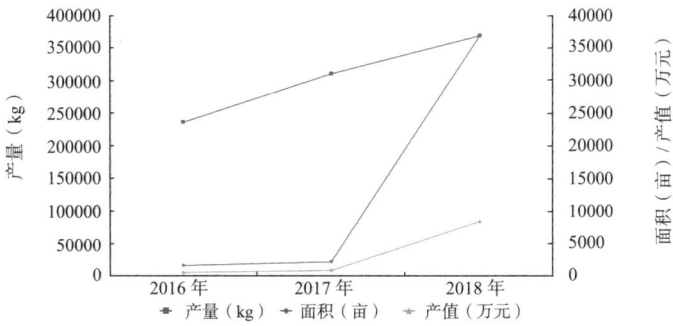

图 2-14 2016—2018 年瓜蒌种植面积、产量、产值变化

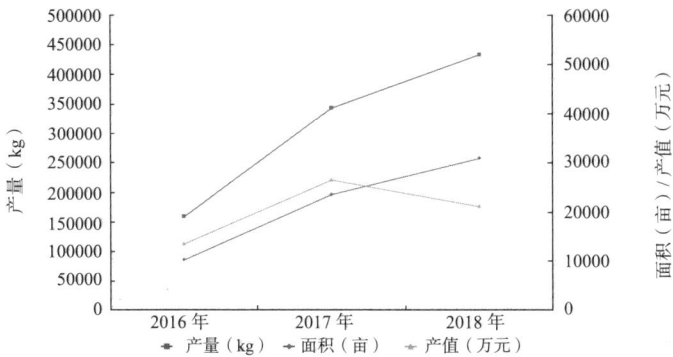

图 2-15 2016—2018 年覆盆子种植面积、产量、产值变化

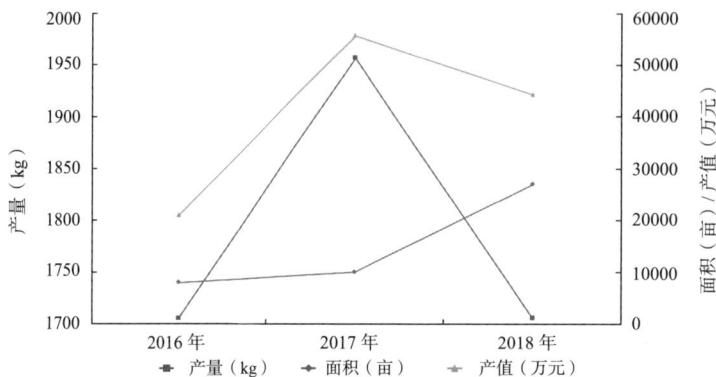

图 2-16　2016—2018 年厚朴种植面积、产量、产值变化

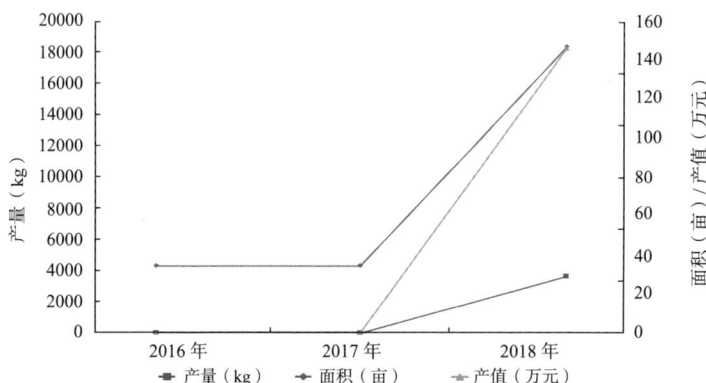

图 2-17　2016—2018 年龙脑樟种植面积、产量、产值变化

3）江西省芡实主要种植区域为进贤、樟树、湖口、上饶、渝水、乐平等地。查阅中药材天地网 2015—2019 年芡实价格变化时发现：2017 年芡实的价格为 56 ～ 60 元 / 千克；2018 年，价格有所下降，尤其是 2018 年下半年，芡实大量产新时，价格跌至 40 元 / 千克；2019 年，芡实价格持续走低，目前仅为 22 元 / 千克。统计芡实的种植面积、产量，2016—2018 年来总体处于上升阶段，然而受价格波动影响，2018 年芡实产值明显下降。芡实作为药食两用品种，相关产业还有很大发展空间，有必要延伸产业链，加大产品销售宣传，以终端需求为导向指导芡实产业合理规划，降低芡实烂市风险。

4）2014 年以来，吴茱萸价格一直处于上升阶段，2018 年产新时价格达到 500 元 / 千克，与 2014 年 7 月产新时价格 55 元 / 千克相比，价格翻了近 10 倍。统计江西省吴茱萸种植面积和产量数据，总体呈现缓慢上升趋势；产值方面，2018 年产新后价格回落严重，由 500 元 / 千克跌至 300 元 / 千克，导致总产值下降明显。

5）调查 2016—2018 年车前子种植情况发现，车前子的种植面积、产量、产值均有小幅度提升。价格方面，相较于 2014 年产新时的 40 元 / 千克，2018 年车前子的价格下降了一半；2016—2018 年车前子的价格变化不大，维持在 18 ～ 20 元 / 千克；2017—2018 年车前子的价格、种植面积、产量、产值总体趋稳，市场变化风险较小。

6）葛根属于药食两用品种，其价格相对平稳，"柴统块"自2016年来维持在5元/千克左右。江西省主要葛根种植区为上饶、赣州、乐平等地，其中上饶横峰葛已经获得中国国家地理标志产品。近年来，江西省大力发展葛产业，种植面积、产量、产值不断升高。

7）2016—2018年，江西省瓜蒌种植面积显著提高，尤其是2018年，与2017年相比种植面积翻了16.18倍，主要在于抚州市大力发展瓜蒌种植。

8）覆盆子的主要种植区域为湖口、上饶、乐平、余江、贵溪等地，其中上饶德兴覆盆子已获得中国国家地理标志产品。价格方面，覆盆子近年来价格波动较大。2014年4月产新前后，覆盆子价格在96元/千克左右，之后价格持续上涨，年底时涨至185元/千克，价格翻了近1倍。2016年产新后，覆盆子价格迎来了第二波大幅上涨，价格最高时可达330元/千克。2018年产新之后，则打破长期高位态势，覆盆子价格直趋下降，目前价格仅为41元/千克。当前，覆盆子市场供过于求，处于价格波谷期。

9）江西省厚朴种植主要区域为修水、吉安、赣州等地。数据统计显示：2016—2018年吉安大量种植厚朴，且种植面积不断提升；修水自2017年开始种植厚朴，2018年种植面积翻番达2000亩；赣州于2018年开始种植厚朴，种植面积为14533亩（赣州也是江西省厚朴种植面积最大的地市）。价格方面，近5年来厚朴价格变化不明显，稳定在11～12元/千克。

10）江西省龙脑樟主要种植区域为新建、吉安、赣州等地。其中，新建2016—2018年种植面积不变，保持在1000亩；吉安2016—2017年种植面积均为3300亩，2018年扩种至8500亩；赣州是龙脑樟种植面积最大的地市，其种植面积为8800亩，产值为145.6万元。

（3）11个地市中药材种植重点品种：课题组对全省中药材种植原始数据进行分析整理，结合各地市土壤、水文、中药资源历史发展情况，总结出当地中药材发展重点品种（仅列出前两位），具体种植数据见表2-6。

南昌：芡实、栀子。

宜春：枳壳、栀子。

九江：栀子、青钱柳。

上饶：芡实、葛根。

抚州：栀子、瓜蒌。

吉安：枳壳、栀子。

萍乡：栀子、草珊瑚。

新余：太子参、枳壳。

景德镇：栀子、秋葵。

赣州：水半夏、厚朴。

鹰潭：覆盆子、香薷。

表 2-6 江西省各地市中药材种植主要品种情况

序号	市	品种	2016年			2017年			2018年		
			面积（亩）	产量（kg）	产值（万元）	面积（亩）	产量（kg）	产值（万元）	面积（亩）	产量（kg）	产值（万元）
1	南昌	芡实	/	/	/	9350	1636250	818.25	20000	7000000	1960
2		黄栀子	1686	350200	102	1686	365000	55	1686	370980	77
3	宜春	枳壳	57500	14490000	43470	81200	18112500	45281	116900	20125000	30187
4		黄栀子	39500	4266000	4270	40500	5332500	5113	40800	5925000	5925
5	九江	栀子	12900	2379000	663.38	14000	3056000	1043.2	15860	2925000	585
6		青钱柳	620		310	8000	1500000	2400	8400	252000	1512
7	上饶	芡实	40000	5200000	9520	62450	10450000	16637	66000	13050000	12600
8		葛根	12000	24000000	7040	28000	56000000	8960	40000	80000000	12860
9	抚州	黄栀子							80230	48138	28882
10		瓜蒌							34200	3621	7242
11	吉安	枳壳	38935	1605.5	6809.7	52970	2011	8521	72970	2436	4807
12		黄栀子	38780	23230	11361.4	413.97	24327	12453	44777	25469.1	12474
13	萍乡	栀子				5460			5200		
14		草珊瑚							2100		
15	新余	太子参	3300	250000	1250	4400	352000	1930	6500	362000	1630
16		枳壳	1200	1000000	800	3350	1200000	720	5050	1500000	900
17	景德镇	栀子	3000	1700	340	3600	1800	360	3600	1800	360
18		秋葵	2200	330	650	2200	330	660	2200	330	660
19	赣州	水半夏							16582	7256	6062
20		厚朴							14533		
21	鹰潭	白莲	1499	104930	517	1499	104930	457.25	1635.19	422980	550.7
22		覆盆子	50	7500	22.5	280	42000	70	1624	348000	139.2

4. 中药材种植主体统计情况

课题组对江西省 11 个地市中药材种植主体数量进行统计，结果见表 2-7。根据 2019 年各地市统计数据，中药材种植经营主体数量最多的是宜春市，共 2783 家；其次是赣州，1190 家；第三位的为九江；第四位的为上饶。宜春种植大户数量占比较大，占宜春市中药材种植主体数量的 77.11%；赣州企业数量占比较大，占总数的 54.20%；上饶中药材种植合作社的数量较多共计 134 家，占总数的 36.22%。此外，景德镇家庭农场数量较多，占景德镇中药材种植主体数量的 37.68%。江西省 11 个地市中药材种植主体构成情况见图 2-18。

表 2-7　江西省各市区中药材种植主体数量统计（单位：个）

市区	企业	合作社	家庭农场	种植大户	合计
南昌	14	11	3	5	33
宜春	123	456	58	2146	2783
九江	60	301	41	310	712
上饶	62	134	20	154	370
抚州	33	48	2	273	356
吉安	37	106	34	86	263
萍乡	16	19	3	24	62
新余	9	12	3	60	84
景德镇	13	41	52	32	138
赣州	645	376	4	165	1190
鹰潭	5	26	9	15	55
合计					5334

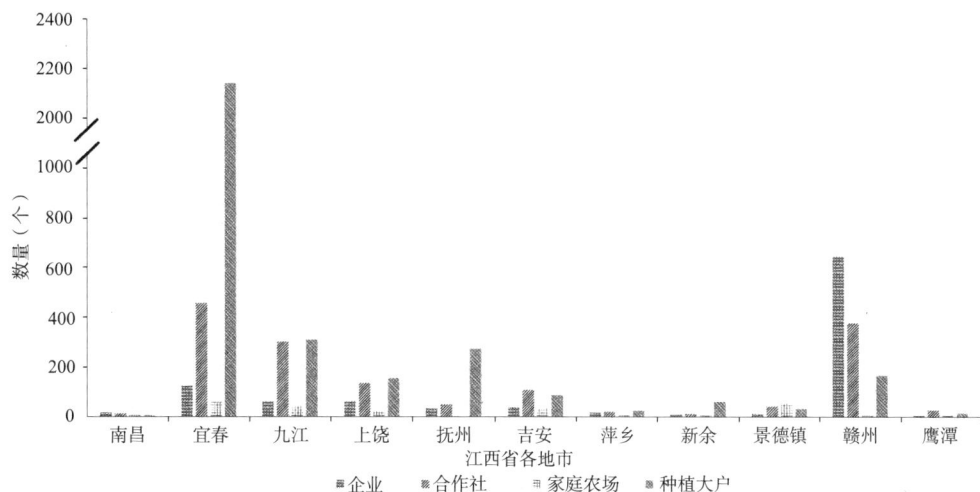

图 2-18　江西省 11 个地市中药材种植主体构成情况

　　在此基础上，课题组实地调查了宜春、九江、上饶等地中药材种植主体生产经营情况，调查主体数量共 55 家，其中企业 25 家，合作社 23 家，家庭农场 9 家。经实地调研发现：中药材种植企业药材种植土地以流转农户土地为主，企业支付农户地租，土地流转农户在企业工作，但不参与企业分红；中药材种植合作社、农户可以以土地或者机械形式入股参与分红，农户自身也在合作社内工作；中药材种植主体为家庭农场时，家庭农场经营者会支付农户一定的地租，农户不参与分成。

　　经江西省市场监督管理局统计，截至 2019 年 8 月 2 日江西省登记注册的中药材种植主体 8052 家，其中南昌市 289 家，宜春 1528 家，九江 1162 家，上饶 1145 家，抚州 926 家，吉安 892 家，萍乡 284 家，新余 468 家，景德镇 276 家，赣州 812 家，鹰潭 270 家，见表 2-8。2016 年之前，江西省注册的中药材种植企业共 2186 家，其中南昌 83 家，宜春 471 家，九江 307 家，上饶 345 家，抚州 105 家，吉安 267 家，萍乡 125 家，新余 145 家，景德镇 73 家，赣州 160 家，鹰潭 105 家。2016—2019 年，江西省注册的中药材种植企业共 5866 家，其中南昌 206 家，宜春 1057 家，九江 855 家，上饶 800 家，抚州 821 家，吉安 625 家，萍乡 159 家，新余 323 家，景德镇 203 家，赣州 652 家，鹰潭 165 家。江西省 2016—2019 年，中药材种植主体注册数量为 5866 家，是 2016 年之前注册总数的 2.68 倍。江西省实施中医药强省战略以来，中药材种植产业发展迅速。宜春是江西省中药材种植注册数量最多的地市，2016 年之前注册的数量为 471 家，占全省总数的 21.55%；2016—2019 年共注册 1057 家，占全省注册总数的 18.02%。九江、宜春、上饶、抚州、吉安、赣州等地紧随其后，发展势头较猛。特别是抚州市，2016 年之前中药材种植主体数量总计 105 家，占全省总数的 4.80%；2016—2019 年，注册总数达 821 家，由 2016 年之前的全省倒数第二位，跃居全省第三位，占全省总数的 14.00%。此外，赣州近年来种植主体数量猛增，由之前占比 7.32%，攀升至占比 11.11%。江西省中药材种植主体数量统计，见图 2-19。

表 2-8　江西省中药材种植主体数量分阶段统计（单位：个）

地市	总数	2016 年之前注册数	2016—2019 年注册数
南昌	289	83	206
宜春	1528	471	1057
九江	1162	307	855
上饶	1145	345	800
抚州	926	105	821
吉安	892	267	625
萍乡	284	125	159
新余	468	145	323
景德镇	276	73	203

（续）

地市	总数	2016 年之前注册数	2016—2019 年注册数
赣州	812	160	652
鹰潭	270	105	165
合计	8052	2186	5866

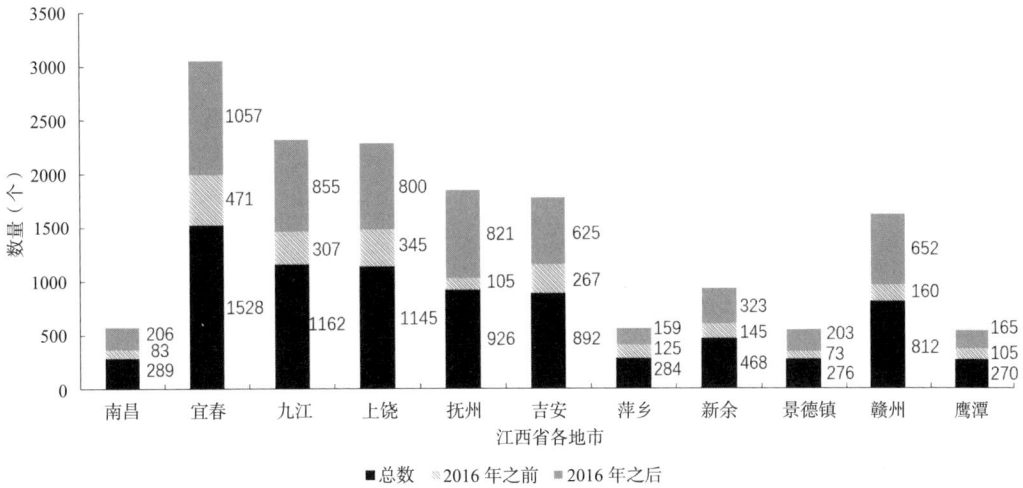

图 2-19 江西省中药材种植主体数量统计

5. 中药材种植主体技术人员情况

课题组对全省 35 个中药材种植主体进行调研，调查其中药材种植相关技术人员职称情况，见表 2-9。结果表明：种植主体共有职工数 1811 人，其中高级职称 41 人，中级职称 90 人，初级职称 173 人。中药材种植主体有中药材种植合作社 9 家，职工共计 236 人，高级职称 7 人，中级职称 12 人，初级职称 29 人，部分种植主体技术人才数量为 0，技术人才奇缺。

表 2-9 中药材种植主体技术人员职称统计表

序号	主体名称	职工总人数	其中技术人员数		
			高级职称	中级职称	初级职称
1	乐平市花正红农业发展有限公司	65	1	2	2
2	景德镇市苏洋农业科技有限公司（黄精种植基地）	12	2	0	1
3	乐平市中天现代农业开发投资有限公司	16	0	4	3
4	乐平市中康蔬药种植专业合作社	10	0	2	1
5	乐平市鑫利中药材种植专业合作社	28	0	0	0
6	乐平市建军中药材种植专业合作社	20	0	1	10
7	江西省沃博农业科技发展有限公司	50	1	5	12

（续）

序号	主体名称	职工总人数	其中技术人员数		
			高级职称	中级职称	初级职称
8	高坪茅坪骆德磷林场	4	0	0	2
9	遂川县宜欣制药有限公司	58	7	15	30
10	江西明湖农业发展有限公司	117	0	2	3
11	余干县鑫隆中药材种植专业合作社	30	2	4	10
12	江西久邦生态农业开发有限公司	20	3	1	0
13	玉山县植荣农业有限公司	34	0	2	1
14	玉山县锦鑫中药材专业合作社	28	0	1	1
15	玉山县必姆镇大西坑种植场	42	0	2	1
16	玉山县红日农林农民专业合作社	48	2	2	0
17	江西瑶景农业开发有限公司	34	0	2	1
18	江西天海科技发展集团有限公司	426	2	6	21
19	德兴市丰园苗木专业合作社	56	1	2	4
20	江西圣诚实业有限公司	23	2	1	4
21	江西双成药业有限公司	55	1	3	5
22	江西德尚生物科技有限公司	20	1	2	4
23	德兴市益兴农业科技开发有限公司	56	2	3	7
24	江西梦达实业有限公司	120	1	1	0
25	樟树市江枳壳有限公司	50	0	2	0
26	樟树市洲上农业科技有限公司	40	0	2	1
27	江西樟树天齐堂中药饮片有限公司	35	1	1	0
28	江西省玉春农业科技开发有限公司	30	1	1	0
29	江西智汇中药材种植有限公司	50	1	2	1
30	江西明湖农业发展有限公司	137	2	8	5
31	江西井泉中药饮片有限公司	13	0	0	4
32	南昌市远志实业有限公司	10	0	0	4
33	江西天宝农业科技开发有限公司	36	4	4	12
34	南昌市福宝中药材种植有限公司	30	4	6	20
35	江西瑞福生物科技有限公司	8	0	1	3
	合计	1811	41	90	173

6. 江西省中药材种植发展主要县市相关政策统计分析

课题组统计了江西省中药材种植发展主要市、县级政策，其中，上饶共出台相关政策 6 条，宜春出台 11 条，吉安出台 18 条，抚州出台 3 条，见表 2-10。

表 2-10　江西省中药材种植发展主要县市相关政策统计

序号	名称	文件号	发布部门	出台时间	实施期限
1	中共余干县委办公室 余干县人民政府办公室关于印发《关于打造全国芡实第一县的实施方案》的通知	干办〔2014〕14 号	中共余干县委、余干县人民政府	2014 年 3 月	
2	余干县人民政府关于印发《余干县 2016—2020 年芡实产业化发展规划》的通知	干府〔2015〕21 号	余干县人民政府	2015 年 3 月	
3	玉山县关于加快农业产业发展的扶持意见	玉办发〔2018〕8 号	玉山县委办	2018 年 4 月	3 年
4	德兴市人民政府办公室关于加快覆盆子产业发展的意见	德府办发〔2012〕62 号	德兴市人民政府办公室	2012 年 5 月	
5	德兴市人民政府关于加快推进中医药发展的实施意见（试行）	德府发〔2017〕1 号	德兴市人民政府	2017 年 4 月	
6	德兴市人民政府办公室关于印发《德兴市扶持中药材种植实施方案》（试行）的通知	德府办字〔2017〕178 号	德兴市人民政府办公室	2017 年 11 月	
7	《关于加快中医药产业发展的实施意见》	宜府发〔2017〕6 号	宜春市人民政府	2017 年 1 月 26 日	
8	《宜春市人民政府办公室关于印发宜春市加快中药材种植产业发展实施方案的通知》	宜府办〔2017〕40 号	宜春市人民政府办公室	2017 年 3 月 29 日	
9	《关于加快宜春市中医药产业发展若干政策》	宜府发〔2017〕16 号	宜春市人民政府	2017 年	
10	《宜春市中医药发展规划（2017—2025）》	宜府发〔2017〕35 号	宜春市人民政府	2017 年 12 月 27 日	2017—2025 年
11	《宜春市实施百万亩中药材种植三年行动计划（2018—2020 年）》	宜府发〔2018〕18 号	宜春市人民政府	2018 年 10 月 31 日	2018—2020 年
12	《樟树市实施"中国药都"振兴工程推进中药材种植产业发展试行办法》	樟办发〔2017〕3 号			
13	樟树中药饮片暨保健品工业小区建设管理办法				
14	樟树医药流通产业扶持办法				

（续）

序号	名称	文件号	发布部门	出台时间	实施期限
15	樟树招才引智政策"新五条"实施办法				
16	"樟帮"传统中药炮制药工扶持认定办法				
17	《抚州市人民政府办公室关于印发支持中药材种植的若干政策的通知》	抚府办发〔2017〕75号			
18	《关于大力发展二特一游产业工程推进农业结构调整指导性意见的通知》	抚府办发〔2018〕13号			
19	《关于加快全市农业区域结构调整的指导意见》	已通过市政府常委会研究	抚州市政府办	2019年5月	
20	《市委办公室、市政府办公室关于印发绿色大米等富民产业发展实施方案的通知》	吉办字〔2017〕191号	吉安市委办、市政府办	2017年11月3日	2017—2020年
21	中共吉安市委、吉安市人民政府关于全力推进农业六大富民产业发展的实施意见	吉发〔2017〕9号	吉安市委、市政府	2017年4月20日	2017—2020年
22	井冈山市人民政府办公室关于印发加快发展大健康产业实施意见的通知	井府办字〔2019〕88号	井冈山市人民政府办公室	2019年	2019—2023年
23	新干县三湖红桔和商洲枳壳两个地理标志产品保护发展工作意见（2017—2020年）	干办字〔2017〕51号	新干县委办、县政府办	2017年3月9日	2017—2020年
24	新干县道地药材商洲枳壳产业扶持办法	干办字〔2017〕215号	新干县委办、县政府办	2017年8月20日	2017—2018年
25	新干县三湖红桔和商洲枳壳两个地理标志产品保护发展工作调整意见	干办字〔2019〕124号	新干县委办、县政府办	2019年6月5日	2019—2020年
26	峡江县中药材种植发展实施意见	峡办字〔2018〕26号	峡江县委办公室、峡江县政府办公室	2018年	3年
27	关于全力推进六大富民产业发展的实施意见	泰办字〔2017〕132号	泰和县委、县政府办公室	2017年	2017—2020年

（续）

序号	名称	文件号	发布部门	出台时间	实施期限
28	关于印发《万安县打赢脱贫攻坚战2018—2019年现代农业发展行动计划》的通知	万办字〔2018〕30号	万安县委办公室、县政府办公室	2018年3月10日	2018年
29	关于印发《2018年万安县扶贫涉农保险实施方案》的通知	万脱指办〔2018〕29号	万安县打赢脱贫攻坚战指挥部办公室	2018年3月13日	2018年
30	关于印发《万安县2019年现代农业产业发展奖补扶持办法》的通知	万办字〔2019〕116号	万安县委办公室、县政府办公室	2019年5月20日	2019年
31	《遂川县中药材产业精准扶贫工作方案》的通知	遂办字〔2017〕176号	遂川县委办、县政府	2017年9月25日	3年
32	关于调整《农业产业化奖补及扶贫产业差异化补助》的实施办法	2018年6号	吉安县政府办	2018年	2018年
33	产业化奖补办法	2019年	吉安县政府办	2019年	2019年
34	《2019年永丰县中药材种植发展实施意见》	永农产发〔2019〕1号	永丰县农业产业化领导小组	2019年8月2日	2019—2020年
35	安福县全力推进富民产业发展实施意见（里面包括安福县特色中药材产业发展实施意见和安福县龙脑樟产业发展实施意见）	农办发〔2017〕14号	安福县委办公室、县政府办公室	2017年	2017—2020年
36	安福县关于加快发展大健康产业的实施意见	安府办字〔2017〕118号	安福县政府办公室	2017年	2017—2020年
37	吉安县2019年发展农业产业化奖补办法	吉县办字〔2019〕79号	吉安县委办公室	2019年5月22日	2019年

2014年，余干县人民政府办公室特别出台了《关于印发〈关于打造全国芡实第一县的实施方案〉的通知》，大力发展芡实产业，努力打造、建设好全国芡实第一县。中药材覆盆子是江西省道地药材，主要分布于上饶德兴市。"德兴覆盆子"是国家地理标志产品，具有巨大的发展潜力。早在2012年，德兴市人民政府办公室就出台了《德兴市人民政府办公室关于加快覆盆子产业发展的意见》。2016年，江西省实施中医药强省战略以来，德兴又相继出台了一系列鼓励、支持中医药发展的政策，包括2017年4月德兴市人民政府办公室出台《关于加快覆盆子产业发展的意见》、2017年11月德兴市

人民政府办公室《关于印发〈德兴市扶持中药材种植实施方案〉（试行）的通知》。一系列政策不断出台，说明当地政府结合药材种植实际发展情况，重视药材道地性，因地制宜发展特色道地药材种植，鼓励中医药产业发展。

宜春市是江西省中医药发展重点地市。在江西省实施《江西省"十三五"中医药发展规划（2016—2020）》之前，宜春就有较为成熟、稳定的支持中医药发展政策法规，特别是樟树市自古以来就有"药不过樟树不灵，药不过樟树不齐"的美誉。2017年，樟树市人民政府办公室颁布实施《樟树市实施"中国药都"振兴工程推进中药材种植产业发展试行办法》，在重视中药材种植业发展的同时，相继配套关于饮片发展的《樟树中药饮片暨保健品工业小区建设管理办法》，关于医药物流的《樟树医药流通产业扶持办法》，关于人才培养的《樟树招才引智政策"新五条"实施办法》和《"樟帮"传统中药炮制药工扶持认定办法》。樟树各项支持中医药的配套政策正在不断完善，在努力发展中药材种植业的同时，同步支持中医药产业链的各个环节，为樟树市中医药全面发展奠定政策基石。

近年来，吉安市依托自身生态条件优势，在丰富的中药材资源条件下，紧跟江西省中医药强省步伐，努力加强完善中医药发展相关布局，提出了"中医药强市"的相关战略布局。其中，"三湖红桔"和"商洲枳壳"品种是新干县的2个拳头产品，在江西省实施中医药发展战略之前就已获得国家地理标志产品。这2种药材产量大、质量好，种植、管理、生产技术先进，销售渠道成熟稳定。为进一步发展好、巩固好、挖掘好这2个品种的潜在经济价值和社会价值，新干县2017年3月出台了关于《新干县三湖红桔和商洲枳壳两个地理标志产品保护发展工作意见（2017—2020年）》，2017年8月针对商洲枳壳特别出台了《新干县道地药材商洲枳壳产业扶持办法》，2019年再次出台了关于《新干县三湖红桔和商洲枳壳两个地理标志产品保护发展工作调整意见》，一系列政策的实施与颁布为当地特色中药材品种的保护、巩固和挖掘强化了政策保障。此外，峡江县围绕着"药业强县"的目标，将生物医药产业定为首要产业，着力打造百亿产业。普正制药、玉峡药业、玉笥山药道养生谷、驰邦药业、三力制药等一大批医药企业，在吉安市、峡江县两级党委政府支持下，引进省级中医药创新科研技术资源支持力量，建立中医药发展的产学研用相结合的创新体系，真正落实创新成果转化。

（二）存在的主要问题

1. 整体发展水平落后，呈现出无序发展的状态

江西中药材产业整体发展水平比较落后，与中药工业在全国排名前三的地位不相称。首先，江西省各地争先引导栀子、枳壳、吴茱萸、芡实等大宗品种生产，种植养殖呈无序、混乱的发展状态，造成规模过剩、恶性竞争。近年来，这些品种价格波动幅度较大，而种植户抗市场风险能力偏低，严重影响了中药材种植业的健康发展。其次，野生中、小中药材品种种植养殖费力不赚钱，相关领域无人问津，且这些品种驯化、繁

育、家种技术研究，往往需要几年甚至几十年才能成功，目前仍然依靠野生资源维持临床用药，可能导致野生资源灭绝，最终面临无药可供的危局。再次，随着中医药产业政策红利的不断涌现以及中药材生产利益驱动，江西省存在较为突出的盲目引种现象。

2. 中药材规范化、规模化种植面积不大

经本次调研统计，2018 年江西省中药材种植面积共计 168.93 万亩，种植的中药材品种共计 174 种，其中种植面积前十的品种分别为枳壳、栀子、芡实、吴茱萸、车前子、葛根、瓜蒌、覆盆子、厚朴、龙脑樟。这十个品种种植总面积约为 79.55 万亩，占种植总面积的 47.90%。通过对这十个品种进行调研，课题组发现存在一些共性问题。

（1）缺乏良种，种子、种苗质量不稳定：药用植物优良种子、种苗对药材产量和品质的形成起着关键作用，然而江西省药材种植过程中种子、种苗质量并不乐观。一方面，绝大多数药农在生产中根本没有良种意识，生产用种既不优选，也不对种子进行处理，导致药材长势不匀、产量不一、品质参差不齐。尤其是存在种子带病、带菌现象，使得种植过程中病虫害现象严重，严重影响质量。另一方面，中药材种子、种苗质量标准体系和生产监管体系不健全，种植户盲目引种，经常出现劣种、假种、品种混乱事件。

（2）不重视生产技术与管理，产品质量较次：种植户普遍存在重产量、轻质量思想，滥用化肥、农药、生长调节剂的现象较为普遍，种植技术落后且不规范。此外，近年来中药材市场价格动荡，药材种植管理水平随着药材价格而波动，种植户无力顾及规范化管理。调查发现，药材农残、重金属超标的现象严重，药材质量稳定性、均一性差。

（3）药材种植分散，规模效益较差，标准化生产程度较低：药农实力有限，药材种植分散，成片种植少，集约化程度较低。如江西泰和县的车前子，药农家家户户种植，难以标准化。另外，药材种植区域多在山区，信息落后，交通不便，使种植难以规模化。如香薷、三叶青等特色品种，目前种植规模太小，批量供应能力差，种植户在市场交易中难以占据主动。

3. 中药材大品牌品种不多

江西省道地药材品种主要包括车前子、覆盆子、黄精、枳壳、彭泽贝母、前胡、吴茱萸、栀子等。这些道地药材仍然以农民自发的散户种植养殖为主，缺乏规模，品牌意识不强，质量标准水平不高，产出的中药材在规模、品种、质量、市场供应能力等方面难以发挥规模优势，不能形成道地药材的产业优势。与此同时，周边如湖南、湖北、浙江等省份，中药产业异军突起，对江西省中药材产业发展形成严峻挑战。在中药材深加工方面，江西省普遍存在品种单一、技术含量低现象。如江西省中药材深加工企业，不仅数量偏少、规模偏小，科技投入也少，企业缺乏核心竞争力。江西省中药材在全国中药总产值中占比偏小，同国内先进省市相比，在知识产权、产品研发、品牌创建等方面也存在很大差距。

4. 产业融合度差

生产基地和制造加工企业衔接不紧密，出现产销脱节现象。中药材是国家重要战略资源，其供应对象主要是中医院、中药企业等，然而其价格受市场影响显著。药农缺乏对市场行情信息的实时掌控，导致中药材生产存在盲目性。目前，江西省中药材生产正在向规模化、基地化方向发展，但多数基地产销衔接不紧密，中药企业、交易市场与专业合作社、中药材种植基地之间没有形成紧密联盟，种植基地面临药材销售困难、药企缺乏稳定药材供应源的现象依然突出。

江西省中药一、二、三产业融合发展不够。多数中药材产区销售的都是原料药材，产地精加工、深加工、健康产品生产、中医药健康旅游等发展不够。江西省中药工业企业多从外省采购原料资源，缺乏一、二、三产业融合联动，产销脱节严重。

5. 中药材生产加工机械缺乏，机械化水平和生产效率低

江西省中药材种类多，多数品种种植面积不大，与之配套的中药材专用机械少。目前，中药材生产使用的中药材机械多由农作物机械改进而来，或是直接借用农作物机械播种、收获，但这些机械多适用于平原地区的规模化药材种植区，针对山地或小规模中药材生产的机械欠缺，特别是山地小型机械严重缺失，限制了山地药材的生产发展。此外，农村劳动力大量减少，劳动力成本大幅度上升，制约了江西省中药材规模化发展。

6. 质量与安全水平有待提高，质量追溯体系亟待建立

目前，在江西省大多数中药材种植区，质量安全意识差。一些种植户种植时使用大水、大肥、大农药，单纯施用化学农药，甚至过量施用或选用禁用农药品种；加工过程也比较混乱，一些药材使用硫黄熏蒸。这些均导致中药材质量较差。

此外，江西省中药材生产过程中全程质量追溯基本属于空白，中药材质量可控性差、可溯性不强，中药材质量管控面临诸多挑战。

7. 抗市场风险能力较弱

（1）只管生产，不管市场行情，信息闭塞：一些种植户盲目跟风，存在重复建设行为，如覆盆子高价位时卖厂、卖房凑钱包地的大有人在。一些种植户则埋头生产，不进行市场调研和前景分析，种植品种单一，经常价贱滞销，如栀子种植户面临丰产不丰收的困境。

（2）买卖双方不透明，种植与二、三产业严重脱节：中药材生产管理较粗放，供需信息交流不畅，特别是缺乏长期的利益合作机制，药材价格波动引发供需方利益矛盾，阻碍了中药材产业健康发展。

8. 高层次技术人员缺乏

目前，从事中药种植的管理人员以普通农户为主，多数种植主体缺乏专业的中药材种植、生产、管理人员，部分种植主体技术人才数量为0，技术人才极度缺乏。

四、江西省中药种植业发展趋势

（一）面临的机遇与挑战

1. 全国中药材产业发展趋势

随着全民健康意识不断增强，食品、药品及其原料质量问题受到全社会的高度关注。中药材作为常用于食品、药品生产的原材料，在医药卫生、食品产业，以及健康服务业发展中的重要性更加突出。2016年8月，《健康中国2030》规划纲要将"健康中国"上升为国家战略，健康产业具有成为我国经济发展的支柱性产业的潜力。近年来，我国出台了一系列政策支持健康产业发展，包括《国务院关于扶持和促进中医药事业发展的若干意见》等政策，《中药材保护和发展规划（2015—2020年）》《中医药健康服务发展规划（2015—2020年）》《中医药发展战略规划纲要（2016—2030年）》等纲领性规划的实施，以及大力推进生态文明建设及相关配套政策的落地。这些政策给中药材种植业乃至中药农业发展带来了极大的促进作用，但也提出了更高要求。在国家政策方面，行业监管趋紧，以及品牌立企、合规经营的提出，都倒逼中药制造企业建立适合自身"三化"（规范化、规模化和产业化）发展的原材料供应基地，也促使中药企业更积极地投身于中药材种植业发展中，形成推动工业发展反哺农业的局面。

总体上，中药材产业发展迎来了前所未有的历史机遇。中药材产业进入快速发展的历史时期，产业发展呈现出新趋势。

中药种植业越来越受到国家重视。种植面积方面，根据国家统计局数据，我国药材面积（包括31个省、市数据库）呈逐年递增态势。2017年，全国中药材种植面积较上年增长3.5%，达到3466.89万亩。截至2018年，我国药材播种面积近3500万亩，见图2-20。

药材播种面积（万亩）

图2-20 2009—2018年我国药材播种面积情况

据 23 个省、自治区、直辖市"十三五"规划数据显示，2020 年全国药材种植规划面积已达 7478.5 万亩，见图 2-21。其中云南 2020 年规划药材种植面积达 1000 万亩，贵州达 700 万亩，陕西、湖南和河南达 500 万亩。

2020 年全国各省药材种植面积（万亩）

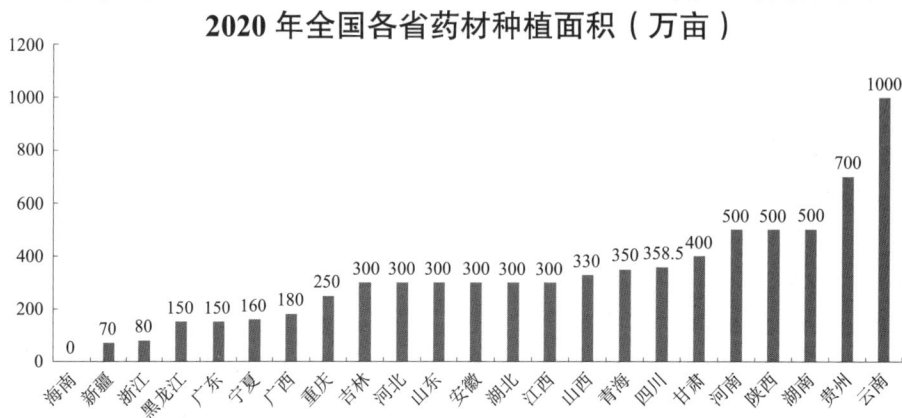

图 2-21　我国 23 个省区 2020 年规划药材种植面积

产值方面，2020 年，我国可统计的 9 个省合计中药农业产值达到 2375 亿元，其中云南省达 600 亿元（重点品种为三七），吉林达 400 亿元（重点品种为人参）。此外，可统计的 17 省中药农业总产值达 11361 亿元，达千亿元的省份包括吉林、河南、安徽、浙江、江西、云南、湖南和广东。

2020 年我国 23 省份中药产业"十三五"规划见表 2-11。

表 2-11　2020 年我国 21 省份中药产业"十三五"规划

省份	种植面积（万亩）	中药农业产值（亿元）	中药产业产值（亿元）
黑龙江	150		270
吉林	300	400	1000
河北	300		500
山东	300	150	
宁夏	160		60
甘肃	400	200	500
青海	350		
新疆	70		50
安徽	300	200	1000
浙江	80	75	1000
湖北	300		500
江西	300	200	1000

（续）

省份	种植面积（万亩）	中药农业产值（亿元）	中药产业产值（亿元）
山西	330	300	
湖南	500		1000
河南	500		1000
海南	0		51
贵州	700	250	
云南	1000	600	1400
陕西	500		400
四川	358.5		630
广东	150		1000
合计	7048.5	2375	11361

2. 江西省中药材产业发展际遇分析

（1）资源丰富，中医药历史文化底蕴深厚：江西属亚热带温暖湿润季风气候，降水充沛，水网稠密。江西省中药资源丰富，有2061种，占全国资源总数的16.1%。其中，药用植物1901种，包括枳壳、黄栀子、厚朴、杜仲、黄柏、蔓荆子、茯苓、绞股蓝等20多个道地药材品种，以"三子一壳"为代表的道地药材在全国市场均占重要份额。

江西中医药历史文化底蕴深厚，杏林文化、庐陵中医、旴江医学流派和樟帮、建昌帮传承达千年之久。"杏林"源自东汉时期的江西，是我国传统医学文化的代名词。中国四大传统中药炮制流派，江西樟帮、建昌帮占据其二，素有"药不到樟树不齐""药不过樟树不灵""药不过建昌不成"的美誉。

（2）扶持政策不断出台，推进中医药产业发展：作为一个中医药大省，江西中医药文化底蕴深厚，扶持政策系统而丰富。为保障和促进中医药健康有序发展，江西近年来密集出台若干扶持政策，包括《江西省"十三五"中医药发展规划（2016—2020年）》《国家中医药综合改革试验区（江西）建设行动计划（2018—2020年）》《江西省中药材保护和发展实施方案（2015—2020年）》《2017—2018年江西省中药材种植以奖代补项目实施方案》《中药材产业扶贫行动计划（2017—2020年）》《江西樟树"中国药都"振兴工程》《江西省森林药材产业工程》《江西省中药材产业发展工程》《中国（南昌）中医药科创城建设方案》等政策。通过政策叠加效应，政策红利不断释放，江西持续建立健全中药材产业体系，促进中药产业全面发展，以中药材为抓手精准扶贫，重点帮扶偏远地区发展，缩小地区发展差距，同时也为中药农业发展提供有力保障。

（3）道地药材区域产业化发展迅速：从调研的结果看，随着中医药强省战略实施，江西省道地药材枳壳、栀子、吴茱萸、粉防己等品种种植面积快速增长。其中，枳壳、栀子的药材种植面积达到20万亩。

（4）种植主体改变，数量不断增长：以往药材多是农户随意种植，种植主体以农民个体为主。在质量监控要求越来越严格的背景下，这种以单个农户为主体的无序种植方式将越来越少，取而代之的是中药材专业合作社、家庭农场、基地公司、制药企业等种植主体，专业化种植公司明显增多。截至2019年8月2日，江西省登记注册的中药材种植主体8052家，2016年之前注册的共2186家，数量提升了2.68倍。

（5）药食同源药材种植快速发展：自2016年《健康中国2030》规划纲要出台，以及实施"健康中国"国家战略以来，药食同源药材种植，功能性食品、保健品的开发应用呈现快速发展态势。作为涉及健康维护行为的重要资源，药食同源药材需求量大增，年增长速率超过10%。白莲、芡实、百合、黄精、石斛、覆盆子等药食同源药材，受到了群众的普遍欢迎。

（二）发展方向与重点

1. 中药材种植规模化

家庭式种植的弊端愈发暴露，存在种植难机械化、管理难科学化、初加工难正确化、存储难合理化等弊端。面临农村人口不断减少，种植群体高龄化以及人工成本不断攀升等现状，合作社、种植大户及公司承包土地进行规模化种植成为必然趋势。规模化种植可以解决家庭式种植面临的技术缺乏、管理粗放、存储随意和销售不畅等问题，可以提供更加安全稳定的中药材货源，同时也有利于药材质量追溯体系建设。

2. 中药材种植标准化

要推动专业种植大户、家庭农场、合作社发展，实现中药材从分散生产向组织化生产的转变；通过推进规模化种植，助推标准化种植技术普及，为中药材生长发育特性、药效与生长环境的关联性等基础研究提供应用场景；同时，通过选育优良品种，研发病虫草害绿色防治技术，发展中药材精准作业、生态种植养殖、机械化生产和现代加工等技术，建设标准化GAP种植基地，切实提升中药材现代化生产水平。

3. 中药材种植市场化

要推进中药生产流通企业、中药材生产企业强强联合，实行基地共建共享战略，因地制宜，共建跨地区的集中连片中药材生产基地。如学习恩施州的做法，实现玄参、独活基地合作对接。中药材生产企业要加快发展产业一体化生产经营，实现供产销一体化，逐步成为药材供应主体。

4. 中药材种植道地化

中药材对生长环境有特定的要求，具有明显的地域性特点，各产区要优先支持道地品种，发展道地药材生产。

5. 中药农业机械化

目前，中药材生产环节主要依赖手工操作，人力成本成为主要成本组成，因此，推进中药材生产机械化操作是必然趋势，也是降低生产成本，提高生产效率的关键。药材生产逐步机械化操作，从土地整理、种子处理、播种移栽、灌溉施肥、农药施用、中耕除草、药材收获、清洗净制、加工干燥、分级包装等环节，都逐步推进机械化手段，以适应新形势下的药材生产需求。

五、发展江西省中药种植业的政策建议

（一）建设中药材产业技术服务平台

1.建立中药材生产技术推广平台

充分发挥江西省"三农"服务中心、中药材产业技术体系、农技推广站等机构作用，建立"省－市（州）－县"三级中药材技术培训网络，向广大药农推广和普及实用技术，及时解决中药材生产中的关键技术问题。

2.建设中药材信息监测服务平台

逐步在全省11个地市设置中药材信息员，负责本地市中药材产业信息（包括种植面积、品种、加工、销售等方面）的收集统计等日常工作，建设赣药信息网、赣药数据库，与全国性网络连接，全面、准确、及时地提供江西中药材产销信息及趋势预测。

3.建设中药材质量追溯体系

质量追溯是保障产品质量和安全的重要措施。中药材作为一类质量监管更为严格的特殊产品，既有农产品属性，又有药品属性，其质量的安全性和有效性至关重要，推进质量追溯是必然趋势。要加快推进质量控制端口前移，从企业、区域、市场、政府等不同层面合作完成产品质量追溯，推进质量控制管理全覆盖，实现中药材生产全程质量追溯。

要充分运用互联网、物联网、区块链和人工智能等新技术，构建覆盖种养、加工、收购、贮藏、运输、销售等各环节的质量追溯体系，实现来源可查、质量可追、责任可究。

（二）强化科技支撑，建设中药材产业技术创新平台

强化科技支撑，根据产业发展需求解决突出问题，让科技助推中药产业发展。强化种子、种苗繁育技术研究，解决良种种苗缺乏问题；强化中药材新品种培育，解决种质杂乱、品种混乱、优良品种缺乏问题；加强中药材野生抚育、生态种植研究，强化土壤肥料研究、解决大水大肥，造成的含量降低问题；强化绿色生产技术研究，解决重金属农残超标问题；加强机械化生产技术研究、降低人工成本，提高生产效率；加强产地加工技术研究，解决加工混乱、二氧化硫等污染物超标问题；加强中药材深加工、综合利用技术研究，提高资源利用率；积极对接大健康产业，加强药食同源产品深加工利用研究；加强互联网＋中药材融合的应用，开展质量追溯技术研究与平台建设。

充分利用省内外科研院所的技术实力和优势，建设道地药材认证中心、中药材第三方检验检测平台、中药材种子种苗重点实验室、中药材栽培育种重点实验室，开展道地药材种质资源收集、整理、评价研究，从源头解决品种混乱的问题。加强珍稀野生资源保护与驯化栽培技术研究与推广应用，开展中药材良种繁育、新品种选育、生态种植、采收和初加工等生产全过程关键技术、标准规范、检测技术等研究，形成中药材产业技术系列平台，为高品质中药材生产提供技术保障。

（三）完善中药材产业保障体系

1. 完善资源保障体系

（1）建立中药资源基础数据库：要以第四次全国中药资源普查为契机，开展中药材野生资源与种植的品种、规模、产量、相关技术支撑等基础数据的系统性收集、整理及集成，全面系统掌握江西省各县（市、区）野生和种植中药资源的蕴藏量、分布、资源变化趋势等资料，建立省、县（市、区）、乡（镇）三级中药资源普查数据库。通过中药材资源动态监测站和信息服务点的建设，重点对江西省道地中药材资源、野生珍稀濒危中药资源实施动态监测，提高对野生中药材资源的保护与监控。

（2）实施野生中药资源保护工程：利用生态保护功能区政策开展野生资源保护，扩大濒危药用资源种群规模，逐步恢复生态平衡，使中药资源得以持续发展。充分发挥中药种质资源库在资源保存中的核心作用，积极开展濒危、特有种质的收集、保存、筛选和扩繁。加强濒危珍稀药用植物资源保存圃建设，加强濒危中药野生抚育与人工种植驯化技术研究，为江西省中药材产业可持续发展提供资源保障。

2. 健全质量支撑体系

（1）加快中药材标准体系建设：依托国家级、省级科研平台，建立江西省中药材产业标准体系。重点开展对枳壳、吴茱萸、车前子、栀子、覆盆子等主要道地药材产业标准的研究，制定良种繁育、种子种苗、种植（养殖）、采收、产地加工等全过程规范。全面制定江西省道地药材生产技术规程、中药材种子种苗质量标准、中药材种子种苗繁育技术规程，构建优质道地药材全产业链生产技术规范与质量标准体系。

（2）推进启动赣产道地药材认证：依托江西省国家级、省级科研技术平台，建立赣产道地药材认证标准体系，制定包括认证规则和产品标准，以及相配套的服务和管理办法，推动符合条件的机构取得相应的认证许可，并启动赣产道地药材认证服务。

3. 打造商贸流通体系

（1）完善交易市场体系：加强樟树中药材市场规范化、信息化建设，配套融建设仓储物流、市场交易和电商平台为一体的现代化中药材专业市场，使之在全国中药材产业和市场方面具有更加重要的地位和市场影响力。健全中药材产地交易流通渠道与网络，实现中药材交易便捷化和及时性。

（2）构建江西省中药材信息及交易平台：依托中药材天地网，建设赣产中药材交易专栏、赣药信息网、赣药数据库、赣药电子商务交易平台等，实现中药材产业信息透明化与公开化，实现中药材产业的市场导向和市场预警功能。

（3）配套建设现代仓储物流中心：推动中药材流通体系标准化、现代化，建立物流配送系统、质量检验、追溯管理系统，建成集加工、包装、仓储、电子商务、现代物流配送于一体的中药材仓储物流中心。

（四）开展产业示范区建设

1. 建设中药材种植（养殖）示范基地

（1）引导加强种子种苗繁育基地建设：依托国家基本药物所需的中药材种子种苗繁育基地、科研院所、种子种苗企业等，建设区域综合性或单品种种子种苗繁育基地，对繁育有困难的中药材品种进行种子种苗繁育生产，制定种子种苗生产技术标准、技术规程，确保药材种源纯正、品质优良，确保优良种子种苗供应能力。

（2）完善中药材产业化基础设施配套：在中药材种植（养殖）集中连片区、道地产区，建设和完善排灌基础设施、水肥一体化基础设施、病虫草害联防联控基础设施、产业初加工基础设施等农业基础设施，逐步转型升级为现代农业产业园区的发展模式，有效提升产业劳动效率，全面提升江西省中药材产业的产量和质量保障能力。

（3）大力推进生产基地规范化规模化发展：开展重点基地建设，发展龙头企业，提供科技支撑，建设一批规模大、管理标准、竞争有力、优质道地、生产规范的中药材示范基地，全面落实"一控两减三基本"要求。实施化肥农药零增长行动，大力推广测土配方施肥、病虫害统防统治和绿色防控等技术，发展生态循环农业，促进中药材产业集中区的形成，带动全省中药材产业的规范发展。

（4）着力扶持稀缺中药材生产基地：建设重楼、彭泽贝母等濒危稀缺中药材生产基地，开展野生资源保护和抚育，加强野生抚育与人工种植驯化技术研究。

（5）鼓励支持机械化生产基地试点：开展中药材种植加工机械的研发，鼓励种植生产企业自主或联合研发、试制机械化装备，以覆盖中药材耕、种、管、收的全过程。

2. 建设中药材定制药园示范基地

按照《中药材产业扶贫行动计划（2017—2020年）》和《江西省中药材产业扶贫行动方案（2017—2020年）》等文件，结合标准化中药材种植区域发展项目，鼓励支持医疗机构和中药企业采用"订单采购"等方式到贫困地区建设"定制药园"，并将"定制药园"作为其原料供应基地；构建"医疗机构＋中药企业＋种植企业（合作社）"的扶贫机制，打造江西省中药材扶贫示范基地。

3. 建设中药材产地加工示范基地

（1）重点培育道地大宗中药材产地初加工基地：围绕重点产区的重点品种，重点培育建设一批中药材初加工基地，依靠技术含量高、产品符合市场要求、规模化程度较高的加工企业，提高清洗、干燥、分选和包装的机械化、自动化水平。在中药材主产区和集散地，鼓励逐步向开发特色炮制中药饮片、大健康产品等高层次精深加工方向发展。

（2）加快发展区域综合性中药材产地初加工基地：充分发挥中药材加工龙头企业对加工基地的带动作用，推进中药材产地初加工标准化、规模化、集约化。鼓励中药生产企业向中药材产地延伸产业链，开展趁鲜切制和精深加工，提高药材加工品比例和规范化水平，增加产品附加值。

（五）以赣药道地品牌推进优势区域产业发展

重点针对各地知名道地药材品种，如樟树枳壳、樟树吴茱萸、新干商洲枳壳、吉安车前子、湖口栀子、德兴覆盆子、玉山三叶青、都昌蔓荆子、横峰葛根、龙虎山铁皮石斛、余江夏天无、分宜夏枯草、全南山香圆等，"树品牌、扩规模、提质量、强科技"。集中力量打造特色药材品种全国优势区，加快产业集聚，形成一、二、三产融合发展的态势，带动本区域中药材产业化发展。

（六）发展药食同源药材生产加工，对接大健康产业

"健康中国"已成为国家战略，我国农产品消费已出现从吃饱、吃好到吃健康的转变，治未病已成为人们健康维护的主流意识，兼顾食疗食养功能的食药同源产品需求越来越旺盛，因此，要注重发展药食同源类药材生产，如多花黄精、铁皮石斛、覆盆子、夏枯草、艾叶等品种，加大品种加工利用，开发多样化、个性化、功能化健康食品，提升人民的健康水平，对接大健康产业发展需求，拓展中药材产业范畴。

（七）发展中医药健康旅游，拓展产业范畴

2015年国家印发的《关于促进中医药健康旅游发展的指导意见》，强调要充分发挥我国中医药旅游资源优势，满足人民群众多层次、多样化的中医药健康服务需求。近年来，江西省中医药健康旅游发展迅速。江西省可以利用上饶市成功申报国家第一批健康旅游示范城市的契机，引导社会资本广泛参与；推进横峰县药用植物景观园区、樟树阁皂山药博园、峡江县玉笥山药用植物公园等中药健康旅游项目落地后的发展示范效应，进一步拓展产业范畴，拉动中药材产业发展。

（八）营造良好的产业发展环境

1. 加强组织实施及管理，优化产业布局

加强对中药材产业发展的组织领导，生产大县、重点产区应成立专门的组织领导机构，加强产业调研，跟踪产业动态，把握产业趋势，研究制定中药材产业发展规划。不同道地药材产区，要确定重点发展品种，优化产业布局，避免盲目发展。

健全中药材产业发展的领导体制和工作机制，将中药材产业发展列入国民经济和社会发展规划。中药材产业相关政策要衔接配合，将产业发展融入全局，全面动员推动中

药产业。健全中药材产业管理体系，融合中药材产业管理资源，建立中药材产业目标任务，制定中药材产业发展考核体系，确保规划有效实施，切实发挥中药材产业对农业增效、农民增收和精准脱贫的重要作用。

2. 完善财政金融投入机制

建立以政府性资金为引导，企业投入为主体，社会资金广泛参与的投入机制。协调相关专项资金支持中药材产业发展，充分发挥财政资金引导效应。鼓励社会资本、民间资本为中药材产业提供融资支持和金融服务。鼓励地方将中药材种植纳入特色农业保险范围并给予保费补贴，省级财政按照特色农业保险奖补政策规定，优先对市县政府给予奖补，有效弥补药农种植面临灾害的损失，增强抵御风险能力。按照国家税收法律及有关规定，全面落实扶贫捐赠税前扣除、税收减免等扶贫公益事业税收优惠政策，落实各类市场主体到贫困地区投资中药材产业、带动就业增收的支持政策。对重点品牌中药材探索产业链条金融服务、保险服务机制，支持符合条件的中医药企业引入金融创新服务。

3. 加强产业信息宣传功能建设

大力宣传中药材产业总体战略、目标任务、重大举措和重大意义，充分利用中医药文化科普机构、官方微信、微博等新媒体，加强国际沟通交流，做好中药材保护和发展的宣传工作。注重中药材宣传教育，开辟专栏、专题节目，开展中药材科普项目，促进中药材与各行业有效融合，创作一批文化创意产品，增强全民对中药强省战略的普遍认知，形成全社会关心支持中药材产业发展的良好社会氛围，提高优质中药材的社会认知度，培育中药材知名品牌。发挥行业组织的桥梁纽带和行业自律作用，宣传贯彻国家法律法规、政策、规划和标准，发布行业信息，积极引进和推动大型中药企业参与维护市场稳定，维持良好的市场环境。

（九）强化专业人才队伍建设

充分利用中医药人才强省战略，完善中药材生产种植和精深加工行业人才发展统筹规划和分类指导。依托江西中医药大学、江西省中医药研究院等高校和科研机构加强中药材产业链条上各层级人才培养，提高各环节、各层级人员就业素质。加大中药材高层次和国际化专业技术人才交流，建立一支结构合理、特色优势明显的中药材产业发展人才队伍。强化职业技能培训，鼓励校企、院企等形式的合作，培养一支扎根基层的中药材资源保护、种植养殖、加工、鉴定技术和信息服务队伍，提升基层生产人员的业务素质和专业水平。

（十）支持组建江西省中药材种植行业协会

近年来，中医药的发展已上升至国家战略高度，迎来了发展"黄金期"，国内其他中药材产业强省，如云南、贵州、陕西、广东等省先后成立了全省中药材种植行业协会，在中药材产业发展中发挥了较好的作用。江西省已经启动了中医药强省建设，中药产业正逐步成为江西省经济发展的支柱。因地制宜进一步大力发展中药材产业是发展江西省特色经济，带动农民脱贫致富，全面实现富民强省、乡村振兴的需要，也是建立中药材 GAP 基地推广标准化栽培技术、促进中药材产业化发展的需要，更是促进中药材深加工、培育优势支柱产业的需要。组建省中药材种植行业协会，将以实施乡村振兴战略为契机，更好地团结和凝聚行业力量，支持江西省中药材产业发展。

建议协会依托江西中医药大学，联合江西省中药材产业各职能部门、省内中药材种植企业、研发机构，搭建集科研、生产、信息交流为一体的服务平台，服务广大中药材种植户，发挥好官、产、学、研、用之间的桥梁纽带作用，加强中药材种植行业与政府、科研院校和种植企业的信息与技术交流。通过整合社会资源，加强行业自律和科技创新，促进江西省中药材种植行业有序、安全、健康发展，全面构建江西省产、学、研、医、植、游深度融合的大健康产业链，更好地规范和指导江西省中药材种植业发展，合理开发和充分利用中药材资源，引导中药材种植行业向更健康、有序、可控的道路上发展，夯实赣药发展基础。

课题负责人：张寿文
课题组成员：董燕婧，程访，秦倩，田磊，查青林，陈昭玖，廖斌

江西省中医药医疗服务能力、发展趋势及对策研究

▶ 江西省中医药发展战略研究分报告之二

摘要：

自 2016 年江西省与国家中医药管理局签订《共同推进中医药发展合作框架协议》并出台《关于加快中医药发展的若干意见》等系列政策支持中医药发展以来，江西提出了打造"世界知名、国内领先"的中医药强省战略。中医药医疗服务能力是新时代中医药事业和产业融合发展的重要支撑，是中医药强省战略建设的重要保障，为客观评价江西中医药医疗服务水平，课题组通过建立中医药医疗服务能力评价指标系，对江西省 2015—2018 年总体医疗服务能力进行了综合比较，并运用时序全局主成分分析法对江西省 11 个地市进行分析。研究表明：江西省 2018 年中医医疗服务能力总体上有所提升，但基层中医医疗服务能力有所下降，医疗服务能力在全国不具有优势；江西省 11 个地市医疗服务能力存在差异。通过咨询研讨认为，江西中医药医疗服务能力提升存在制度障碍，并具体提出管理机制体制、财政投入、基层服务人才队伍建设以及医保引导等多个关键领域的可操作性建议：强化顶层设计，统筹管理中医药事业和产业发展；设立公立中医医院经营性资产管理公司，打破事业单位利益藩篱，推进公立医疗服务机构更好地融入市场；给予民营中医医疗机构平等待遇，引导社会资本投资医疗领域，扩大医疗服务有效供给；增加中医药医保目录种类数量，提高医保报销比例和价格，发挥医保正向引导作用；采取"订单式"委托培养方式，充实基层中医药人员队伍。

关键词： 中医药；医疗服务能力；医疗服务项目；发展趋势；对策

一、研究背景与意义

（一）研究背景

党的十八大以来，习近平总书记先后两次视察江西。2016年，中共中央总书记、国家主席、中央军委主席习近平在江西江中药谷制造基地考察时指出，中医药是中华民族的瑰宝，一定要保护好、发掘好、发展好、传承好。2019年，习近平同志在江西视察时，要求江西努力在加快革命老区高质量发展上作示范、在推动中部地区崛起上勇争先。总书记的讲话为江西省未来的发展指明了方向，也极大地促进了江西省中医药事业和产业发展。

2016年，中国共产党江西省第十四次代表大会第一次正式提出中医药强省战略，将中医药发展上升为全省发展重点之重点。3年来，从设立江西省中医药管理局到各县建有中医院，从被列为国家中医药综合改革试验区到江西中医科创城建立和中国中医科学研究院江西分院的筹建，这些不仅彰显了江西全省上下大力发展中医药的决心和信心，还表明了江西省中医药强省战略建设已经取得了可喜的成效，初步实现了"政府得民心、医院得效益、群众得实惠"的多方共赢目标。

但值得注意的是，3年来，中医药建设也暴露了诸多问题，如中医药投入总体仍不足、基层中医药人才相对匮乏、中医药发展政策不够完善等。这些问题势必影响中医药强省战略的建设实现。

中医药医疗服务能力是中医药强省战略的关键评价指标和重要支撑。为此，本课题基于中医药医疗服务能力视角，选择若干典型的兄弟省份城市和省内地市开展实地调研，旨在通过江西省同全国平均水平、部分省份以及江西省各地市中医药医疗服务能力的比较分析，准确把握江西省中医药医疗服务能力发展现状与未来趋势，深入梳理能力提升障碍因素及其原因，探索提升江西省中医药医疗服务能力对策举措，助推早日实现中医药强省战略。

（二）研究意义

江西省提出了中医药强省战略，非常有必要对全省中医药医疗服务能力现状进行全方位的梳理，为此，开展本课题研究具有十分重要的意义，具体表现如下。

1.有利于将总书记"保护好、发掘好、发展好、传承好中医药民族瑰宝"的指示落到实处。

2.有利于进一步完善相关政策，助推早日实现江西中医药强省战略。

3.有利于更好发挥江西省中医药特色优势，补足短板，提升江西省中医药医疗服务能力。

4. 有利于全面提升江西人民总体健康水平，满足人民对美好生活的需要。

二、研究方法及数据来源

（一）研究方法

本项目将综合运用文献研究法、实地调研法、专家访谈法、主成分分析法等方法，就江西省中医药医疗服务能力发展现状、存在问题与趋势等问题开展深入研究。

1. 文献研究法

课题组通过中国知网、万方和维普等数据库收集有关城乡居民大病保险的文献资料，查阅国家及地方相关政策法规，在此基础上对所收集的资料进行归类、整理和分析，为本项目的研究提供理论依据。

2. 实地调研法

课题组选择赣州市、萍乡市和景德镇市相关单位，以及江西省人民医院中医科、江西省中医院为样品地区，深入开展实地调研，获取本项目研究所需的一手数据与相关材料。

3. 专家访谈法

课题组将来自卫生健康委员会、医疗保障局、高等院校等单位相关专家学者作为咨询对象，就如何构建医疗服务能力指标体系、如何提升中医药医疗服务能力等关键技术和政策问题开展咨询。

4. 主成分分析法

课题组采集江西省 11 个地市中医药医疗服务能力相关数据信息，运用主成分分析法，对各地市中医药医疗服务能力进行评价研究，为江西省及各地市如何提升自身能力提供参考。

（二）数据来源

本项目研究数据主要来源于以下 4 个方面。

1. 文献资料

文献资料主要来源于中国知网、万方、维普等数据库。

2. 统计资料

统计资料主要来源于 2015—2018 年《中国卫生计生统计年鉴》《江西省卫生计生统计提要》等工具书；此外，还通过官方网站，收集了广东等中医药服务能力较强省份以及中部其他五省的相关统计数据资料。

3. 调研资料

课题组向江西省 11 个地市发放了调研表，收集了各地市中医药医疗卫生服务能力相关数据材料；同时，深入赣州市和萍乡市卫生健康委员会、市级中医院、市人民医院和社区卫生服务中心以及基层医疗机构开展实地调研，获取一手数据与相关资料。

4. 制度法规

制度法规主要包括《中华人民共和国中医药法》《中医药发展战略规划纲要（2016—2030年）》《国务院关于扶持和促进中医药事业发展的若干意见》（国发〔2009〕22号）以及江西省人民政府颁发的《关于加快中医药发展的若干意见》《江西省"十三五"中医药发展规划》等法律法规制度；此外，课题组结合地方实际，江西省11个地市出台的相关制度法规也是本课题又一重要研究资料来源。

（三）中医药医疗服务能力评价指标体系

根据文献研究和专家咨询结果，并结合《中国卫生计生统计年鉴》以及《江西省卫生计生统计提要》中相关指标说明和应用，并考虑到中医药医疗服务提供机构实际，选用以下3类指标来表示医疗服务综合能力，并由此构建江西省中医药医疗服务能力指标体系。

1. 资源类指标

该类指标是从中医药医疗服务资源视角来体现中医药医疗服务能力的，一般用资源绝对数量来表示，也可以被认为是数量类指标。指标数值越大，说明资源越丰富，进而间接说明中医药服务潜在能力越强。为消除人口因素带来的影响，使用每万人口拥有资源数来表示，指标如下：①每万人口中医医院固定资产。②每万人口中医医院开放病床数。③每万人口中医医院中医药人员。④每万人口能中会西的乡村医生数。⑤每万人口基层医疗卫生机构中医类别执业（助理）医生数。⑥能够提供中医药服务的基层医疗卫生机构占比。

2. 质量类指标

该类指标是从中医药医疗服务质量视角来说明中医药医疗服务能力的，一般用医疗服务提供机构中中医药服务占比来表示。占比越高，说明中医药医疗服务现实能力越强。指标如下：①中医医院中药收入占药品收入比重。②中医医院中医非药物治疗人次占总诊疗人次比重。③中医医院中药处方数占药品总处方数比重。④基层医疗卫生机构门诊中医处方数占门诊总处方数比重。⑤基层医疗卫生机构中医服务量占比。⑥省级及以上名中医数。

3. 效率类指标

该类指标是从中医药医疗服务资源使用效率视角来体现中医药医疗服务能力的，一般用资源利用率来表示，指标如下：①中医医院年人均诊疗人次。②中医医院年人均出院病人数。③中医医院病床使用率。④中医医院人均业务收入。

三、江西省中医药医疗服务能力发展现状

(一) 发展成就

自 2016 年中国共产党江西省第十四次代表大会第一次正式提出中医药强省战略后,江西省尤其重视中医药的发展,先后出台了《关于加快中医药发展的若干意见》《江西省"十三五"中医药发展规划》等政策文件支持江西省中医药事业的发展。江西省委、省政府一直坚持把党的十九大做出的决策部署和习近平总书记对江西中医药工作的要求落地生根、开花结果,不断在中医药发展过程中总结全省中医药发展经验,设立中医药发展目标,明确中医药发展重点任务,推动江西省中医药事业的发展。

1. 江西省中医类医院医疗服务能力有了较大提升

截至 2018 年年底,江西省共有中医类医院 116 所。其中,中医医院 105 家,比 2015 年增加了 4 家,基本做到了每个县都建有一所县级中医院。中医医院床位 31389 张。其中,中医医院 29645 张,比 2015 年增加了 5531 张。

截至 2018 年年底,江西省中医医院中医药人员达到 6367 人,自 2015 年以来年均增长 9.27%,其中中医类别执业(助理)医师 4958 人,年增长率为 8.16%。江西省中医医院中医类别执业(助理)医师占比由 2015 年的 44.4% 增加到 48.6%,年均增长 3.06%。

截至 2018 年年底,江西省中医医院总诊疗人次、门急诊人次和出院病人分别达 1439.04 万人次、1316.14 万人次和 10514 万人,过去 3 年年均增长分别为 5.15%、3.83% 和 8.64%。中医非药物技术治疗人次和中医非药物技术治疗人次占比分别为 430.24 万人次和 29.89%,3 年来年均增长 18.07% 和 12.27%。中医医院病床使用率为 90.02%,有所减少。

中医院中医服务能力指标(病床使用率除外)相较 2015 年均有不同程度增长,表明过去 3 年江西省中医医院中医药服务资源、中医药服务质量和效率指标均有提升,中医药服务能力有了较大提升,见表 3-1。

2. 江西省基层卫生机构中医医疗服务能力提升

社区卫生服务站服务能力有所提升,乡村医生中能中会西的比例有所增长,基层医疗卫生机构中医类全科医生数量增长较快,见表 3-2。

截至 2018 年年底,江西省社区卫生服务站数量为 403 个,能够提供中医药服务的社区卫生服务站占比为 80.44%,与 2015 年相比,年均增长分别为 4.22% 和 2.89%。

截至 2018 年年底,以中医服务为主的乡村医生 8412 人,占比为 20.03%,与 2015 年相比,年均增长分别为 3.14% 和 8.64%。

截至 2018 年年底,基层医疗卫生机构中医类别全科医生总数为 946 人,与 2015 年

相比，年均增长 2.91%。基层医疗卫生机构中中医类全科医生占比为 20.78%，与 2015 年相比，年均增长 1.55%。

表 3-1　江西省 2015—2018 年中医医院中医药医疗服务能力增长情况一览

项目	2015 年	2018 年	年均增长率
中医医院固定资产（亿元）	44.30	60.69	11.06%
中医药人员（人）	4880	6367	9.27%
执业（助理）医师（人）	8824	10201	4.95%
中医类别执业（助理）医师（人）	3918	4958	8.16%
中医类别执业（助理）医师占比（%）	44.40	48.60	3.06%
开放病床数（张）	26050	31741	6.81%
差额拨款（万元）	41862	77089	22.57%
事业经费（万元）	36842	29067	−7.60%
药品收入占业务收入（%）	45.40	38.28	−5.53%
中药收入占药品收入（%）	31.5	35.05	3.62%
门、急诊人次（万人次）	1175.8	1316.14	3.83%
出院病人（万人）	82.00	105.14	8.64%
总诊疗人次（万人次）	1237.61	1439.04	5.15%
中医非药物技术治疗人次（万人次）	261.40	430.24	18.07%
中医非药物技术治疗人次占比（%）	21.12	29.89	12.27%
病床使用率	97.20	90.02	−2.53%

表 3-2　江西省 2015—2018 年基层医疗卫生机构中医药医疗服务能力增长情况一览

项目	2015 年	2018 年	年均增长率
能够提供中医药服务的社区卫生服务中心占比（%）	96.15	88.04	−2.89%
能够提供中医药服务的乡镇卫生院数（个）	1463	1401	−1.43%
能够提供中医药服务的乡镇卫生院占比（%）	92.42	87.84	−1.68%
能够提供中医药服务的社区卫生站数（个）	356	403	4.22%
能够提供中医药服务的社区卫生服务站占比（%）	73.86	80.44	2.89%
能够提供中医药服务的村卫生室数（个）	17281	14685	−5.28%
能够提供中医药服务的村卫生室占比（%）	67.07	62.00	−2.59%
基层医疗卫生机构执业（助理）医师总数（人）	31009	26606	−4.98%
基层医疗卫生机构中医类别执业（助理）医师总数（人）	7038	6161	−4.34%
基层医疗卫生机构中医类别执业（助理）医师占比（%）	22.70	23.16	0.67%

（续）

项目	2015 年	2018 年	年均增长率
基层医疗卫生机构全科医生总数（人）	4374	4553	1.35%
基层医疗卫生机构中医类别全科医生总数（人）	868	946	2.91%
基层医疗卫生机构中医类别全科医生占比（%）	19.84	20.78	1.55%
乡村医生总数（人）	49099	41989	−5.08%
以中医服务为主的乡村医生数（人）	7667	8412	3.14%
以中医服务为主的乡村医生数占比（%）	15.62	20.03	8.64%
基层医疗卫生机构门诊处方总数（张）	56858706	46443837	−6.52%
基层医疗卫生机构门诊中医处方数（张）	15391819	13185043	−5.03%
基层医疗卫生机构门诊中医处方数占比（%）	27.07	28.39	1.60%

3. 江西省多数地市中医药医疗服务能力有所提升

课题组运用时序全局主成分分析方法，采用江西省 11 个地市 2015—2018 年中医药医疗资源、效率和质量 3 类指标数据信息，开展了江西省 11 个地市中医药医疗服务能力评价研究，评价结果见图 3-1。

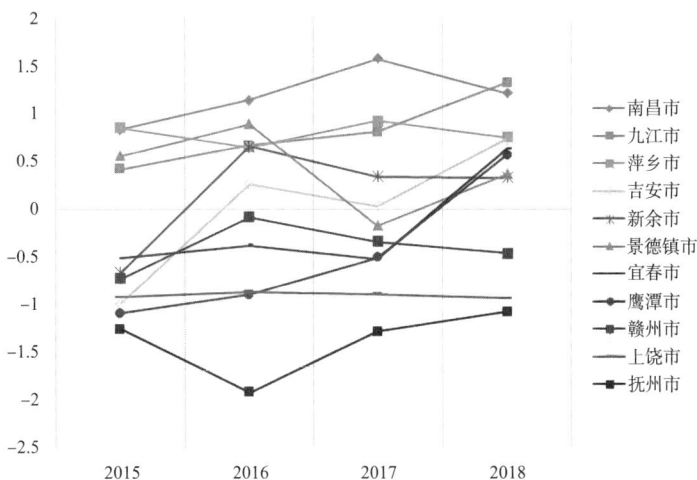

图 3-1　2015—2018 年江西省各地级市中医药医疗服务能力综合评价结果

从纵向比较看，2015—2018 年，江西省各地市中医药医疗服务能力综合得分均有增加，说明整体上江西省中医药医疗服务整体实力逐年提升。这与国家和江西省发展中医药政策以及中医药行业人员的努力付出等有着十分密切的联系。2015—2018 年，九江、鹰潭、宜春和吉安中医药医疗服务能力提升速度明显，但也有少数地级市中医药医疗服务能力改善不明显，如上饶和抚州。

从横向比较看，可简单地将 11 个地市分为三个梯队：第一梯队南昌、九江和萍乡中医药医疗服务能力位居全省前列，而作为省会城市的南昌中医药医疗服务能力位居首位；第二梯队宜春、吉安、景德镇、鹰潭、赣州、新余紧随其后；第三梯队为抚州、上饶。

（二）存在的主要问题

1. 中医药管理碎片化，亟待统一管理

当前中医和中药实行分业经营、分业管理，这个形式从制度上割裂了中医和中药内在的联系，中医药发展相关政策难以落到实处，挫伤了广大中医药工作人员积极性。多数地市层级中医药管理部门为本地市卫生健康委员会中医科，人员不足（多为 2 名左右的管理人员，有些地市就是科长 1 人），仅能勉强应付日常上情下达等事务性工作，难以担负更为高层级的发展管理工作。

2. 基层医疗机构中医药人才缺乏问题较严重

2015 年，江西省基层医疗卫生机构中医类别执业（助理）医师总数为 7038 人，而 2018 年却减少为 6161 人，3 年来年均减少 4.34%。这直接导致能够提供中医药服务的基层卫生机构数量和占比有所下降。2018 年，能够提供中医药服务的乡镇卫生院、村卫生室数量分别为 1401 个和 14685 个，相比 2015 年年均减少了 1.43% 和 5.28%。2018 年，能够提供中医药服务的社区卫生服务中心、乡镇卫生院以及村卫生室占比分别为 88.04%、87.84% 和 62.00%，相对 2015 年，年均减少 2.89%、1.68% 和 2.59%。实地调研发现：有些基层医疗卫生机构只有一名老中医，其个人中医服务量就是整个机构的中医服务量，一旦退休后，机构就变成了不能提供中医药服务的机构。基层机构的现状普遍反映了中医药人才断层压力较大，留不住人，也招不到人。

3. 财政投入同中医药强省战略目标相差甚远

2018 年，江西省中医医院事业经费为 29067 万元，相对 2015 年（36842 万元）年均减少 7.6%，表现为中医医疗机构，尤其是各级中医院基础设施建设滞后。实地调研获知：有些地市中医院新院建设完全依赖自筹资金，或者使用本地人民医院废弃不用的旧院，而人民医院新院建设多为"交钥匙"工程。

4. 中医医疗服务量和政府、社会对中医期望相差较远

受各种因素影响，中医医疗服务量占比较少，和政府、社会对中医期望相差较远，也和中医药强省战略目标不相适应。无论是中医机构数、中医人员数、中医床位数、中医总诊疗人次数、中药处方数绝对量和占比均不高，中医机构西医化现象仍然存在。

5. 中医机构公益性和产业发展市场属性相冲突

中医是中医药产业发展的基础，是推动中医药产业发展的原动力。中医药产业发展离不开中医。当前，江西省中医药产业发展多集中在中药领域，比如中草药种植、中药材初级加工、中药制造以及流通等。中医远未介入全产业链领域，且规模不大，效益不佳。中医养生保健、中医健康旅游、医养结合等市场需求看好，产业发展潜力巨大，但由于中医介入障碍，此类朝阳产业仍没有很好的盈利模式和业态。其根本原因在于中医

医疗提供机构的公益性属性和产业发展的市场属性之间的制度障碍。

四、江西省中医药医疗服务能力发展趋势

（一）面临的机遇与挑战

1. 面临的机遇

中医药是国之瑰宝，为中华民族的繁荣昌盛做了重大贡献。近年来，中医药发展迎来了空前好时机。

（1）国家高度重视并陆续出台多项政策措施予以推动：2017年7月，《中华人民共和国中医药法》正式实施，从法律层面明确了中医药的地位、发展方针和扶持措施，为中医药事业发展提供了法律保障。党的十九大报告明确提出：坚持中西医并重，传承发展中医药事业，全面建立中国特色基本医疗卫生制度。要深入贯彻实施《中医药法》和《中医药发展战略规划纲要》，全面落实中医药发展"十三五"规划，加快推进深化中医药改革，加快推进中医药发展方式转变，加快推进中医药治理体系和治理能力现代化，着力提高发展质量和效益，着力提高服务能力和水平，为实施健康中国战略、决胜全面建成小康社会做出新贡献。

（2）江西省委、省政府高度重视中医药发展：2016年5月，江西省人民政府与国家中医药管理局签订了《共同推进中医药发展合作框架协议》，并出台《关于加快中医药发展的若干意见》以及《江西省中医药健康服务发展规划（2016—2020年）》，提出了打造"世界知名、国内领先"的中医药强省战略。同年，江西省被国家中医药管理局列入国家中医药综合改革试验区。2017年5月，江西省人民政府印发了《江西省"十三五"中医药发展规划》（赣府厅发〔2017〕29号），提出到2020年，江西省在中医医疗、中医药健康服务等方面走在全国前列，初步实现中医药强省目标。江西省也是少数几个设立副厅级管理机构——中医药管理局的省份。

（3）中医药服务需求持续增长，供给体系逐步完善：随着中医药政策不断完善和经济增长，江西省中医药服务现实需求和潜在需求持续增长，全省学中医、用中医的大好环境逐渐形成。同时，中医药服务覆盖面持续增加，供给体系逐步完善。

2. 面临的挑战

（1）江西省与全国平均水平相比，中医药医疗服务能力没有明显优势。2015年，江西省每万人口中医类医院床位数为5.53张（全国5.96张），每万人口中医类医院中医执业（助理）医师为2.42人（全国3.29人）。2017年，江西省每万人口中医类医院床位数增至6.37张（全国6.84张），每万人口中医类医院中医执业（助理）医师增至2.64人（全国3.79人）。近几年来，江西省中医类医院床位数和中医执业（助理）医师数总体上逐年增加，但与全国水平相比，江西省还存在一定的差距，表明过去3年江西省

中医类医院中医药服务资源人均拥有量尽管有所增长，但仍低于全国平均水平，见图3-2、3-3。

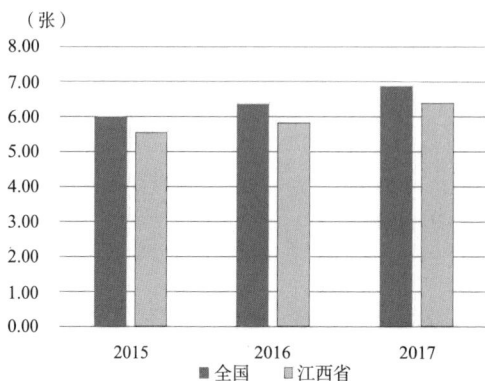

图 3-2　2015—2017 年每万人口中医类医院床位数对比情况

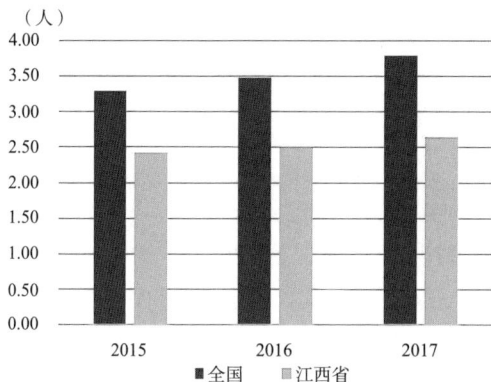

图 3-3　2015—2017 年每万人口中医类医院中医执业（助理）医师数对比情况

2015 年，江西省政府办中医类医院院均财政补助收入由 6879.66 千元（全国 12542.89 千元）增至 2017 年的 10826.26 千元（全国 16636.98 千元），说明近几年来江西省对中医类医疗机构财政投入逐年增加，但财政投入总量还未达到全国平均水平。这也许是江西省人均拥有的中医药资源量低于全国平均水平的主要因素之一。

在病床使用率方面，江西省中医医院病床使用率由 2015 年 97.18%（全国 84.73%）降至 2017 年 90.39%（全国 84.99%）。3 年中，江西省的中医医院病床使用率始终高于全国平均水平，但呈下降趋势。

中草药收入方面，江西省政府办中医类医院院均门诊中草药收入绝对数低于全国平均水平，但相对占比高于全国平均水平；院均住院中草药收入除 2016 年绝对数量和占比低于全国平均水平，2015 年和 2017 年均高于全国平均水平，说明江西省中医类医院规模不大，但中医院西医化程度低于全国平均水平，见图 3-4 ～ 3-7。

（千元）

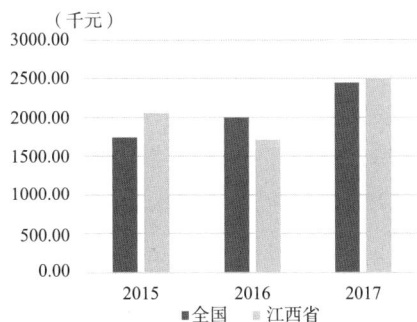

图 3-4 政府办中医类医院院均住院中草药收入情况

（%）

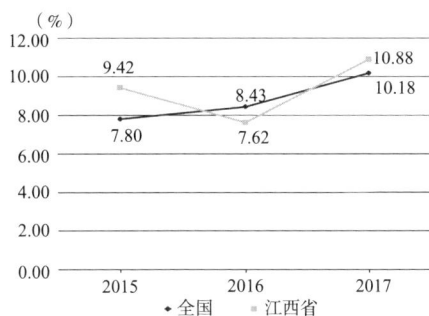

图 3-5 政府办中医类医院院均住院中草药收入占比

（千元）

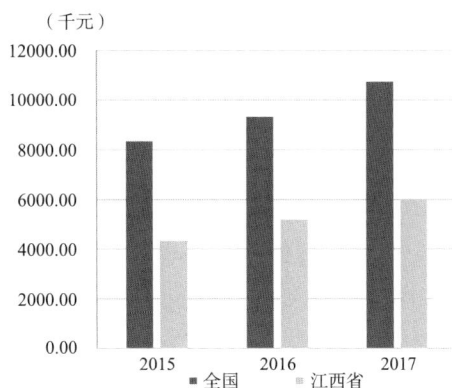

图 3-6 政府办中医类医院院均门诊中草药收入情况

（%）

图 3-7 政府办中医类医院院均门诊中草药收入占比

在基层中医药医疗服务方面，以 2018 年的数据为例，能够提供中医药服务的江西省基层医疗卫生机构占比均低于全国平均水平。其中，能够提供中医药服务的社区卫生服务中心占 88.04%（全国 98.50%），能够提供中医药服务的社区卫生服务站占 80.44%（全国 87.20%），能够提供中医药服务的乡镇卫生院占 87.84%（全国 97.00%），能够提供中医药服务的村卫生室占 62.00%（全国 69.00%），见图 3-8。

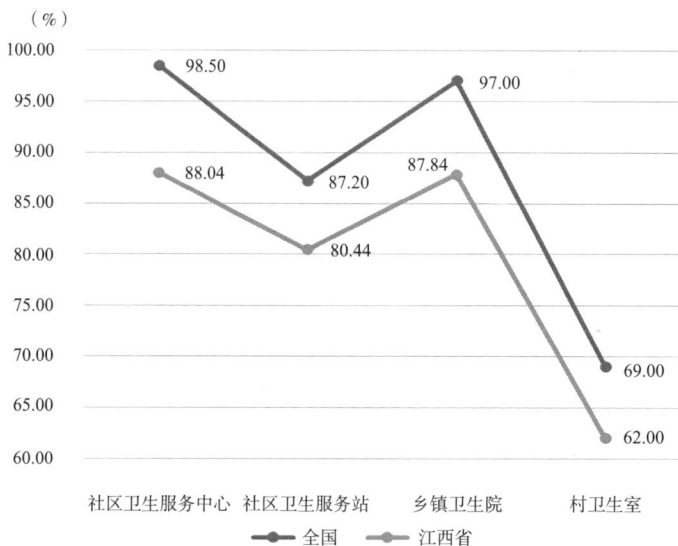

图 3-8 2018 年全国与江西省提供中医药服务的基层医疗卫生机构占比情况

（2）江西省与周边部分省份相比，中医药服务能力优势不显著。中部六省，除江西省外，其他五省分别是河南、山西、湖北、安徽和湖南，地处我国中部枢纽地带，无论是从经济发展水平还是资源禀赋条件等方面都比较接近，具有一定的可比性；此外，和经济发达的广东省相较，从中找到差距的同时也能发现自身存在的问题，进而为江西省中医药医疗服务的发展提供更有针对性的建议。

以 2017 年相关指标数据为例，每万人口床位数湖南省 8.16 张、湖北省 7.71 张、河南省 6.91 张、江西省 6.37 张、安徽省 5.59 张、山西省 5.37 张、广东省 4.75 张，在 7 个省份中，江西省排在第四位；每万人口中医执业（助理）医师山西省 4.22 人、河南省 3.68 人、湖南省 3.58 人、广东省 3.54 人、湖北省 3.02 人、江西省 2.64 人、安徽省 2.20 人，江西省排在第六位。由此可知，江西省在 7 个省份中，属于床位数偏多，而中医类执业（助理）医师数偏少的类型。中医类医院院均医疗收入在 7 个省份中，江西省排名第 6 位，广东省虽然在每万人口中医类病床数和中医类执业（助理）医师数上不是最丰富的省份，但产生的医疗收入却是远远领先其他省份，见图 3-9、3-10。

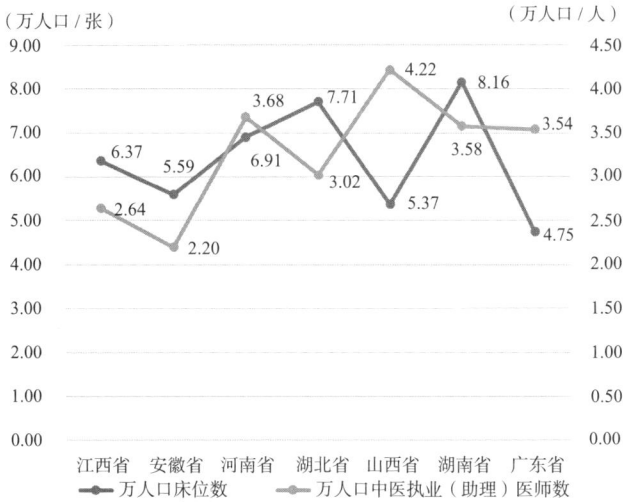

图 3-9 2017 年 7 省份每万人口床位数与中医执业（助理）医师数

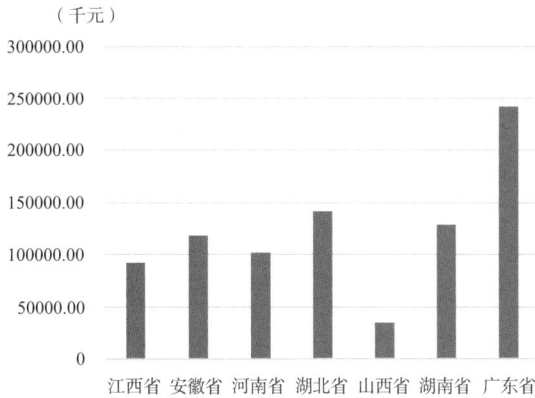

图 3-10 2017 年 7 省份政府办中医类医院院均医疗收入

（二）发展方向与重点

1. 中医药医疗服务管理制度顶层设计

因打造中医药强省战略需求，江西省委、省政府审时度势，组建了省中医药管理局，是江西省中医药医疗卫生服务管理制度顶层设计迈出的坚实第一步。由于中医药医疗服务涉及卫生、财政、医保、税务、市场监督、食品药品监管和发改等多个厅局，管理职能相互交叉重叠，如何协调各方面关系，做到统筹管理，是未来中医药管理制度顶层设计的重中之重。

2. 基层中医药医疗卫生服务人才工程

中医药强省战略实现的关键之处，在于补短板。由前可知，当前江西省基层中医药医疗卫生服务人才面临断层等压力，若不加以重视，这种人才短缺趋势会越加显著，进而大大滞缓江西省中医药强省战略实现。为此，如何集合各方力量，大力开展基层中医药医疗卫生服务人才工程，是江西省未来发展的重点之一。

3. 中医医疗服务价值补偿制度

从最近 3 年的中医药相关数据中可以看出：中医药医疗服务发展绝对数逐年提高，但发展速度远不及西医；中医类医院中药收入占药品收入比重偏低，西药收入占据药品收入中的绝大部分收入；基层医疗卫生机构中，能够提供中医药服务的机构及人员逐年降低，中医服务量占比偏低，中医边缘化趋向较明显。课题组经实地调研并专家咨询后认为：中医医疗服务价值长期被低估是这一现象的主要因素之一。为此，如何从财政补偿、医疗服务项目定价和服务评价考核等方面入手，完善中医医疗服务价值补偿制度，是未来政策的努力方向之一。

4. 中医医疗卫生服务机构介入中医药产业发展的制度创新

中医医疗服务机构不应是体现中医医疗服务能力的唯一平台，中医医疗服务应介入中医药全产业链中方能实现自身价值。如何破解中医医疗机构公益性和中医药产业发展的市场属性之间矛盾冲突，畅通中医药介入产业发展的制度障碍，形成新的业态，不仅能够促进中医养生保健、中医药健康旅游和医养结合等健康产业发展，还能够大幅提升江西省中医药医疗服务能力。因而，这也是中医药未来发展的又一重点。

五、提升中医药医疗服务能力的政策建议

（一）强化顶层设计，统筹管理中医药事业和产业发展

当前，江西省中医药管理局名义负责监管全省中医药发展工作，但实际工作涉及 30 多个厅局，包括发改委、编制办等强力厅局，协调工作难度巨大，部门利益考量阻碍了中医药产业统筹发展。建议加强顶层设计，统筹管理从中医药种植、中药制造、中医药医疗至中医药流通贸易等全产业链管理，改变当前"九龙治水"的碎片化管理带来的管理效率低下等困境，为中医药产业持续健康发展以及产业和事业融合发展提供制度保障和组织保障。

（二）设立公立中医医院经营性资产管理公司，打破事业单位利益藩篱，推进公立医疗服务机构更好地融入市场

公立医院经营性资产管理公司由公立医疗机构投资兴建，公立医院仅是经营性资产管理公司的股东，仅负有限责任。允许公立医院经营性资产管理公司从事特定的中医药养生保健、康养、健康旅游等中医药健康服务业，扫清中医深度有效介入产业发展的制度障碍，使公立医院经营性资产管理公司可以利用自身市场属性，顺利参与或独自投资

健康产业。

（三）给予民营中医医疗机构平等待遇，引导社会资本投资医疗领域，扩大医疗服务有效供给

在卫生规划中，要优先考虑民营中医类医院。在医保报销比例和医保项目种类选择时，要向民营中医类医院倾斜，或至少给予平等待遇。

（四）完善中医医疗服务项目医保目录，调整中医医疗服务价格

很多中医药适宜技术项目未纳入医保、中医医疗服务价格较低影响到了中医非药物诊疗人次、基层医疗服务中医服务量占比等指标，进而影响了中医药服务能力。为此，应加大医保对中医药的支持力度，完善医保引导机制。

1.提高中医（纯中医诊疗）诊察费，为避免诊察费提高后增加群众负担和降低对中医药医疗服务的需求，将中医诊察费提高部分纳入医保报销范畴。

2.将疗效显著、价格比较低廉但又未纳入医保目录的中医医疗服务项目纳入医保并合理定价，将原有医保目录中疗效显著但价格低廉的医疗服务项目价格适当提高。

3.结合江西省实际情况，将省外已开展并且疗效显著的医疗服务项目引入本省，并纳入医保目录。

（五）加快中医药人才队伍建设，提升中医药整体实力和技术水平

无论是能够提供中医药服务的基层医疗机构的个数，还是中医药执业医生比例、省级名中医数，都是中医药医疗服务能力提升的关键指标。课题组深入调研获知，当前人才引进困难、人才梯队不合理、中医药高层次人才缺乏等问题并存，许多中医院面临老中医退休后人才断层的窘境，部分乡镇卫生院中医馆有馆无医，基层医疗卫生机构中医药人才短缺问题尤为突出。

1.引进高层次人才，发挥其在中医药领域的引领作用。高层次人才的缺乏将使中医药的发展缺乏创新突破的动力，建立合理的中医药人才队伍，必须实现人才"引得进、留得住"。第一，必须以科学的人才观为指导，完善中医药高层次人才引进政策，充分发挥政策在引进高层次人才中的导向和激励作用。第二，提供良好的干事创业空间，激发潜能，使人尽其才。第三，加强与高层次人才的密切联系，了解其需求，认真听取其促进中医药发展的建议，努力推动中医药创新发展。

2.创新人才培养模式，夯实基层中医医疗卫生队伍。推动基层医疗机构和医药院校合作，通过订单式委托培养的方式，满足基层医疗卫生机构对中医药人员的需求。选拔热爱中医、愿意服务基层的人员进入高校学习，学费由各级财政支持，可适当降低入学门槛但不能降低毕业要求，毕业后必须回到委托培养单位服务一定年限，以充实基层医疗卫生机构中医药人才队伍。

3. 开展中医适宜技术培训，提高基层中医药人员技术水平。为适应基层医疗卫生机构一人多岗、人员转岗的迫切需求，可将乡镇卫生院外科和妇产科萎缩后产生的闲置人员转岗到中医岗位。在上级中医院的协助下，根据实际需要和技术的难易程度，对乡镇卫生院、社区卫生服务中心和村卫生室人员开展中短期中医理疗康复技术理论和技能培训，让非中医类人员在短期内熟练掌握基本中医理疗康复技术，经省级考核后持证上岗。

（六）增加财政投入，为中医药发展提供资金保障

1. 设立中医药发展专项基金

基金由省级、市级和县级财政按一定比例出资构成，主要用于中医药医疗服务能力提升专项建设。

2. 中医医院建设

在确保每县配有县级中医院的基础上，根据医院不同等级和规模，给予不同且足额的财政资金支持。

3. 中医馆建设

制定星级和示范级中医馆建设标准，按照标准评级，根据级别给予不等的建设费用，对建设完毕的中医馆进行验收，根据验收结果，对建设发展较好的中医馆予以一定的奖励，所得经费用于中医馆装修、购买设备和引进人才，从而进一步提升基层中医药服务能力。

课题负责人：李军山
课题组成员：姚东明，周步高，吴海波，刘永忠，李永强，王业鸿，吴依林

报告 IV

江西省中药生产与物流企业现状、发展趋势及对策研究

江西省中医药发展战略研究分报告之三

摘要：

江西具有发展中医药得天独厚的基础，中药工业排名长期处于全国前列。自2016年明确提出中医药强省战略以来，江西中医药产业发展水平有了较大的提升。课题组采用文献分析、专家访谈、问卷调查、实地调研、比较分析等方法，系统梳理了江西中药生产与物流行业的发展现状，认为江西中医药产业存在政策环境不理想、创新瓶颈制约发展后劲、产业结构瓶颈难以突破、配套产业存在短板、生产成本不断增加等问题。通过对中医药产业面临的机遇与挑战进行分析，基于对江西中医药产业链的梳理和主要集群的调研成果，课题组提出重点要创新扶持政策、支持基础研究、加强企业管理、支持培育优强企业，推动江西中医药产业高质量发展。

关键词： 江西；中医药产业；产业集群；龙头骨干企业

一、研究背景与意义

（一）研究背景

1. 中医药发展迎来历史机遇

当前，中医药振兴发展迎来天时、地利、人和的大好时机，需要深入发掘中医药宝库中的精华，充分发挥中医药的独特优势，推进中医药现代化，推动中医药走向世界，切实把中医药这一祖先留给我们的宝贵财富继承好、发展好、利用好，在建设健康中国、实现中国梦的伟大征程中谱写新的篇章。

党的十八大以来，党和政府把中医药发展摆在了更加重要的位置。《中医药发展战略规划纲要（2016—2030 年）》首次把中医药发展上升为国家战略，首次提出"中医药产业成为国民经济重要支柱之一"，首次将中医药"标准化、信息化、产业化、现代化"水平不断提高作为中医药发展目标，中医药产业发展进入新时代。

随着《中医药法》《中医药白皮书》《中医药发展战略规划纲要（2016—2030 年）》等相继颁布，中医药产业进入新时代。据统计，2015 年，全国中药工业总产值达 6167 亿元；市值过百亿元的中药企业达 37 家，出现了丹红注射液、复方丹参滴丸、喜炎平注射液、注射用血栓通/血塞通等单品种年产值超过 20 亿的中成药品种 20 个。《国务院关于促进健康服务业发展的若干意见》提出要"培育一批医疗、药品、医疗器械、中医药等重点产业，打造一批具有国际影响力的知名品牌。"《中医药发展战略规划纲要（2016—2030 年）》明确提出"到 2020 年，中医药产业现代化水平显著提高，中药工业总产值占医药工业总产值 30% 以上，中医药产业成为国民经济重要支柱之一"，明确提出中医药产业成为国民经济的重要支柱之一。

2. 中药产业发展态势良好

（1）中药饮片加工和中成药制造比重显著提高，规模以上企业主营业务收入不断攀升。1996 年，中药饮片加工和中成药制造规模以上企业主营业务收入为 235.4 亿元，2016 年上升到 8653.41 亿元，增长了近 37 倍，占医药工业规模以上企业主营业务收入的比例从约 1/5 增长到约 1/3。2013—2016 年，中药饮片加工和中成药制造主营业务收入，历年增长速度高于行业平均水平，地位得到明显提升，逐渐成为国民经济与社会发展中具有独特优势和广阔市场前景的战略性产业，已成为我国新的经济增长点，见图 4-1。

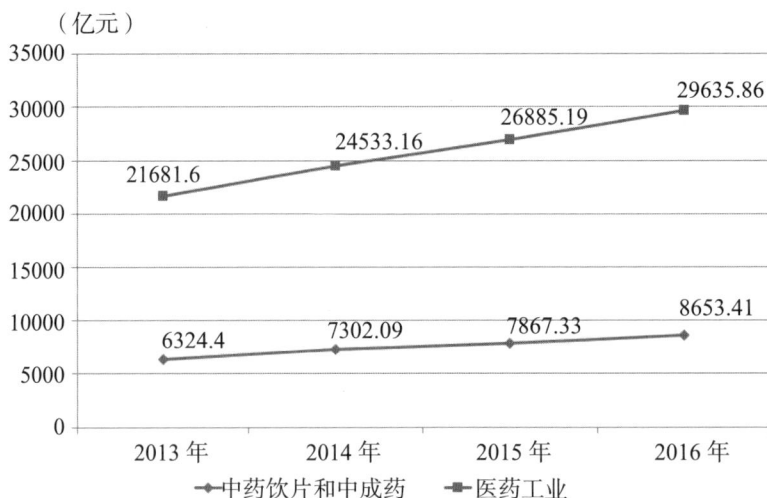

图 4-1　2013—2016 年中药饮片加工和中成药制造、医药工业主营业务收入情况（亿元）

（2）中药饮片加工领跑医药工业，成为发展最快的细分医药工业；中成药制造比重较大，产量实现超越。从主营业务收入来看，我国中药饮片加工主营业务收入从 2010 年的 658.15 亿元增长到 2016 年的 1956.36 亿元，增长了近 3 倍，同比增长均高于医药工业主营业务收入。从利润总额来看，2016 年，中药饮片加工实现利润总额 138.27 亿元，同比增长 8.64%，占医药工业利润总额的 4.30%，较 2015 年增加 18.78%。由于市场准入门槛低，中药饮片加工企业呈现多、小、散、乱的特点，规模以上的中药饮片加工企业近 1000 家，即便是行业龙头康美药业，2015 年的市场份额也仅为 2.2%。

中成药制造产量实现超越。2016 年，中成药制造占医药工业的 22.60%，居第二位。我国中成药制造占整个中药制造业主营业务收入的 80% 左右，从 2013 年的 5065 亿元增长到 2016 年的 6697 亿元，同比由 21.10% 下降至 7.88%。

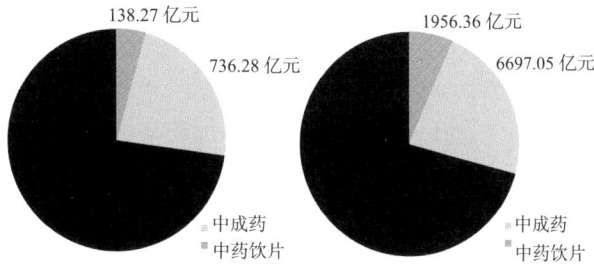

图 A 利润情况（总额 3216.43 亿元） 图 B 主营业务收入情况（总额 29635.86 亿元）

图 4-2 2016 年医药工业利润（A）与主营业务收入（B）情况

（3）龙头企业在全产业链积极布局，中医药企业占据医药行业百强半壁江山。从"2015 年度全部工业企业法人单位按医药工业主营业务收入排序（前 100 家）"分布情况来看，前 6 位均为主要中医药制造企业，涉及中医药产业制造企业共有 45 家，主要分布在经济较发达的珠三角、长三角和环渤海地区，以及中药材资源丰富的我国西南部地区如云南、贵州、四川等。中药大品种年销售额过亿元的品种从 40 余个增加到 500 余个，过 10 亿元的品种超过 50 个；中国制造工业百强榜上中药企业约占 1/3，多个中药企业年营业额超过 100 亿元。

（二）研究意义

江西具有发展中医药得天独厚的基础，中国共产党江西省第十四次代表大会提出，要打造国内领先、世界知名的中医药强省。当前，积极推进省政府与国家中医药管理局《共同推进中医药发展合作框架协议》的落实，加快国家中医药综合改革试验区的建设，助推中医药大健康产业发展，全力打造中医药生态圈，是一项迫切任务，需要政、产、学、研协同，共同奋进。本课题组通过对江西省以及全国中医药大省中药生产加工的调查研究，摸清了江西省中医药工业企业的底数与现状，比较江西省与外省的优势和不足，查找分析江西省中医药发展存在的问题及原因，探索打造"国内领先、世界知名"中医药强省的有效路径，从而推动江西省中医药事业在新起点实现新发展，使中医药产业成为江西省新的经济增长点，让群众享有更优质的中医药服务，为建设健康江西做出更大的贡献。

二、研究方法及数据来源

（一）总体路线

课题组从摸清江西中药工业企业发展现状入手，采用文献分析、专家访谈、实地调研、比较分析等方法，系统梳理了江西中药工业企业发展的历史与现状，客观分析了江西省中药工业企业发展面临的机遇与挑战。课题组先后走访了江西青峰药业有限公司、江中药业有限公司、江西济民可信集团有限公司、江西仁和药业有限公司、江西汇仁药业股份有限公司等企业，同时通过与四川省多家中药企业相比较，总结和发现了江西中药工业企业发展的优势和存在的不足，探讨了江西中药工业企业发展中的瓶颈和发展趋势，并有针对性地提出了江西省中药工业企业发展的重点和方向，以及相关政策建议，以期为江西中药工业、健康发展提供科学依据。

（二）调查研究内容

1. 本省中药工业现状调查研究

目前，全省中医药产业发展已初步形成了以南昌、宜春为核心产业聚集区，以抚州、吉安、赣州、新余等地为产业协同发展区的整体布局，地区聚集效应明显，产业集中度明显高于医药行业整体水平。2017 年，南昌中成药、中药饮片加工企业主营业务收入、利税总额、利润总额占到全省的 45% 以上，宜春市占比超过 30%，两地合计超过 75%。特别是宜春的中药饮片加工，在全省占比达到 80%。

课题组调查统计了 2016—2018 年江西省中药工业企业基础数据，主要包括企业的上市情况、人才、平台、研发、获得资助等情况；产品的来源、生产、销售、专利、医保及开发等情况。

2. 国内生产企业优势突出省份现状调查研究

课题组拟调查的省份有四川、吉林等，调查这些省份近 3 年中药企业的上市情况、人才、平台、研发、获得资助等情况，以及产业支持政策。

课题组获取资料的方法是查询各省统计局官网的年鉴，以及寻求相关部门的帮助，如中医药管理局、工业和信息化厅、药品监督管理局、统计局等部门。

（三）研究方法和技术路线

1. 文献查阅

课题组通过数据库获取中药工业企业概念、范畴、发展等相关内容，获取 2016—2018 年江西省统计年鉴中企业及产品的相关情况；通过政府官方网站获取国家发布的政策依据、中药材"十三五"发展规划等相关内容；通过已发表刊物及研究课题获取江西省中药生产企业研究进展。

2. 数据收集与分析

课题组通过统计局、卫健委、药品监督管理局、工信部及中医药管理局等相关单位，获取企业及产品等信息，进行汇总概括，为抽选样本提供依据，并对相关数据进行跟踪调查，统计动态变化情况。

3. 实地走访

课题组通过对企业及地区等进行实地走访，访谈并填写调查问卷，对部分数据真实性进行核实，并跟踪统计有关数据，观测动态趋势和增长速率。

4. 调查问卷

课题组通过问卷调查了企业的上市情况、人才、平台、研发、获得资助等情况；产品的来源、生产、销售、专利、医保及开发等情况。

5. 技术路线图（图 4-3）

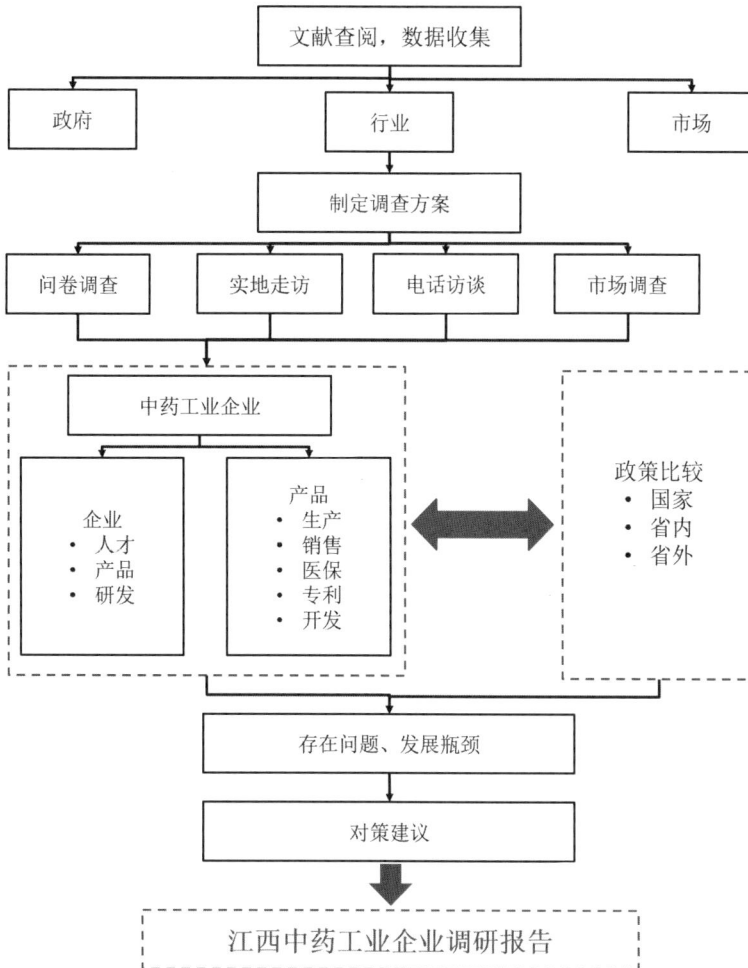

图 4-3　技术路线图

三、中药工业发展现状

（一）江西中药工业发展进展

1. 总体规模

（1）主营业务收入情况：2016 年，全省中药产业实现主营业务收入 550.4 亿元。其中，中成药主营业务收入 416.49 亿元，中药饮片主营业务收入 86.75 亿元。2017年，全省中药产业实现主营业务收入 553.73 亿元，占全省生物医药产业的比重达到 40.32%，占全国中医药行业的 7.01%，位居全国前五位。其中，中成药主营业务收入 458.89 亿元，比上年增长 10.18%，占全国的 8.00%；中药饮片主营业务收入 94.84 亿元，比上年增长 9.33%；中药企业利润总额 44.7 亿元，占全国的 5.2%，位居全国前列。2018 年，全省中药产业实现主营业务收入 413.98 亿元。其中，中成药主营业务收入 322.32 亿元；中药饮片主营业务收入 91.66 亿元。详见图 4-4。

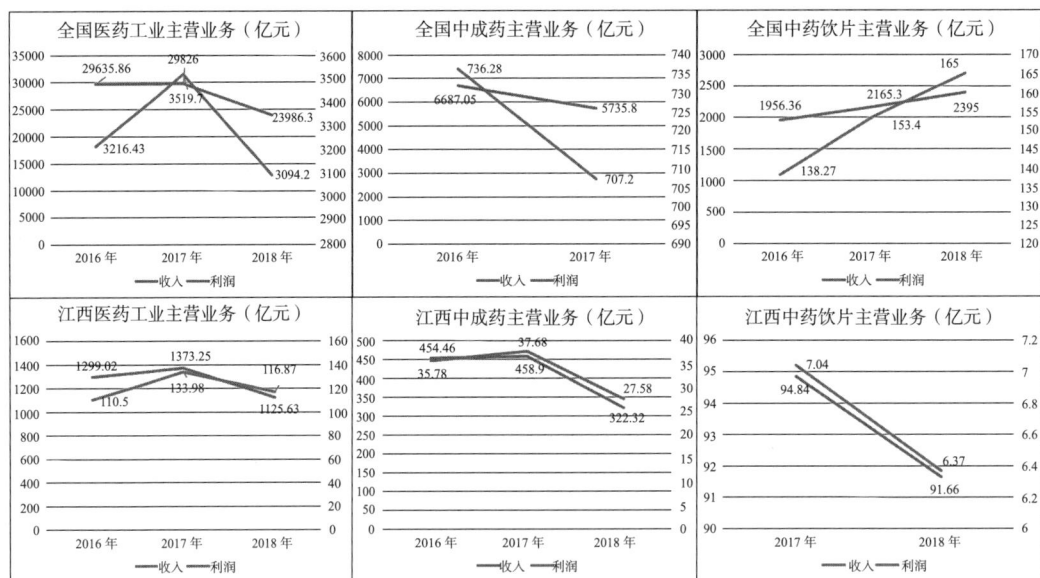

图 4-4　2016—2018 年江西中药产业收入概况

（2）产业园区情况

目前，全省已经形成的多个医药产业集群，有 4 个以中医药为主，分别是南昌高新区医药产业集群、小蓝医药产业集群、樟树医药产业集群、袁州医药产业集群。各产业集群主营业务收入均突破 100 亿元，合计占全省医药行业总量的 40% 左右。其中，中医药产业主营业务收入均达到 50 亿元以上，占全省中医药产业总量的 60% 以上。集群内初步建成了集研发、孵化、中试、检测为一体的产品研发创新和公共服务平台，产业配套和基础设施建设也在加速完善。

此外，在抚州高新技术产业开发区、井冈山经济技术开发区、新余高新技术产业开发区、南昌经开区桑海产业园等，也聚集了一批中医药企业，有望形成新的中医药产业集群。详见图 4-5。

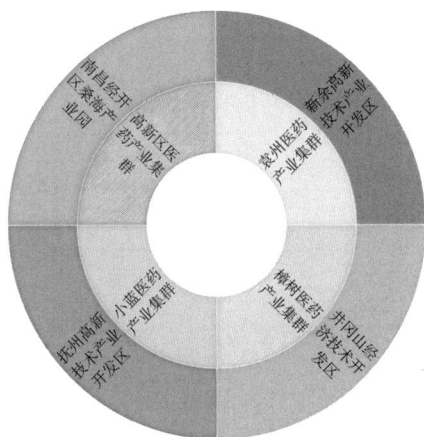

图 4-5 江西省主要中医药产业园区

2. 中成药

（1）江西省中成药基本现状：江西省已初步形成了喜炎平注射液、金水宝胶囊、健胃消食片、醒脑静注射液、汇仁肾宝片、双橘颗粒、草珊瑚片、珍视明滴眼液、肠炎宁片等多个具有品牌优势的品种。2017 年，年销售额过亿元的中成药优势品种 41 个，占全省医药优势品种的 75.9%；销售额 10 亿元以上的重磅中药产品 6 个，占全省重磅医药产品的 85.71%，其分别是济民可信的金水宝胶囊（39.84 亿元）、济民可信的康莱特注射液（28.64 亿元）、青峰的喜炎平注射液（26.66 亿元）、济民可信的醒脑静注射液（20.62 亿元）、汇仁的肾宝片（17.95 亿元）、江中的健胃消食片（12.80 亿元）。其中，金水宝胶囊、喜炎平注射液、汇仁肾宝片、江中健胃消食片均有独家专利。

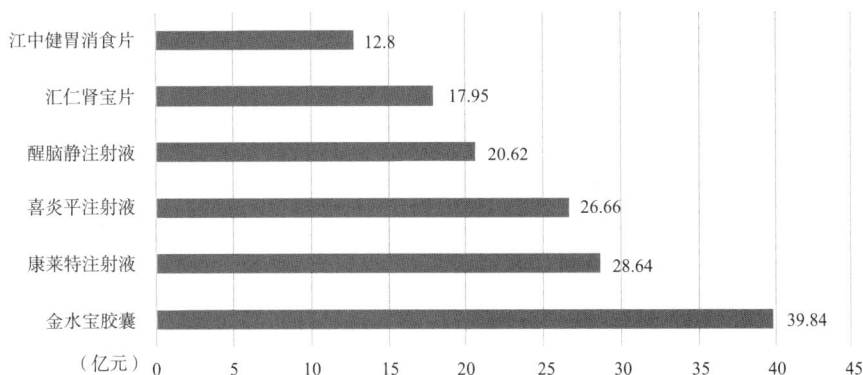

图 4-6 2017 年江西省 6 大中成药年销售额

（2）江西中成药企业及产品基本信息：通过国家药监局药品查询，截至 2018 年 12 月，江西省 96 家中成药生产企业（见表 4-1）共计中药准字号数 2192，具体涉及 975 个中成药品种（见表 4-2）。

全省具中药国药准字号 20 个及以上的生产企业达到 36 家，其中江西药都樟树制药有限公司获批的中药国药准字号多达 166 个，其次是江西天施康中药股份有限公司的中药国药准字号有 126 个（见表 4-3）。全省具有 10 家及以上的企业有同品种的国药准字品种有 27 家，其中板蓝根颗粒有 31 家企业拥有该品种，其次为养血当归糖浆、川贝枇杷糖浆，均有 23 家企业拥有该品种（见表 4-4）。

表 4-1 江西省中成药生产企业汇总表

序号	企业名称	序号	企业名称
1	石药集团江西金芙蓉药业股份有限公司	49	江西民济药业有限公司
2	南昌立健药业有限公司	50	江西美媛春药业股份有限公司
3	南昌济顺制药有限公司	51	江西庐山制药有限公司
4	南昌弘益药业有限公司	52	江西科伦药业有限公司
5	南昌百济制药有限公司	53	江西康洋药业有限公司
6	江中药业股份有限公司	54	江西康恩贝中药有限公司
7	江西众源药业有限公司	55	江西聚仁堂药业有限公司
8	江西众心堂制药有限公司	56	江西桔王药业有限公司
9	江西钟山药业有限责任公司	57	江西九连山药业有限公司
10	江西中兴汉方药业有限公司	58	江西九华药业有限公司
11	江西制药有限责任公司	59	江西京通美联药业有限公司
12	江西珍视明药业有限公司	60	江西津大制药有限公司
13	江西泽众制药股份有限公司	61	江西金世康药业有限公司
14	江西远东药业有限公司	62	江西金顶药业有限公司
15	江西佑美制药有限公司	63	江西济民可信药业有限公司
16	江西永昇制药股份有限公司	64	江西济民可信金水宝制药有限公司
17	江西银涛药业有限公司	65	江西吉安三力制药有限公司
18	江西药都樟树制药有限公司	66	江西汇仁药业有限公司
19	江西药都仁和制药有限公司	67	江西华太药业有限公司
20	江西杏林白马药业有限公司	68	江西鸿烁制药有限责任公司

（续）

序号	企业名称	序号	企业名称
21	江西新远健药业有限公司	69	江西红星药业有限公司
22	江西新生命制药有限公司	70	江西恒康药业有限公司
23	江西新赣江药业有限公司	71	江西和盈药业有限公司
24	江西心正药业有限责任公司	72	江西和明制药有限公司
25	江西心诚药业有限公司	73	江西海尔思药业股份有限公司
26	江西希尔康泰制药有限公司	74	江西国药有限责任公司
27	江西汪氏药业有限公司	75	江西广信药业有限公司
28	江西铜鼓仁和制药有限公司	76	江西广恩和药业股份有限公司
29	江西天之海药业股份有限公司	77	江西赣药全新制药有限公司
30	江西天施康中药股份有限公司	78	江西地威药业有限公司
31	江西滕王阁药业有限公司	79	江西地康药业有限公司
32	江西盛翔制药有限公司	80	江西德上制药股份有限公司
33	江西省芙蓉药业有限公司	81	江西德瑞制药有限公司
34	江西山香药业有限公司	82	江西德成制药有限公司
35	江西山高药业有限公司	83	江西大自然制药有限公司
36	江西三琦药业有限公司	84	江西川奇药业有限公司
37	江西荣裕药业集团有限公司	85	江西诚志永丰药业有限责任公司
38	江西仁丰药业有限公司	86	江西博士达药业有限责任公司
39	江西青峰药业有限公司	87	江西本真药业有限责任公司
40	江西青春康源制药有限公司	88	江西倍肯药业有限公司
41	江西普正制药有限公司	89	江西保利制药有限公司
42	江西品信药业有限公司	90	江西半边天药业有限公司
43	江西欧氏药业有限责任公司	91	江西百神药业股份有限公司
44	江西南昌制药有限公司	92	江西百神昌诺药业有限公司
45	江西南昌桑海制药厂	93	江西昂泰制药有限公司
46	江西南昌济生制药厂	94	华润三九（南昌）药业有限公司
47	江西南昌恒湖药酒厂	95	赣州邦达高科制药有限公司
48	江西民康制药有限公司	96	恩威（江西）制药有限公司

表4-2 江西省具体中成药目录表

序号	品种	序号	品种	序号	品种
1	钻山风糖浆	326	上清丸	651	红花逍遥片
2	钻山风合剂	327	伤湿解痛膏	652	红花逍遥颗粒
3	紫芝多糖片	328	伤疖膏	653	红管药片
4	紫花地丁软膏	329	伤风停片	654	黑锡丹
5	紫灯片	330	山庄降脂片	655	荷丹片
6	滋心阴颗粒	331	山楂丸	656	荷丹胶囊
7	滋心阴胶囊	332	山楂麦曲颗粒	657	海珠喘息定片
8	滋补肝肾丸	333	山香圆片	658	海马万应膏
9	壮元补身酒	334	山香圆颗粒	659	桂龙咳喘宁片
10	壮腰消痛液	335	山香圆含片	660	桂灵胶囊
11	壮腰健肾丸	336	山蜡梅叶片	661	桂附地黄丸
12	壮腰健身丸	337	山蜡梅叶颗粒	662	桂附地黄口服液
13	壮骨追风酒	338	山蜡梅叶胶囊	663	龟鹿二仙膏
14	周公百岁酒	339	痧气丸	664	归脾丸
15	重感灵胶囊	340	桑椹颗粒	665	归脾合剂
16	众生片	341	桑椹膏	666	冠心苏合丸
17	肿节风注射液	342	桑菊感冒片	667	冠脉宁胶囊
18	肿节风片	343	桑菊感冒合剂	668	冠脉康片
19	肿节风胶囊	344	三味檀香口服液	669	冠脉康胶囊
20	痔炎消胶囊	345	三蛇胆川贝糖浆	670	关节止痛膏
21	痔速宁片	346	三七止血片	671	关节解痛膏
22	痔速宁胶囊	347	三七止血胶囊	672	固本延龄丸
23	痔舒适洗液	348	三七伤药片	673	固本咳喘胶囊
24	痔康片	349	三七片	674	骨增消胶囊
25	治咳枇杷合剂	350	三黄清解胶囊	675	骨友灵贴膏
26	止血片	351	三黄片	676	骨刺片
27	止痛化癥片	352	乳泉颗粒	677	枸杞药酒
28	止痢宁片	353	乳癖舒片	678	狗皮膏
29	止痢颗粒	354	乳癖康胶囊	679	宫炎平胶囊
30	止咳祛痰颗粒	355	乳宁丸	680	宫炎平分散片
31	止咳片	356	乳块消片	681	宫炎康颗粒
32	止咳枇杷糖浆	357	乳核内消颗粒	682	宫炎康胶囊

（续）

序号	品种	序号	品种	序号	品种
33	止咳枇杷颗粒	358	人参再造丸	683	宫瘤清片
34	知柏地黄丸	359	人参药酒	684	宫瘤清颗粒
35	知柏地黄片	360	人参养荣丸	685	更年安片
36	正胃胶囊	361	人参五味子糖浆	686	更年安胶囊
37	镇咳糖浆	362	人参天麻药酒	687	葛根芩连口服液
38	真菌竹黄胶囊	363	人参首乌精	688	感冒止咳糖浆
39	珍珠末	364	人参口服液	689	感冒止咳颗粒
40	珍菊降压片	365	人参健脾丸	690	感冒炎咳灵颗
41	珍合灵片	366	人参北芪胶囊	691	感冒退热颗粒
42	增抗宁片	367	热可平注射液	692	感冒清热颗粒
43	孕康口服液	368	热毒平颗粒	693	感冒清片
44	云芝肝泰颗粒	369	全鹿丸	694	感冒清胶囊
45	越鞠丸	370	全杜仲胶囊	695	感冒灵胶囊
46	延胡索止痛片	371	驱风油	696	感冒咳嗽颗粒
47	延胡索止痛胶囊	372	清热银花糖浆	697	疳积散
48	愈伤灵胶囊	373	清热消炎宁片	698	肝肾滋
49	愈裂贴膏	374	清热通淋片	699	肝肾康糖浆
50	玉竹颗粒	375	清热散结胶囊	700	肝肾安颗粒
51	玉叶清火胶囊	376	清热凉血膏	701	肝康颗粒
52	玉屏风口服液	377	清热利胆颗粒	702	肝得治片
53	鱼腥草注射液	378	清热解毒注射液	703	甘草锌胶囊
54	右归胶囊	379	清热解毒泡腾片	704	腹可安分散片
55	婴儿健脾散	380	清热解毒口服液	705	复肾宁胶囊
56	婴儿健脾口服液	381	清热解毒颗粒	706	复方滋补力膏
57	婴儿健脾颗粒	382	清热解毒胶囊	707	复方鱼腥草片
58	银翘解毒丸（浓缩蜜丸）	383	清热暗疮胶囊	708	复方鱼腥草滴丸
59	银翘解毒片	384	清热安宫丸	709	复方银杏叶颗粒
60	银翘解毒合剂	385	清气化痰丸	710	复方益母草胶囊
61	银黄注射液	386	清宁丸	711	复方益肝灵软胶囊
62	银黄片	387	清脑降压片	712	复方羊角颗粒
63	银黄口服液	388	清淋片	713	复方杏香兔耳风片
64	银黄颗粒	389	清淋颗粒	714	复方杏香兔耳风服液

（续）

序号	品种	序号	品种	序号	品种
65	银花感冒颗粒	390	清凉油	715	复方杏香兔耳风颗粒
66	茵白肝炎颗粒	391	清凉喉片	716	复方杏香兔耳风胶囊
67	益血晶颗粒	392	清凉含片	717	复方小儿退热栓
68	益血膏	393	清凉防暑颗粒	718	复方鲜竹沥液
69	益心舒片	394	清火栀麦片	719	复方夏天无片
70	益视颗粒	395	清火片	720	复方夏枯草降压糖浆
71	益肾乌发口服液	396	清火胶囊	721	复方乌鸡口服液
72	益肾灵颗粒	397	清喉咽合剂	722	复方乌鸡颗粒
73	益母丸	398	清肝注射液	723	复方乌鸡胶囊
74	益母草颗粒	399	清肝利胆颗粒	724	复方天麻片
75	益母草膏	400	清肝利胆胶囊	725	复方天麻颗粒
76	益肝灵片	401	青龙蛇药片	726	复方胎盘片
77	益肝灵滴丸	402	芩芷鼻炎糖浆	727	复方蛇胆陈皮末
78	乙肝清热解毒胶囊	403	芩连胶囊	728	复方桑菊感冒颗粒
79	乙肝解毒胶囊	404	强身口服液	729	复方塞隆片
80	乙肝扶正胶囊	405	强力枇杷软胶囊	730	复方蒲芩胶囊
81	一清软胶囊	406	强力枇杷露	731	复方蒲公英注射液
82	一清片	407	强力枇杷胶囊	732	复方枇杷止咳颗粒
83	一清颗粒	408	强力枇杷膏（蜜炼）	733	复方枇杷糖浆
84	液体清凉油	409	强力定眩胶囊	734	复方南板蓝根颗粒
85	夜宁糖浆	410	强肝糖浆	735	复方罗汉果止咳颗粒
86	野苏颗粒	411	前列舒乐胶囊	736	复方柳菊片
87	野苏胶囊	412	前列癃闭通片	737	复方柳菊颗粒
88	野木瓜注射液	413	前列金丹胶囊	738	复方柳菊胶囊
89	野木瓜片	414	前列安通胶囊	739	复方灵芝颗粒
90	野木瓜颗粒	415	千喜片	740	复方灵芝冲剂
91	野菊花注射液	416	千喜胶囊	741	复方莲芯口服液
92	腰息痛胶囊	417	千里光胶囊	742	复方苦木消炎胶囊
93	腰痛片	418	千柏鼻炎片	743	复方金蒲胶囊
94	腰疼丸	419	杞菊地黄丸	744	复方金连胶囊
95	养血当归精	420	杞菊地黄片	745	复方黄连素片
96	养血当归糖浆	421	杞菊地黄口服液	746	复方猴头颗粒

（续）

序号	品种	序号	品种	序号	品种
97	养血当归颗粒	422	杞菊地黄合剂	747	复方瓜子金片
98	养血安神糖浆	423	蕲蛇药酒	748	复方瓜子金颗粒
99	养血安神片	424	七珠健胃茶	749	复方瓜子金颗粒
100	养胃舒软胶囊	425	七叶神安片	750	复方瓜子金胶囊
101	阳春玉液	426	七宝美髯颗粒	751	复方瓜子金含片
102	阳春口服液	427	蒲公英颗粒	752	复方钩藤片
103	阳春合剂（降糖）	428	屏风生脉胶囊	753	复方公英片
104	盐酸小檗碱片	429	枇杷止咳软胶囊	754	复方公英胶囊
105	炎热清片	430	枇杷止咳颗粒	755	复方感冒灵片
106	炎立消胶囊	431	盆炎净片	756	复方地茯口服液
107	炎可宁片	432	盆炎净口服液	757	复方当归注射液
108	炎可宁胶囊	433	排石利胆颗粒	758	复方胆通片
109	牙痛一粒丸	434	排石颗粒	759	复方胆通胶囊
110	鸦胆子油软胶囊	435	排毒养颜片	760	复方丹参片
111	血平片	436	排毒清脂片	761	复方大青叶注射液
112	血宁片	437	女贞子糖浆	762	复方垂盆草糖浆
113	血康口服液	438	女金胶囊	763	复方垂盆草胶囊
114	血康颗粒	439	暖胃舒乐片	764	复方穿心莲片
115	血康胶囊	440	浓维磷糖浆	765	复方川贝精片
116	血府逐瘀丸	441	浓缩水牛角颗粒	766	复方虫草口服液
117	血府逐瘀颗粒	442	牛黄消炎片	767	复方陈香胃片
118	雪山胃宝胶囊	443	牛黄蛇胆川贝液	768	复方草珊瑚含片
119	雪梨膏	444	牛黄蛇胆川贝散	769	复方半夏止咳糖浆
120	杏香兔耳风片	445	牛黄蛇胆川贝软胶囊	770	附子理中丸
121	杏香兔耳风颗粒	446	牛黄蛇胆川贝片	771	附子理中口服液
122	杏香兔耳风胶囊	447	牛黄上清丸	772	附地黄丸
123	杏苏止咳糖浆	448	牛黄上清胶囊	773	妇炎平阴道泡腾片
124	杏仁止咳糖浆	449	牛黄解毒丸	774	妇炎康复咀嚼片
125	杏仁水	450	牛黄解毒片	775	妇炎康复胶囊
126	醒脑再造丸	451	宁嗽露糖浆	776	妇炎净片
127	新生化颗粒	452	宁嗽露	777	妇良片
128	新复方大青叶片	453	宁坤丸	778	妇良胶囊

（续）

序号	品种	序号	品种	序号	品种
129	辛芳鼻炎胶囊	454	尿塞通片	779	妇乐颗粒
130	心舒宁片	455	内消瘰疬片	780	妇乐胶囊
131	心舒宁胶囊	456	脑血康颗粒	781	妇科止带片
132	心舒宝胶囊	457	脑心舒口服液	782	妇科止带胶囊
133	心宁片	458	脑灵素胶囊	783	妇科调经片
134	心脑欣片	459	脑康泰片	784	妇科白凤片
135	心脑康胶囊	460	脑得生片	785	妇科白带片
136	心脉通胶囊	461	南板蓝根颗粒	786	妇科白带膏
137	心可宁胶囊	462	木香顺气丸	787	妇康片
138	哮喘丸	463	木香槟榔丸	788	妇康宁片
139	小青龙合剂	464	木瓜酒	789	妇康宝口服液
140	小建中合剂	465	牡蛎碳酸钙片	790	妇康宝颗粒
141	小活络丸	466	牡荆油胶丸	791	芙蓉抗流感颗粒
142	小儿止咳糖浆	467	明目地黄丸	792	肤痒颗粒
143	小儿珍贝散	468	眠安宁颗粒	793	肤痒胶囊
144	小儿咽扁颗粒	469	梅花点舌胶囊	794	肤疾洗剂
145	小儿喜食片	470	毛冬青片	795	风油精
146	小儿退热合剂	471	满山香片	796	风痛药酒
147	小儿热速清颗粒	472	满山白糖浆	797	风痛灵
148	小儿热咳口服液	473	脉络宁颗粒	798	风痛安胶囊
149	小儿清热止咳口服液	474	脉安颗粒	799	风湿骨痛药酒
150	小儿清解颗粒	475	麦味地黄丸	800	风湿痛药酒
151	小儿清肺止咳片	476	麦味地黄口服液	801	风湿灵胶囊
152	小儿咳喘灵口服液	477	麦味地黄合剂	802	风湿定片
153	小儿咳喘灵颗粒	478	麻杏甘石合剂	803	风湿定胶囊
154	小儿康颗粒	479	麻仁润肠丸	804	风热感冒颗粒
155	小儿回春丸	480	裸花紫珠软胶囊	805	风茄平喘膏
156	小儿感冒宁颗粒	481	裸花紫珠颗粒	806	风寒咳嗽颗粒
157	小儿感冒宁合剂	482	裸花紫珠胶囊	807	风寒感冒颗粒
158	小儿感冒颗粒	483	罗汉果止咳糖浆	808	肺宁胶囊
159	小儿疳积糖	484	陆英糖浆	809	肥儿糖浆
160	小儿肝炎颗粒	485	陆英片	810	防风通圣丸

（续）

序号	品种	序号	品种	序号	品种
161	小儿腹泻宁合剂	486	陆英颗粒	811	发酵虫草菌粉
162	小儿腹泻宁袋泡茶	487	陆英胶囊	812	二至益元酒
163	小儿风热清颗粒	488	芦根枇杷叶颗粒	813	二至丸
164	小儿肠胃康颗粒	489	癃闭通胶囊	814	儿感退热宁颗粒
165	小柴胡颗粒	490	六一散	815	儿宝颗粒
166	消肿痔疮胶囊	491	六味香连胶囊	816	儿宝膏
167	消肿片	492	六味木香胶囊	817	断血流胶囊
168	消炎镇痛膏	493	六味地黄丸（浓缩丸）	818	独一味软胶囊
169	消炎退热颗粒	494	六味地黄丸	819	独一味颗粒
170	消炎退热胶囊	495	六味地黄片	820	独一味分散片
171	消炎灵胶囊	496	六味地黄胶囊	821	独角膏
172	消炎利胆片	497	六味地黄膏	822	冻疮未溃膏
173	消栓通络片	498	六味地黄滴丸	823	冬菀止咳颗粒
174	消栓口服液	499	六味安消丸	824	丁蔻理中丸
175	消疲灵颗粒	500	六味安消片	825	丁桂温胃胶囊
176	消糜阴道泡腾片	501	六味安消胶囊	826	跌打药酒
177	消咳喘糖浆	502	六灵丸	827	跌打丸
178	消癌平糖浆	503	六灵含片	828	跌打损伤丸
179	消癌平片	504	六君子丸	829	跌打活血散
180	消癌平胶囊	505	羚羊清肺颗粒	830	跌打红药片
181	逍遥丸（水丸）	506	羚羊感冒片	831	颠茄片
182	逍遥丸	507	羚翘解毒丸	832	地锦草片
183	逍遥颗粒	508	灵芝益寿胶囊	833	滴耳油
184	逍遥合剂	509	灵芝糖浆	834	灯盏花素片
185	香砂养胃丸	510	灵芝片	835	灯盏花素滴丸
186	香砂养胃软胶囊	511	灵芝浸膏片	836	当归丸
187	香砂养胃乳剂	512	灵芝桂圆酒	837	当归调经颗粒
188	香砂六君丸	513	灵仙跌打片	838	当归片
189	香砂六君合剂	514	灵仙跌打胶囊	839	当归拈痛颗粒
190	香连丸	515	两仪膏	840	当归南枣片
191	香丹注射液	516	莲芝消炎软胶囊	841	当归南枣颗粒
192	鲜竹沥	517	莲胆消炎片	842	当归南枣胶囊

（续）

序号	品种	序号	品种	序号	品种
193	仙茸壮阳口服液	518	连蒲双清胶囊	843	当归补血丸
194	仙灵脾颗粒	519	痢泻灵片	844	当飞利肝宁片
195	夏天无注射液	520	痢泻灵片	845	胆石通利片
196	夏天无丸	521	利肝隆颗粒	846	胆龙止喘片
197	夏天无胶囊	522	利胆石颗粒	847	丹七片
198	夏天无滴眼液	523	利胆片	848	丹参注射液
199	夏桑菊颗粒	524	利胆排石片	849	丹参颗粒
200	喜炎平注射液	525	理中丸	850	大山楂丸
201	豨莶丸	526	理气暖胃颗粒	851	大山楂颗粒
202	锡类散	527	了哥王片	852	大七厘丸
203	西洋参胶囊	528	了哥王颗粒	853	大七厘片
204	午时茶颗粒	529	了哥王胶囊	854	大七厘胶囊
205	午时茶胶囊	530	乐孕宁颗粒	855	大活络丸
206	五子衍宗丸	531	兰草片	856	大活络胶囊
207	五子衍宗口服液	532	兰草颗粒	857	大黄总蒽醌胶囊
208	五酯滴丸	533	辣椒风湿膏	858	大黄总蒽醌
209	五味子颗粒	534	坤宝丸	859	大黄通便片
210	五苓胶囊	535	溃疡颗粒	860	大黄虫片
211	五淋丸	536	溃平宁胶囊	861	大败毒胶囊
212	五加皮酒	537	快应茶	862	达立通颗粒
213	五积丸	538	苦木注射液	863	刺五加片
214	乌鸡白凤丸	539	苦胆草片	864	慈航片
215	乌鸡白凤膏	540	口炎胶囊	865	慈航胶囊
216	乌鸡白凤分散片	541	克咳片	866	纯阳正气丸
217	温胃舒片	542	咳特灵片	867	垂盆草颗粒
218	温胃舒泡腾片	543	咳特灵胶囊	868	穿心莲注射液
219	胃疡安胶囊	544	咳嗽糖浆	869	穿心莲片
220	胃炎康胶囊	545	咳喘静糖浆	870	穿心莲内酯片
221	胃灵颗粒	546	益金解毒片	871	穿心莲胶囊
222	胃康灵胶囊	547	抗骨质增生丸	872	穿王消炎胶囊
223	胃得康胶囊	548	抗骨增生丸	873	穿黄清热胶囊
224	维血康糖浆	549	抗骨增生片	874	川贝止咳糖浆

（续）

序号	品种	序号	品种	序号	品种
225	维血康颗粒	550	抗宫炎片	875	川贝清肺糖浆
226	维C银翘片	551	抗宫炎胶囊	876	川贝枇杷糖浆
227	万氏牛黄清心丸	552	抗宫炎分散片	877	川贝枇杷露
228	通宣理肺丸	553	抗感解毒颗粒	878	川贝枇杷颗粒
229	通宣理肺片	554	抗病毒泡腾片	879	川贝枇杷胶囊
230	通宣理肺颗粒	555	抗病毒口服液	880	虫草川贝膏
231	通舒口爽片	556	抗扁桃腺炎合剂	881	陈香露白露片
232	通窍鼻炎片	557	康宁颗粒	882	常通舒颗粒
233	通窍鼻炎胶囊	558	康乐鼻炎片	883	肠炎宁糖浆
234	通脉口服液	559	康尔心胶囊	884	肠炎宁片
235	通脉降脂片	560	康儿灵颗粒	885	产后逐瘀胶囊
236	通脉降脂咀嚼片	561	开胸顺气丸	886	产妇安胶囊
237	通淋片	562	开胃山楂丸	887	柴辛感冒注射液
238	通便灵胶囊	563	蠲哮片	888	柴黄片
239	调经姊妹丸	564	橘红丸	889	柴黄颗粒
240	调经止痛片	565	橘红颗粒	890	柴胡注射液
241	调经止痛胶囊	566	桔贝合剂	891	参苏丸
242	调经养颜片	567	救尔心胶囊	892	参苏感冒片
243	调经养颜颗粒	568	九味羌活喷雾剂	893	参术儿康糖浆
244	调经活血胶囊	569	九气心痛丸	894	参茸卫生丸
245	田七痛经胶囊	570	九华痔疮栓	895	参茸三七酒
246	田七跌打丸	571	景天祛斑片	896	参茸酒
247	田基黄糖浆	572	颈康胶囊	897	参茸黑锡丸
248	田基黄胶囊	573	精制银翘解毒片	898	参茸补血酒
249	天王补心丸	574	精制冠心片	899	参茸补酒
250	天麻丸	575	金银花露	900	参芪糖浆
251	天麻片	576	金锁固精丸	901	参芪十一味颗粒
252	天麻蜜环菌片	577	金水宝片	902	参芪鹿茸口服液
253	天麻胶囊	578	金水宝胶囊	903	参芪颗粒
254	糖尿灵片	579	金青解毒丸	904	参鹿补片
255	糖尿乐片	580	金钱通淋口服液	905	参坤养血胶囊
256	锁阳固精丸	581	金钱通淋颗粒	906	参桂再造丸

（续）

序号	品种	序号	品种	序号	品种
257	速效止泻胶囊	582	金钱草片	907	参桂鹿茸丸
258	速克感冒胶囊	583	金钱草胶囊	908	补中益气丸（水丸）
259	苏菲咳糖浆	584	金莲花胶囊	909	补中益气丸（浓缩丸）
260	四制香附丸	585	金果饮	910	补中益气丸
261	四味珍层冰硼滴眼液	586	金果含片	911	补中益气片
262	四逆汤	587	金刚藤口服液	912	补中益气合剂
263	四逆散	588	金丹附延颗粒	913	补血当归精
264	四季三黄片	589	解毒痤疮丸	914	补肾丸
265	四季感冒片	590	结石通胶囊	915	补肾强身片
266	四季草片	591	洁阴康洗液	916	补肾强身胶囊
267	水牛角浓缩粉	592	接骨续筋片	917	冰硼散
268	双香排石颗粒	593	绞股蓝总苷胶囊	918	冰连滴耳剂
269	双橘颗粒	594	降脂宁颗粒	919	萆薢分清丸
270	双黄消炎胶囊	595	降脂减肥片	920	鼻炎宁颗粒
271	双黄连栓（小儿消炎栓）	596	降酶灵胶囊	921	鼻炎灵丸
272	双黄连泡腾片	597	健心片	922	鼻炎灵片
273	舒胸颗粒	598	健心胶囊	923	保胎灵胶囊
274	舒胸胶囊	599	健胃消食片	924	保和丸（水丸）
275	舒心糖浆	600	健身长春膏	925	保和丸
276	舒心颗粒	601	健脾壮腰药酒	926	保和片
277	舒筋活血丸	602	健脾丸	927	保和口服液
278	舒筋活血片	603	健脾颗粒	928	保妇康凝胶
279	舒筋活血胶囊	604	健脾八珍糕	929	薄荷喉片
280	舒筋活络丸	605	健脑胶囊	930	半夏天麻丸
281	舒筋活络酒	606	健脑安神片	931	半夏糖浆
282	舒冠颗粒	607	健肝灵胶囊	932	板蓝解毒注射液
283	舒冠胶囊	608	健儿消食口服液	933	板蓝根糖浆
284	寿星补汁	609	健儿消积贴	934	板蓝根片
285	首乌延寿片	610	健儿糖浆	935	板蓝根泡腾片
286	史国公药酒	611	健儿清解液	936	板蓝根颗粒
287	石淋通片	612	加味左金丸	937	板蓝大青颗粒
288	石淋通颗粒	613	加味藿香正气丸	938	柏子养心丸

（续）

序号	品种	序号	品种	序号	品种
289	石斛夜光丸	614	急肝退黄胶囊	939	百癣夏塔热分散片
290	十香丸	615	鸡血藤糖浆	940	白蚀丸
291	十全大补丸	616	鸡血藤片	941	白蒲黄颗粒
292	十全大补颗粒	617	鸡骨草肝炎颗粒	942	白金丸
293	十全大补酒	618	肌苷口服溶液	943	白酱感冒颗粒
294	十全大补膏	619	藿香正气丸	944	白及片
295	十二乌鸡白凤丸	620	藿香正气水	945	白花蛇舌草注射液
296	十滴水胶丸	621	藿香正气片	946	白带丸
297	十滴水	622	藿香正气胶囊	947	白带净胶囊
298	湿毒清片	623	藿香正气合剂	948	八珍益母丸
299	生三七散	624	藿香祛暑软胶囊	949	八珍益母片
300	生脉饮（党参方）	625	活血止痛片	950	八珍益母胶囊
301	生脉饮	626	活血止痛胶囊	951	八珍液
302	生力片	627	茴香橘核丸	952	八珍丸
303	生化丸	628	黄芩素铝胶囊	953	八珍丸
304	肾石通颗粒	629	黄芪生脉饮	954	八珍胶囊
305	肾康宁颗粒	630	黄连上清丸	955	八味锡类散
306	肾康宁胶囊	631	黄柏片	956	八味痛经胶囊
307	肾宝糖浆	632	黄柏胶囊	957	八宝惊风散
308	肾宝片	633	化痔片	958	安胃止痛片
309	肾宝颗粒	634	化瘀祛斑片	959	安胃止痛胶囊
310	肾宝胶囊	635	化积口服液	960	安胃片
311	肾宝合剂	636	化积颗粒	961	安胎丸
312	神州跌打丸	637	护肝片	962	安神片
313	神曲茶	638	虎力散片	963	安神补心丸
314	麝香壮骨膏	639	猴头菌片	964	安神补脑胶囊
315	麝香祛风湿油	640	猴菇饮	965	安康片
316	麝香接骨胶囊	641	猴菇片	966	安康颗粒
317	麝香关节止痛膏	642	猴耳环消炎颗粒	967	安康胶囊
318	麝香风湿胶囊	643	喉痛片	968	安宫牛黄丸
319	蛇胆川贝液	644	喉痛灵颗粒	969	安尔眠糖浆
320	蛇胆川贝散	645	喉舒宁片	970	阿胶益寿口服液

（续）

序号	品种	序号	品种	序号	品种
321	蛇胆川贝胶囊	646	红药胶囊	971	阿胶三宝膏
322	蛇胆陈皮散	647	红药胶囊	972	阿胶当归合剂
323	蛇胆陈皮片	648	红卫蛇药片	973	阿胶补血口服液
324	蛇胆陈皮口服液	649	红花注射液	974	阿胶补血膏
325	蛇胆陈皮胶囊	650	红花油	975	阿归养血颗粒

表 4-3 江西省具中药国药准字号 20 个以上的生产企业

生产企业	准字文号数	生产企业	准字文号数
江西药都樟树制药有限公司	166	江西本真药业有限责任公司	35
江西天施康中药股份有限公司	126	江西诚志永丰药业	28
汇仁药业	93	江西仁丰药业有限公司	28
江西药都仁和制药有限公司	83	江西海尔思药业有限公司	28
江西国药有限责任公司	78	江西聚仁堂药业有限公司	27
江西济民可信药业有限公司	77	江西和明制药有限公司	26
江西南昌桑海制药厂	73	江西德瑞制药有限公司	26
江西民济药业有限公司	64	江中药业股份有限公司	25
江西普正制药有限公司	59	江西青峰药业有限公司	25
江西九华药业有限公司	49	江西滕王阁药业有限公司	25
江西广信药业有限公司	47	江西桔王药业有限公司	24
江西南昌济生制药厂	47	江西新远健药业有限公司	23
江西杏林白马药业有限公司	45	江西华太药业有限公司	22
江西银涛药业有限公司	43	江西美媛春药业有限公司	22
江西心正药业有限责任公司	42	江西铜鼓仁和制药有限公司	22
江西青春康源制药有限公司	40	江西山香药业有限公司	22
江西众源药业有限公司	38	江西保利制药有限公司	21
江西博士达药业有限责任公司	35	江西盛翔制药有限公司	20

表 4-4　同品种国药准字 ≥ 10 家企业数情况

品种	具有该品种准字号企业数	品种	具有该品种准字号企业数
板蓝根颗粒	31	玉屏风口服液	13
养血当归糖浆	23	牛黄解毒片	13
川贝枇杷糖浆	23	健儿清解液	13
维 C 银翘片	22	益母草颗粒	12
肾宝糖浆	19	附子理中丸	12
小儿止咳糖浆	18	银翘解毒片	11
清热解毒口服液	18	鲜竹沥	11
强力枇杷露	16	乌鸡白凤丸	11
杞菊地黄丸	16	桑菊感冒片	11
杞菊地黄口服液	16	人参养荣丸	11
生脉饮（党参方）	15	清热银花糖浆	11
复方丹参片	15	十全大补丸	10
蛇胆川贝液	14	生脉饮	10
归脾丸	14		

（3）中成药品种科技竞争力

1）全省中药大品种科技竞争力概况：江西省中成药大品种科技竞争力的评价是依据中医药品种的临床价值、科学价值、市场价值而严格评估的，入围中药大品种要求该产品临床价值大（纳入权威临床指南的产品）、科学价值强（国家重大新药创制专项、中药标准化专项正式立项资助品种）、市场价值高（选择样本等级医院销售前 300 名，以及综合及单科治疗领域市场销售数据领先产品），2017 年度，从 6 万多个上市中成药品种中综合遴选，最终确定了 552 个入围中药产品。

中药大品种科技竞争力代表了该中成药产品由于其科技投入、产出以及获得的认可，彰显出产品的临床价值和科学价值，形成了超越其他同类产品的竞争能力。中华中医药学会中药大品种联盟、万方数据、中华中医药学会研究与评价办公室特为中药大品种科技竞争力评估成立项目组，制定出了一套严格的中药大品种科技竞争力评估指标体系，并实时更新。其中，总科技因子为所有入围中药大品种科技因子得分之和，可以反映出该地区中药产业科技的总体概况；所有入围中药大品种的科技因子得分的平均值为平均科技因子，可以大体上反映出该地区中药产业科技的一般发展概况。2017 年，中药大品种科技竞争力报告中，江西省 24 个产品入围中药大品种，排全国第 10 名；总科技因子

297.802 分，排全国第 12 名；平均科技因子 12.408 分，排全国第 17 名。青峰药业的喜炎平注射液为江西省科技竞争力最强产品，科技因子达 50.99 分，同时也居"呼吸系统疾病排行榜"第 2 名，仅次于江苏康缘药业股份有限公司的热毒宁注射液；另外，江西济顺制药有限公司的荷丹片以 28.793 的科技因子得分排"代谢类疾病排行榜"第 3 名。

2018 年，中药大品种科技竞争力报告中，江西省 25 个产品入围中药大品种，排全国第 11 位；总科技因子 381.414 分，排全国第 12 名；平均科技因子 15.257 分，排全国第 17 名。青峰药业的喜炎平注射液、济民可信的金水宝胶囊、济顺制药的荷丹片分别以 65.614 分、40.554 分、33.436 分登上"中药大品种（全品类）科技竞争力百强榜"的第 7 名、第 34 名、第 65 名。另外，济民可信的金水宝胶囊同时也位于"中药大品种（非注射类）科技竞争力百强榜"的第 24 名。详见图 4-7。

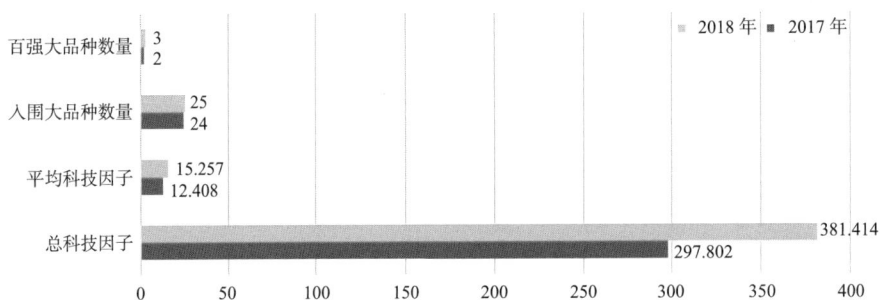

图 4-7　江西省中药大品种科技竞争力

2）全省中成药二次开发情况：江西省有 10 个拟进行生产工艺二次开发品种（见表4-5），8 个产品拟进行临床适应证二次开发（见表 4-6），13 个产品拟进行质量控制二次开发（见表 4-7）。

表 4-5　江西省拟进行生产工艺二次开发品种

序号	企业	品种名称	拟进行二次开发方向
1	汇仁	肾宝片	生产工艺、质量控制、临床适应
2	济顺	荷丹片	生产工艺
3	仁和	复方虫草口服液	生产工艺
4	石药金芙蓉	藿香正气合剂	生产工艺、质量控制
5	滕王阁	强力枇杷膏（蜜炼）	生产工艺、质量控制
6	佑美	小儿康颗粒	生产工艺、质量控制、临床适应
7	百神昌诺	蛇胆陈皮口服液	改进生产工艺、提升质量标准
8	佑美	山蜡梅叶颗粒	生产工艺、质量控制、临床适应
9	杏林白马	乐孕宁颗粒	生产工艺
10	众心堂	妇炎净片	生产工艺

表4-6　江西省拟进行临床适应证二次开发品种

序号	企业	品种名称	拟进行二次开发方向
1	倍肯	小儿热速清颗粒	临床适应
2	百神昌诺	活血止痛胶囊	增加临床适应证
3	杏林白马	猴耳环消炎颗粒	临床适应
4	济生	双橘颗粒	临床适应
5	仁和	肾脾双补口服液	临床适应
6	汇仁	女金胶囊	临床适应
7	红星	结石通胶囊	临床适应、处方设计
8	仁和	颈康胶囊	临床适应

表4-7　江西省拟进行质量控制二次开发品种

序号	企业	品种名称	拟进行二次开发方向
1	汇仁	肾宝片	生产工艺、质量控制、临床适应
2	杏林白马	保妇康凝胶	质量控制
3	仁和	大活络胶囊	质量控制
4	济生	排石颗粒	质量控制
5	珍视明	四味珍层冰硼滴眼液	质量控制
6	仁和	清火胶囊	质量控制
7	杏林白马	妇炎康复胶囊	质量控制
8	仁和	大活络丸	质量控制
9	石药金芙蓉	藿香正气合剂	生产工艺、质量控制
10	滕王阁	强力枇杷膏（蜜炼）	生产工艺、质量控制
11	佑美	小儿康颗粒	生产工艺、质量控制、临床适应
12	百神昌诺	蛇胆陈皮口服液	改进生产工艺、提升质量标准
13	佑美	山蜡梅叶颗粒	生产工艺、质量控制、临床适应

3. 中药饮片

中药饮片加工企业，涉及中药饮片的净制、切制、炒制、炙制、煅制、蒸制、制炭、煨制、发酵等。通过江西省市场监督管理局查询可知，江西省共有222家中药饮片加工注册企业，但通过国家药监局药品查询及现场调研，截至2018年12月，江西省共有54家企业生产范围涉及中药饮片加工（见表4-8）。中药饮片加工企业的主营业务收入在2016年、2017年、2018年分别为86.75亿元、94.84亿元、91.66亿元。其中，宜春的中药饮片加工企业，2017年主营业务收入占全省中药饮片主营业务收入的 18.63%，中药饮片企业的集中度较高。2017—2018 年部分中药饮片加工企业主营业务收入见图 4-8。

表 4-8　江西省中药饮片生产企业汇总表

序号	企业名称	序号	企业名称
1	赣州虔发中药饮片有限公司	28	江西凯欣堂中药饮片有限公司
2	吉安市宇亿中药材有限公司	29	江西康堡堂中药饮片有限公司
3	建昌帮药业有限公司	30	江西康齐乐中药材有限公司
4	江西百神药业股份有限公司	31	江西康庆堂中药饮片有限公司
5	江西伯美制药有限公司	32	江西康之康中药科技有限公司
6	江西博源堂药业有限公司	33	江西林科龙脑科技股份有限公司
7	江西春岚药业有限公司	34	江西欧氏药业有限责任公司
8	江西德惠中药饮片有限公司	35	江西彭氏国药堂饮片有限公司
9	江西富中药业有限公司	36	江西齐仁堂中药饮片有限公司
10	江西古方原中药饮片有限公司	37	江西瑞龙药业有限公司
11	江西古汉精制中药饮片有限公司	38	江西顺福堂中药饮片有限公司
12	江西国都中药饮片有限公司	39	江西四海生物科技有限公司
13	江西国药有限责任公司	40	江西天施康中药股份有限公司
14	江西和硕药业有限公司	41	江西仙客来生物科技有限公司
15	江西弘景药业有限公司	42	江西旴江药业有限公司
16	江西弘康中药饮片有限公司	43	江西轩豪中药饮片有限公司
17	江西弘立现代中药有限公司	44	江西药都堂中药饮片有限公司
18	江西宏洁中药饮片有限公司	45	江西宜欣制药有限公司
19	江西汇仁药业股份有限公司	46	江西益佰年药业股份有限公司
20	江西极尊堂中药制药有限公司	47	江西御盛堂中药饮片有限公司
21	江西济世堂药业有限公司	48	江西樟树成方中药饮片有限公司
22	江西江中中药饮片有限公司	49	江西樟树国康中药饮片有限公司
23	江西金草中药饮片有限公司	50	江西樟树天齐堂中药饮片有限公司
24	江西金顶药业有限公司	51	江西臻药堂药业股份有限公司
25	江西金品堂中药饮片有限公司	52	西百神昌诺药业有限公司
26	江西景德中药股份有限公司	53	樟树市庆仁中药饮片有限公司
27	江西九州红药业有限公司	54	樟树市仁德中药饮片有限公司

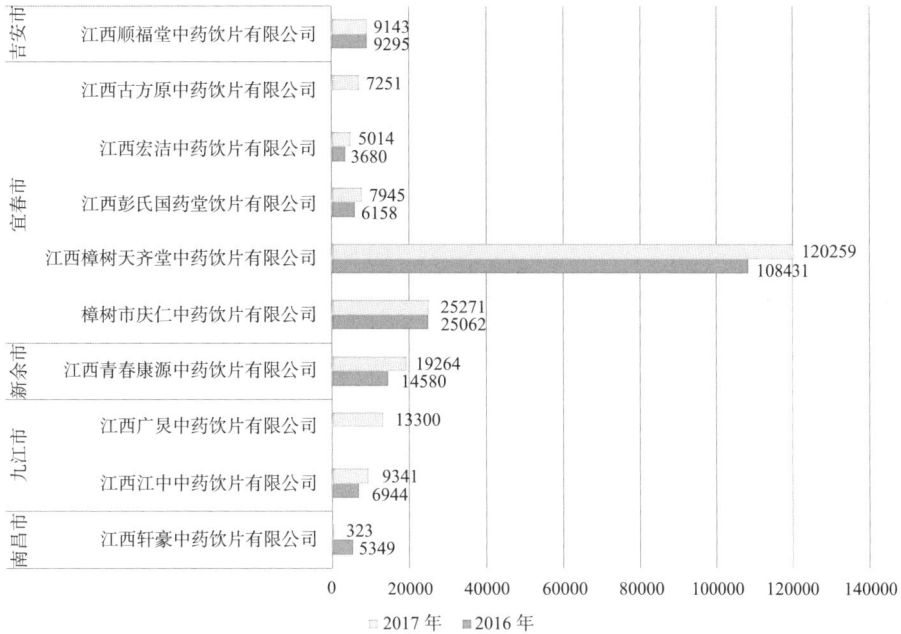

图 4-8　2017—2018 年部分中药饮片加工企业主营业务收入（万元）

4. 中药龙头企业

依托良好的生态环境，借力现代化的技术和工艺，江西省已经涌现了一批具有综合竞争力的中医药龙头企业，分别是济民可信、仁和药业、青峰药业、汇仁药业、江中制药，均以生产和销售中药产品为主。济民可信、青峰药业在处方药领域，仁和药业、汇仁药业、江中制药在非处方药领域，均有较高的行业知名度，品牌优势较为突出。

（1）主营业务收入：济民可信主营业务收入已经突破百亿。济民可信、青峰药业、仁和药业分列 2016 年度中国医药工业百强企业的第 10 位、第 58 位和第 74 位。这几家企业，无论是企业规模，还是行业知名度，均稳居行业前茅。

通过实地调研 5 家龙头企业发现，各企业资产较为雄厚，根据中国药学年鉴公布的 2016 年中成药工业企业法人单位资产总额 100 强名单显示，江中制药、济民可信、仁和药业、青峰药业、百神药业均榜上有名，分排 100 强的第 29 位、第 32 位、第 33 位、第 45 位和第 90 位。5 家龙头企业的主营业务收入见图 4-9。

（2）科研水平：各龙头企业均注重产品研发。其中，青峰药业拥有创新天然药物与中药注射剂国家重点实验室、江西青峰药业有限公司技术中心、江西省天然药物工程研究中心等研发平台，每年研发投入不低于销售收入的 10%；江中制药拥有中药固体制剂制造技术国家工程研究中心、蛋白质药物国家工程研究中心、创新药物与高效节能降耗制药设备国家重点实验室、航天营养与食品工程重点实验室江中制药基地、江西江中制药厂博士后科研工作站等多个研发平台，产品研发能力强大。2016—2018 年，企业研发投入及获得的专利、奖项及平台见图 4-10。

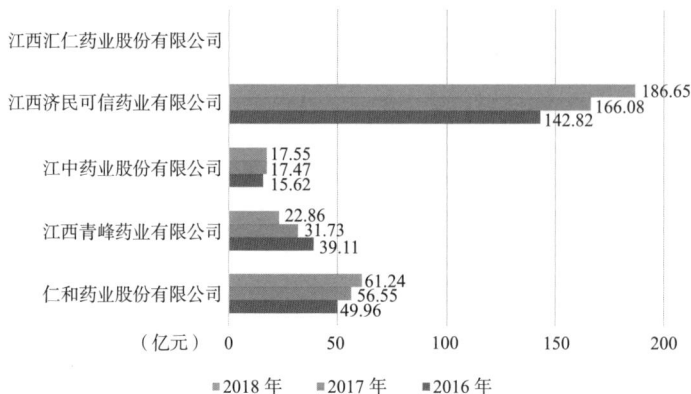

图 4-9　2016—2018 年 5 家龙头企业主营业务收入（亿元）

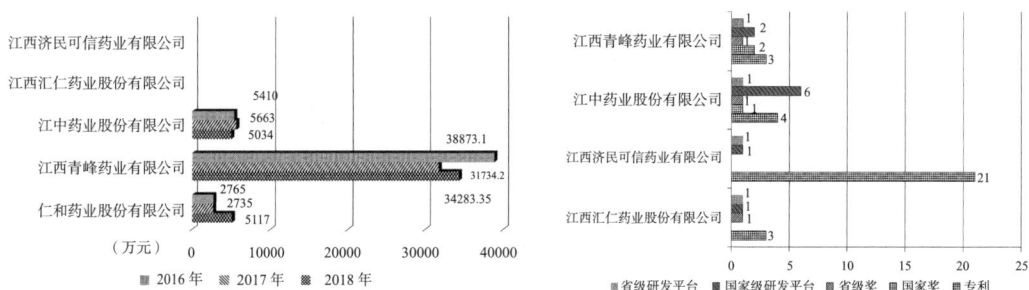

图 4-10　近 3 年企业研发投入（A）及获得的专利、奖项及平台（B）

省内还拥有一批快速成长、加速发展的中医药企业，如百神药业、青春康源、普正药业、天施康药业、博士达药业、银涛药业、杏林白马、天齐堂、庆仁饮片等。这些企业近年来增长势头猛，领域内优势比较明显，是中医药产业未来发展的生力军。

（二）存在的主要问题

江西省中医药产业发展仍处于起步阶段，面临不少困难和挑战，突出表现在以下几个方面。

1. 政策环境不理想

医药产业发展与政策环境密切相关，中医药也不例外。一方面，现行医改、医药政策对促进中医药发展并未形成支持。由于医保控费、医院药占比压减等刚性政策要求，加上药品集中采购的低价政策和新药审批审评的从严政策，中药品种和产品客观上受到更大冲击，中医药产品本来进医保、基药目录就比较困难，现在还要考虑怎么进医院招标采购目录和列入辅助用药后如何调整营销模式等问题，企业需要在更为严酷的市场生存环境中不断进行适应和调整，这也导致中医药产业增速放慢。另一方面，推动中医药产业向大健康、养老养生领域发展的落地政策不明朗。作为大健康产业的重要分支，中医药企业虽在积极拓展和延伸产业链条，但是由于相关政策不明朗、不配套，也影响和制约了产业链条的拓展延伸。比如江中制药开发食疗产品，就遭遇到相关政策不明朗、企业靠自身协调难度大等问题。

2. 创新瓶颈制约发展后劲

受制于人才、投入、机制等因素，企业创新能力不强、协同创新体系不完备、创新成果产业化水平不高，中医药产业创新仍为短板，制约了行业进一步发展。近年来，有技术含量的新药和高性能器械新品不多，尤其是"十三五"以来，随着国家对药械创新要求的提高，江西省能够获批的药械新品寥寥无几，目前生产销售主要依赖老品种，缺少新的增长点。

3. 产业结构瓶颈难以突破

在医保控费、中药注射剂医保双限、医院处方用药严控、辅助用药目录即将出台等多重因素的影响下，中成药在医院的使用和推广上受到了更为严格的控制，市场空间不断压缩，存量品种不断被打压。同时，中成药新药临床试验标准提高，研发难度进一步加大，2017年全国获批1个中药新药，2018年获批3个，大批企业只能扎堆开发中药经典名方、生产中药配方颗粒，而中药经典名方的审评细则未能出台，中药配方颗粒又严格限制6家试点企业可以全国销售，新的增量难以形成。受此影响，江西省中药产业主营业务收入与上年相比只是略有增长、绝对数较上年净减少140亿元，一批龙头企业如青峰药业、汇仁药业等产销明显下滑，一批中成药核心品种如喜炎平注射剂、汇仁肾宝片等销售额明显下降。

4. 相关配套产业短板

江西省中医药产业链条中，中药制造业"一花独放""一股独大"的现象较为明显，相关联的中药材种植、中医药服务均相对较弱，既不能形成整体竞争优势，也未能对中药制造业提供支撑和保障。联产业水平不高制约着江西省医药产业的发展空间。医疗服务业、商贸流通业等关联产业偏弱，导致江西省中医药产业总体市场规模和发展空间较为有限。如2018年全省各类医药消费总体规模大概在400亿元，对本省企业产品的带动作用和消化能力较为有限，省内医药企业的主要市场在省外，产品市场开拓难度不断加大。

5. 生产成本不断增加

在医保控费、药品降价的背景下，医药企业生产成本不断攀升，主要包括：药品注册标准提高、开展质量和疗效一致性评价、临床试验要求提高等增加了研发成本；环保税法、污染防治标准提高、环保监管加强等增加了环保成本；原料药、化学中间体短缺等增加了原材料成本；人才引进、"五险一金"标准提高等增加了人力成本；"两票制"推行、销售模式转变、税费提高等增加了财务成本。此外，各类政策的出台、违规事件的发生也为行业的发展带来了更多的不确定性。如"4+7"药品带量最低价中标采购模式的实行引发了新一轮的药品大幅降价，辅助用药目录的遴选和推出将对中成药大品种和中药注射剂产生新的冲击，长生疫苗、权健虚假宣传、上市公司销售费用剧增引发质疑等多起行业违规事件所引发的监管从严，都将对行业发展带来更多负面影响。

四、江西省中药工业发展趋势

（一）面临的机遇与挑战

1. 政策方面

为充分发挥江西省良好的资源条件、文化积淀和产业基础优势，自 2016 年起，江西省各政府部门相继发布了系列政策，如《江西省生物医药产业发展行动计划（2016—2020 年）》（赣府厅字〔2016〕86 号）、《江西省战略性新兴产业倍增计划（2016—2020 年）》《江西樟树"中国药都"振兴工程实施方案》《江西省"十三五"中医药发展规划》《江西樟树"中国药都"振兴工程中医药产业发展规划》《江西省人民政府关于加快中医药发展的若干意见》《中国（南昌）中医药科创城建设方案》《江西省"2+6+N"产业高质量跨越式发展行动计划（2019—2023 年）》。

这一系列政策紧紧抓住了当前人民群众对中医药需求日益扩大的历史机遇，围绕打造中医药强省战略，积极推进了中医药产业、事业融合发展。这一系列政策，从中医药产业发展目标、推进中医药产业发展重点任务、保障中医药发展相关条例等方面着手，为江西省中医药产业发展提供了战略支撑。各政策的相互比较见表 4-9。

表 4-9　各政策的相互比较

日期	部门	文件名称	相关内容	作用
2016 年 12 月	国务院办公厅	《国务院深化医药卫生体制改革领导小组关于进一步推广深化医药卫生体制改革经验的若干意见》	破除以药补医，建立健全公立医院运行新机制，所有公立医院取消药品加成	▬
2018 年 8 月	国务院办公厅	《关于印发深化医药卫生体制改革2018 年下半年重点工作任务的通知》	坚持医疗、医保、医药三医联动，通过规范诊疗行为，降低药品、医用耗材等费用腾出空间，优化调整医疗服务价格	▬
2016 年 2 月	国务院办公厅	《中医药发展战略规划纲要（2016—2030 年）》	落实政府对中医药事业的投入政策；改革中医药价格形成机制，合理确定中医医疗服务收费项目和价格，降低中成药虚高药价，破除以药补医机制；继续实施不取消中药饮片加成政策；在国家基本药物目录中进一步增加中成药品种数量，不断提高国家基本药物中成药质量	▬

（续）

日期	部门	文件名称	相关内容	作用
2016 年 12 月	国家中医 药管理局	《中医药"一带 一路"发展规划 （2016—2020 年）》	加强中医药产业的对外交流与合作，扩大中药产品 在市场的所占份额	⇧
2016 年 6 月	江西省政 府办公厅	《江西省生物医 药产业发展行动 （2016—2020 年）》	设立医药产业发展基金，支持医药企业产品化；优 先将省内符合要求的新药品种、独家品种、大品种 纳入医保目录	⇧
2016 年 6 月	江西省人 民政府	《江西省人民政府 关于加快中医药发 展的若干意见》	简化管理层次，探索对樟树等中医药产业基地实行 中医药行业省直管试点，所在地中医药管理部门直 接对口省级部门管理；放开省管非处方中药价格， 按规定将中医诊疗项目、中成药和医疗机构中药制 剂纳入医保支付范围，适当提高医保报销比例；优 先安排科技型中药企业入驻产业园区；落实对中医 药高新技术产业的税收与成本抵扣优惠政策；加大 政府对中医药产品和服务的采购力度	⇧
2017 年 3 月	江西省政 府办公厅	《中国（南昌）中 医药科创城建设 方案》	争取国家层面政策扶持，支持科创城创建"中医药 产业创新改革试验区"，允许先行先试，放宽市场准 入，简化审批环节；设立中医药产业创新发展专项 基金，主要用于支持中医药领域高端科研机构建设、 研发项目资助、高端人才引进、股权激励、科技成 果孵化及产业化推广等	⇧
2017 年 5 月	江西省政 府办公厅	《江西省"十三五" 中医药发展规划》	简化管理层次，探索对樟树等中医药产业基地实行 中医药行业省直管试点，所在地中医药管理部门直 接对口省级部门管理；引入社会资本，组建中医药 创业投资基金，以股权投资的方式，推动中医服务、 中药生产及流通创新创业	⇧
2017 年 10 月	江西省政 府办公厅	《江西樟树"中国 药都"振兴工程实 施方案》	实施中药制造业、药品商贸流通中心升级工程，把樟 树打造成国内一流、世界知名的医药传承发展中心	⇧
2018 年 1 月	江西省政 府办公厅	《国家中医药综合 改革试验区（江 西）建设行动计划 （2018—2020 年）》	健全中医药行业准入制度，凡国家政策法规未明令禁 入的领域，都要向社会资本、外地资本开放；落实对 中医药高新技术产业的税收与成本抵扣优惠政策；将 符合规定的中医诊疗项目、中成药和医疗机构中药制 剂纳入医保支付范围；引入社会资本，组建中医药创 业投资基金，以股权投资的方式，推动中医服务、中 药生产与流通创新发展；政府安排的研发、技改、基 建等财政性专项资金，要对中医药新服务、新产品、 新技术及公共服务平台建设、人才引进培养、市场开 拓、中药材规范化种植等给予支持	⇧

（续）

日期	部门	文件名称	相关内容	作用
2019 年 4 月	江西省工信厅	《江西省中医药产业高质量跨越式发展行动方案》	优先扶持创新型中医药企业发展，把江西中药产品打造成行业标杆	↑

注：▬表示该政策相关内容制约中医药产业发展；↑表示该政策相关内容有利于中医药产业发展。

2. 省内外对比

课题组对四川省的中医药产业进行相关调研发现：①四川中药资源蕴藏量、常用中药材品种数量、道地药材品种数量等均是全国第一，四川有得天独厚的资源禀赋和发展基础。②中医药产业创新发展活力强劲，全省共有中药企业 310 家，其中中药饮片企业 174 家、中成药企业 136 家；2018 年，全省中医药产业主营业务收入超 570 亿元，同比增长 13.8%，位居中西部第一。

四川中医药产业发展已基本形成"一干多支"的格局。成都和天府新区，重点发展中医药产业创新发展与高端发展的产业；成都平原地区，重点发展现代中药制造和中医药健康衍生品规模化发展产业；中东北地区，重点发展中药精深加工多元化发展产业；川西高原及民族地区，重点发展民族中（藏）药和天然植物提取产业。

（二）江西中药工业发展方向与重点

1. 中医药产业转型升级

要推广中药生产自动化，以自动化工程改造为核心，提升中医药企业自动化程度，在关键技术、制造装备和工业软件等领域取得突破；加快中药生产信息化，加快建设和完善以市场需求、客户反馈等为核心的基础数据库，打通数据资源共享通道，创新运营管理模式；推动医药产业智能化，研发具有中医特色优势的智能化医疗器械、辅助系统等；鼓励试点企业应用智能制造技术改造提取生产线。

2. 引导形成产业集聚效应

要加大建设国家级医药产业园区力度，重点依托中医药科创城、樟树福城产业园、袁州医药产业园等中药企业聚集区，建成国家级医药产业园；做大做强龙头企业，重点培育省内龙头企业进入全国医药工业前列，扶持一批中等规模的高新技术企业打造产业发展的新增长点；做大做优产品品牌，挖掘提升中药大品牌产品，建设高端、定制化饮片产品，进一步扩大产品影响力和知名度。

五、发展中药工业的政策建议

（一）创新扶持政策

1. 创新税收优惠政策

对符合江西发展需求，符合中医药产品质量标准，符合科技创新企业要求的中药产业发展，要积极探索税收优惠政策，实施减税、免税等措施，支持企业的发展。

2. 明确土地使用政策

对具有产品优势、技术优势、人才优势的中药企业生产场地需求，要积极配合企业办理相关手续，制定土地优惠政策，特别是在土地交易、流转、租赁等方面积极探索新方法。

3. 配套人才政策

基于江西省中医药产业人才需求的特点，可以制定人才引进、人才考评等相关制度，特别是人才落户、子女入学、住房配备、租赁补贴、薪金待遇等切实问题要本着开放、务实的原则，积极创设人才优惠政策。

4. 建立金融支持政策

设立产业发展基金、低息贷款、参股投资等，以补足企业资金需求；要多方开发投资渠道，积极探索社会资本的加入，解决企业融资难问题。

（二）支持基础研究

1. 重视江西潜力中药品种、大品种研发

结合市场和江西中药工业的优势，要抓紧江西潜力中药品种、大品种、优势品种二次开发的研究，制定符合江西特色和有强大市场前景的产品目录，确定江西潜力品种和大品种未来 5 年、10 年、15 年的发展规划；指导加工企业的战略选择，拓展江西中药工业的竞争空间，提升江西中药工业的市场地位。

2. 支持开展古代经典名方研究

国家中医药管理局于 2018 年 4 月 17 日公布 100 个古代经典名方，要支持企业对收录在《古代经典名方目录（第一批）》中名方的研究，为江西省开展经典名方药品生产奠定基础。

（三）加强中药企业管理

要完善全省中医药企业信息直报系统，建立龙头企业、上市企业、高新技术企业、专精特新企业等企业库，强化分级分类指导，帮扶企业发展；引导企业创新管理，推广 TQC、ERP 管理等先进管理体系和管理模式，促进企业管理水平提升。

（四）支持培育优强企业

1. 做大做强龙头企业

鼓励强强联合、兼并重组，鼓励龙头骨干企业采取并购、控股、注资等方式实行资产重组和战略整合，发展一批具有国际竞争力的大型中医药企业；靠大引强，鼓励引进国内外大型中医药企业；支持济民可信、仁和药业、汇仁药业、青峰药业、江中制药等中药生产企业进一步扩大规模，力争每家企业年主营业务收入都突破 100 亿元，到 2020 年，争取 1 ～ 2 家企业年主营业务收入突破 300 亿元，进入全国领先行列。

2. 培育一批小巨人企业

以杏林白马、青峰药业、青春康源等企业为培育对象，培育一批小巨人企业，完善中小企业服务体系，鼓励支持中小企业向"专、精、特、新"方向发展，打造一批行业小巨人企业；支持一批快速成长企业，丰富产品线，加快形成领域内核心品种，力争年主营业务收入超过 50 亿元。

课题负责人：陈晓凡
课题组成员：王立元，周步高，敖梅英，聂鹤云，查青林，方建和，颜冬梅，周旭，何庆英，庾馨予

附　录

目前，业内对"中医药产业"的界定，大多指中药产业，主要包括中药农业、中药工业、中药商业和中药知识业。中药工业主要包括中药饮片（含配方颗粒剂）、中成药、植物提取辅料生产、中药日化品、中药装备（包装、设备制造）。具体见附图1。

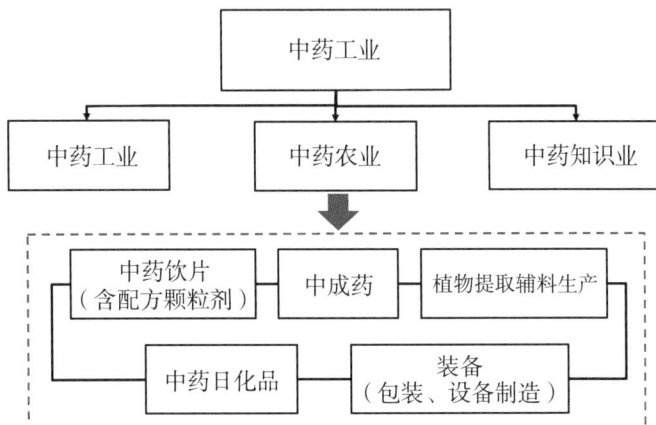

附图1　中药产业范畴

江西省中药工业产业链见附图2。江西省主要中药工业企业分布图（省内）见附图3。

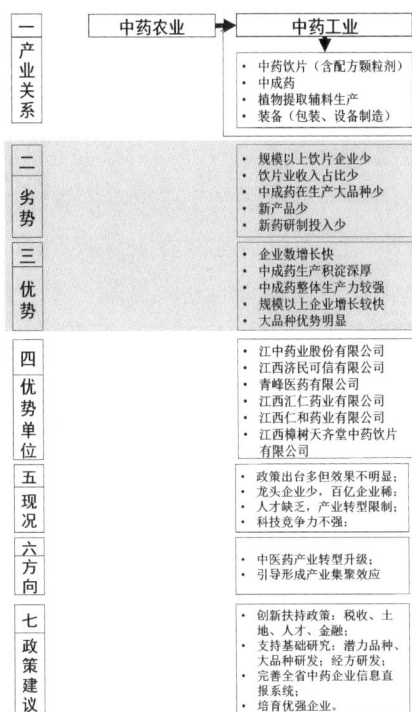

附图2　江西省中药工业产业链图

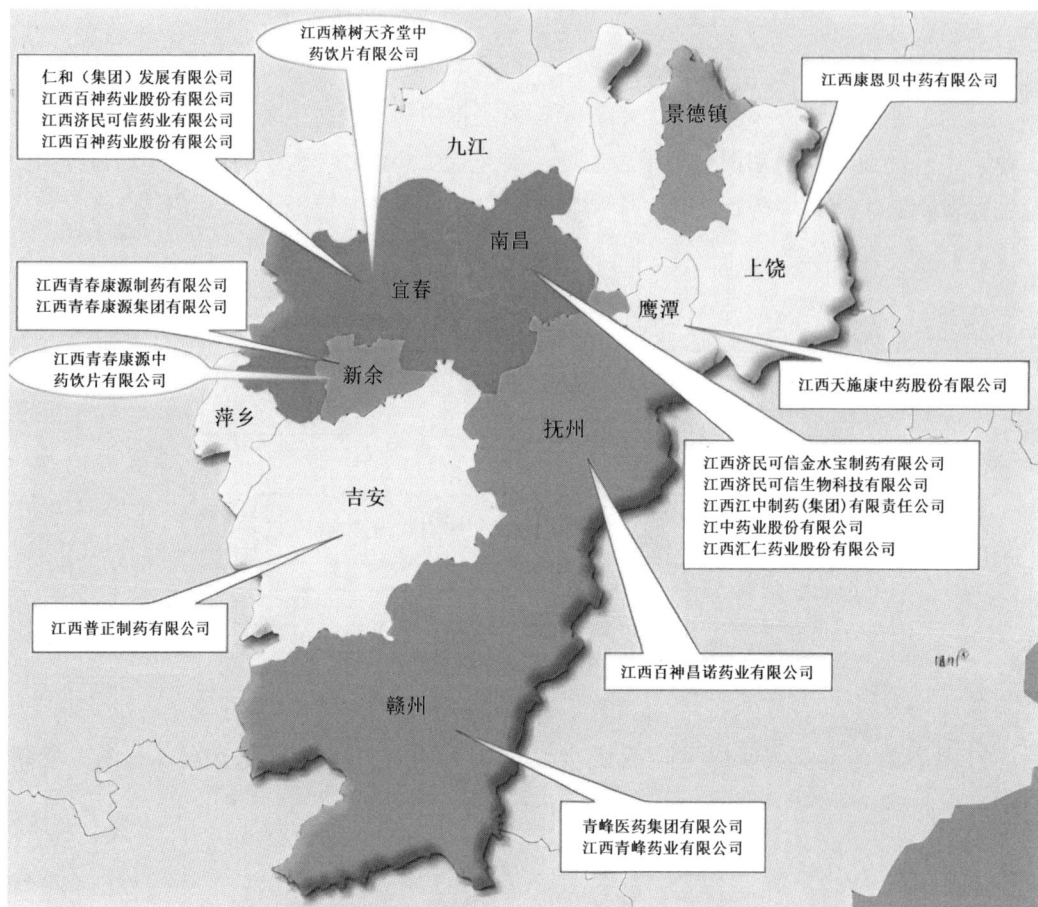

附图3 江西省主要中药工业企业分布图（省内）

江西省中药工业企业情况调查表（政府部门调查问卷）见附表1，江西省医药园区情况调查表（政府部门调查问卷）见附表2，江西省代表性中药工业企业情况调查表见附表3，江西省中药工业企业科技创新情况调查表（政府部门调查问卷）见附表4，中药工业企业情况问卷调查（工业企业调查问卷）见附表5，中药品种基本情况问卷调查表（工业企业调查问卷）见附表6。

附表1 江西省中药工业企业情况调查表（政府部门调查问卷）

年份	2016 年	2017 年	2018 年
医药工业总产值（万元）			
中药工业总产值（万元）			
中药工业总产值占医药工业总产值比重			
中药工业总产值占工业总产值比重			
增长率（递增）			
销售总收入（万元）			
利润／利税（万元）			

（续）

年份	2016 年	2017 年	2018 年
中药制造业企业数（个）			
中药饮片生产企业			
中药颗粒剂生产企业			
中成药生产企业			
植物提取企业			
中药装备生产企业			
中药日化生产企业			
规模以上中药制造业企业数（个）			
中药物流企业数（个）			
龙头企业（个）			
100 亿及以上			
50 亿～ 100 亿			
10 亿～ 50 亿			
1 亿～ 50 亿			
中医药上市企业（个）			

附表 2　江西省医药园区情况调查表（政府部门调查问卷）

年份	2016 年	2017 年	2018 年
医药产业园区数量（个）			
代表性产业园区			
代表医药产业园区级别			
面积（平方公里）			
入驻企业（个）			
总产值 / 总销售收入（万元）			

附表 3　江西省代表性中药工业企业情况调查表

龙头企业			
年份	2016 年	2017 年	2018 年
主营业务收入（万元）			
利润 / 利税（万元）			
代表产品情况 （产品分类、销售额、是否独家品种等）			
是否上市公司			
员工数 / 高级职称员工数（人）			

附表 4 江西省中药工业企业科技创新情况调查表（政府部门调查问卷）

年份	2016 年	2017 年	2018 年
科技创新平台（个） 实验室（个） 研究中心（个） 工程中心（个）			
中药药品批号数（个）			
中药药品生产种类（个）			
开发新产品 / 专利数（个）			

附表 5 中药工业企业情况问卷调查（工业企业调查问卷）

● 企业基本情况

1. 企业名称：_____

2. 单位地址：_____县（市、区、旗）_____乡（镇）_____街（村）_____号

3. 成立时间：_____年___月 法定代表人（单位负责人）：_____

4. 联系电话（含区号和分机）：_____

5. 企业所有制性质为（选择打√）

□国有企业 □股份企业 □外商独资企业

□中外合资 / 合作企业 □私营企业

□其他_____（请注明）

6. 是否属于产业园区：□属于 □不属于

如果属于产业园区，园区名称是：_____，该园区属于：

□国家级 □省（自治区、直辖市）级

□市（州）级 □县级

7. 企业是否自带物流配送：□有 □无

8. 企业中药品种总数量：_____

9. 企业排名前三的中药品种名：_____、_____、

_____

● 企业从业人员情况

职工总人数	
其中：生产	
销售	

（续）

管理	
研发	
其他	
其中：高级技术职称人员	
中级技术职称人员	
其中：具有博士学历人员	
具有硕士学历人员	
具有大学本科学历人员	
其中：30 岁以下人员	
30—50 岁人员	
50 岁以上人员	
其中：从事研究开发人员	
其中：从事研究开发全职人员	

● **企业获批中药研发平台及科研技术情况**

序号	级别	平台名称	批准部门	批准建设时间
1				
2				
3				
序号	类别	技术名称	发明人	研究领域
1				
2				
3				

注：平台类别包括国家实验室、国家重点实验室、国家工程技术研究中心、国家企业技术中心、国家工程研究中心、国家工程实验室、其他国家级创新平台、省级实验室、省级重点实验室、省企业重点实验室、省级工程技术研究开发中心、省企业技术中心、省工程研究中心、省工程实验室、其他省级创新平台。

● **2016—2018 年企业研发投入及各级项目立项情况（单位：万元）**

年度	主营业务收入	利润总额	研发投入	
2016				
2017				
2018				

（续）

年度	主营业务收入	利润总额	研发投入	
序号	项目名称	项目类别	资助金额	立项时间

● **2016—2018 年企业获奖、专利、标准申请、成果转化情况**

序号	获奖时间	级别	成果名称	获奖名称	负责人
1					
2					
序号	专利名称	专利类别	申请授权时间	专利人	
1					
2					
序号	标准名称	标准类别	标准号	申请/批准时间	
1					
2					

注：标准类别是指国家标准、行业标准、地方标准、企业标准等。

● **企业电子商务应用情况**

1. 贵企业是否通过电子商务交易平台销售商品或服务？（选择打√）

□否

□是

全年电子商务销售金额_____万元，

其中：对境外国家和地区的销售_____万元

2. 贵企业是否通过电子商务交易平台采购商品或服务？（选择打√）

□否

□是

全年电子商务采购金额_____万元，

其中：对境外国家和地区的采购_____万元

3. 本法人单位是否拥有电子商务交易平台？（选择打√）

□否

□是

电子商务交易平台数量_____个，电子商务交易平台情况：

序号	平台详细名称	平台网址
1		
2		
3		

● **企业发展**

1. 您认为中医药企业发展存在的问题和困难有哪些？

□原材料质量参差不齐　　□中医药人才匮乏　　□政策支持力度不够

□缺乏销售渠道　　　　　□创新能力不足　　　□其他_____

2. 您认为未来贵企业在中医药事业发展中的定位是什么？

□扩大经营范围，介入其他相关产业

□坚持现有业务，加强自身竞争能力

□缩小经营规模，保留核心技术项目

□其他_____

3. 你认为本企业的发展特色是

□科技创新　　□原料资源丰富　　□产业链齐全　　□市场广阔

□线上线下交易一体化　　□其他_____

附表6　中药品种基本情况问卷调查表（工业企业调查问卷）

品种名称：_____

● **品种近三年（2016—2018年）基本情况**

年度	年生产量（盒/瓶/袋）	年销售量（盒/瓶/袋）	年销售额（万元）	本省销售额（万元）	国内市场占有率（%）
2016					
2017					
2018					

● 品种近三年（2016—2018 年）原料采购情况

年度	原料名称	年采购金额（万元）	年需要量（吨）	来源地	是否有原料基地	原料基地规模（平方米）
2016					是□ 否□	
					是□ 否□	
					是□ 否□	
					是□ 否□	
2017					是□ 否□	
					是□ 否□	
					是□ 否□	
					是□ 否□	
2018					是□ 否□	
					是□ 否□	
					是□ 否□	
					是□ 否□	

● 品种相关信息

1. 品种获批注册文号来源（选择打√）

□源于企业自主研发　　　　□源于其他企业技术转让

2. 该品种是否国内独家在生产品种（选择打√）

□是　　　　□否

3. 是否为处方药（选择打√）

□处方药　　□非处方药

4. 品种入医保目录情况（选择打√）

□城镇居民医疗保险药品目录　　　　□职工医疗保险药品目录

5. 该品种是否申请相关专利保护（选择打√）

□未申请　　　　　□已申请

该品种已授权专利号_____

6. 该品种进行二次开发情况（选择打√）

□已经　　　　□尚未　　　　□计划

拟进行二次开发方向_____

报告 V

江西省中医药健康养生保健服务能力、发展趋势及对策研究

江西省中医药发展战略研究分报告之四

摘要：

发展中医药服务的最终目的是更好地服务广大人民群众的身体健康和看病诊疗的需求。江西是最早实现县县有中医院的省份之一，群众中有信中医、用中医、学中医的天然氛围。通过调查江西医疗卫生机构和社会机构的中医养生保健服务开展情况，以及居民对中医养生保健的需求，课题组对江西省中医药养生保健服务业的底数与现状有了较全面的掌握；同时，通过对比中部其他省份，发现江西中医药养生保健服务行业仍然存在中医养生保健项目定价偏低、社会中医养生保健机构监管较为混乱、中医养生保健项目开展不平衡、人才缺乏、居民消费意愿不强以及知识普及效果不理想等问题。因此，课题组建议出台支持基层开展中医养生保健服务的政策，推动医保与企业合作，吸引保险公司、社会机构进入市场，加强行业监管，刺激居民消费需求，培育高端中医养生保健市场，同时引育集合丰富人才队伍，并推动人才下沉。

关键词：江西；中医药健康服务；养生保健；社会效益

一、研究背景与意义

（一）背景

为贯彻落实《中共中央 国务院关于促进中医药传承创新发展的意见》精神，了解掌握江西省实施中医药强省战略以来中医养生保健业所取得的进展与成效，研究探索新形势下加快江西省中医药养生保健事业发展的有效途径，推动江西省加速实现"国内领

先、世界知名"的战略目标，特开展本研究。

（二）目的与意义

课题组通过调查江西省医疗卫生机构和社会机构的中医养生保健服务开展情况，以及江西省居民对中医养生保健的需求，摸清了江西省中医药养生保健服务业的底数与现状；同时，对比江西省与中部其他五省保健消费数据，对比江西省与外省的优势和不足，查找分析江西省中医药养生保健服务业发展存在的问题及原因；分析江西省中医养生保健服务业的发展趋势，为制定中医养生保健服务相关政策提供借鉴。

1. 以《中医健康管理技术规范（试行）》（简称《规范》）中定义的中医养生保健内容为基准，对江西省医疗机构和社会机构创办提供的中医养生保健服务进行调研，了解江西省中医养生保健服务的现状及发展趋势。

2. 通过调查江西省居民对中医养生保健服务的需求，了解江西省中医养生保健需求现状，对比上述 1 的供给侧调研结果，发现中医养生保健的供需关系的协调与矛盾，为制定江西省中医养生保健政策提供建议。

3. 对比中部六省的养生保健发展现状，发现江西省保健服务在中部六省中的优势与不足。

二、研究方法及数据来源

（一）网络调研

1. 问卷设计

（1）供给侧问卷设计：以《中医健康管理技术规范（试行）》中定义的中医养生服务内容为基础，设计供给侧问卷，包括医疗机构中医养生保健服务调研问卷和非医疗机构中医养生保健服务问卷。

（2）需求侧问卷设计：参照江西中医药大学《中医药健康服务统计制度设计》项目的居民调查问卷为基础，依据中医养生保健的内涵进行修改，形成居民中医养生保健需求调研问卷。

2. 调研方式

调研方式以网络调研为主，借助金数据网络调研平台（https://jinshuju.net/home），将问卷内容设计为电子问卷，通过江西省中医药管理局下发至各地市中医科负责人，各地市中医科负责人将问卷发放至各地市下辖中医院、基层医院和社会养生保健机构。问卷通过微信、QQ 等途径发放，问卷填写人员在线填写问卷内容。

3. 数据管理

课题组将调研数据从金数据平台导出为 Excel 表，通过初步整理后导入至 Access

数据库中进行管理。

课题组对数据进行人工审核，去除无效数据、重复提交数据，并对数据中填写不规范的内容进行纠正。如填写的数字中加上了单位，需将"1000 万元改为 1000"，应去除万元的单位。

4. 数据分析

课题组采用 SAS 软件进行分析。数据分析方法以频数统计为主，计算频数和百分率；对定量数据分割成数据段后进行频数统计，亦可根据情况计算均值及标准差。

（二）数据来源

1. 网络调研数据

（1）供给侧数据：由医疗机构和非医疗机构相关人员填写。

（2）需求侧数据：主要由基层医疗机构工作人员推送给居民进行填写。

2. 年鉴数据

中部六省的保健消费数据均通过中国知网旗下的"中国经济社会大数据平台"（http://data.cnki.net）进行检索获得，并导出为 Excel 表。

3. 政府部门提供的数据

养生保健个体户和企业开办数据由江西省市场监督管理局提供。

三、江西省中医药养生保健业发展现状

（一）发展成就

1. 医疗机构开展中医养生保健的成就

（1）医疗机构中医养生保健项目规范开展率较高：江西省各级医疗机构按照 2014 年国家中医药管理局发布的《中医医院"治未病"科建设与管理指南》要求以及 2011 年发布的《中医健康管理技术规范（试行）》的要求规范化地开展了中医养生保健和中医健康管理工作。

1）中医健康状态辨识：健康状态辨识是中医养生保健的第一步，从调研数据可以看出，江西省主要医疗机构均较好地开展了健康状态辨识工作，开展的医院占比达 67.37%。其中二级以上中医医院中开展体质辨识工作的医院占比 87%，综合性医院占比 61%，社区卫生服务中心占比 81%，乡镇卫生院占比 69%，村卫生室占比 50%，社区卫生服务站、诊所和专科医院分别占比 42%、40%、11%，见表 5-1。可以看出，中医院工作开展得最好，其次是社区卫生服务中心和乡镇卫生院，社区卫生服务站、诊所和专科医院开展不够积极（此次调查统计的医疗机构包括，中医院 38 家，综合性医院 18 家，专科医院 9 家，社区卫生服务中心 67 家，卫生院 584 家，社区卫生服务站 50

家，村卫生室32家，诊所5家。后同）。

表5-1　健康状态辨识及评估项目开展情况

项目	调查机构［n（%）］							
	中医院	综合性医院	专科医院	社区卫生服务中心	乡镇卫生院	社区卫生服务站	村卫生室	诊所
中医体质辨识	33（87）	11（61）	1（11）	54（81）	403（69）	21（42）	16（50）	2（40）
中医经络功能评估	17（45）	6（33）	1（11）	19（28）	143（24）		4（13）	
血气状态评估	17（45）	5（28）		20（30）	134（23）	6（12）	6（19）	2（40）
脏腑功能评估	15（39）	7（39）		18（27）	125（21）		4（13）	

注：表中n为调查机构中，选择此项的机构数；%为选择此项的机构占本类调查机构的百分比。

　　2）中医养生保健干预项目：中医养生保健项目的开展在医疗机构中并不均衡，开展中医健康调养咨询服务、中医特色干预技术服务、中医养生保健产品服务的医疗机构以中医院为主，其他医疗机构开展明显不如中医院。如开具健康处方、中药调养咨询指导项目，中医院均为79%，其次是社区卫生服务中心68%和65%，再次是乡镇卫生院58%和55%，综合性医院亦超过50%，专科医院、社区卫生服务站、村卫生室和诊所开展相关服务的不及50%。开展养生功法示范指导的医疗机构，包括中医医院，均不及50%。详见表5-2。

　　中医特色疗法的开展亦是以中医院为主，90%以上的机构开展了拔罐、灸疗、针刺、推拿、刮痧、穴位敷贴等项目，而电疗、热疗、熏洗、药浴、埋线开展得比较少。综合性医院、社区卫生服务中心、乡镇卫生院开展中医特色疗法项目亦比较积极，60%以上的机构开展了相关特色疗法项目。村卫生室、社区卫生服务站、诊所则较少开展。详见表5-3。

　　膏方和养生茶饮总体开展率不高，中医院开展率为51%和56%，其他医疗机构开展率仅11%～30%。详见表5-4。

表5-2　健康调养咨询服务开展情况

项目	调查机构［n（%）］							
	中医院	综合性医院	专科医院	社区卫生服务中心	卫生院	社区卫生服务站	村卫生室	诊所
开具健康处方	31（79）	9（50）	1（11）	46（68）	343（58）	18（35）	8（26）	2（40）
中药调养咨询指导	31（79）	10（56）		44（65）	323（55）	18（35）	12（39）	2（40）
养生功法示范指导	19（49）	6（33）	1（11）	18（26）	125（21）	3（6）	7（23）	

注：表中n为调查机构中，选择此项的机构数；%为选择此项的机构占本类调查机构的百分比。

表 5-3 中医特色干预技术开展情况

项目	调查机构 [n（%）]							
	中医院	综合性医院	专科医院	社区卫生服务中心	卫生院	社区卫生服务站	村卫生室	诊所
拔罐	35（90）	11（61）	2（22）	50（74）	392（65）	18（35）	14（42）	2（40）
灸法	36（92）	11（61）	2（22）	49（72）	375（63）	16（31）	10（30）	
针刺	36（92）	11（61）		45（66）	354（59）	14（27）	10（30）	1（20）
推拿	35（90）	11（61）	2（22）	46（68）	341（57）	13（25）	6（18）	1（20）
刮痧	31（79）	9（50）	1（11）	35（51）	306（51）	10（20）	9（27）	
穴位贴敷	35（90）	11（61）	2（22）	34（50）	241（40）	15（29）	8（24）	1（20）
电疗	28（72）	9（50）	1（11）	28（41）	191（32）		4（12）	1（20）
热疗	19（49）	7（39）		24（35）	176（29）	5（10）	3（9）	
熏洗（蒸）	29（74）	9（50）	1（11）	23（34）	147（25）		5（15）	1（20）
药浴	18（46）	3（17）	2（22）	7（10）	54（9）		4（12）	1（20）
埋线	22（56）	3（17）		4（6）				

注：表中 n 为调查机构中，选择此项的机构数；% 为选择此项的机构占本类调查机构的百分比。

表 5-4 产品类项目开展情况

项目	调查机构 [n（%）]							
	中医院	综合性医院	专科医院	社区卫生服务中心	卫生院	社区卫生服务站	村卫生室	诊所
膏方	20（51）	4（22）	1（11）	18（27）	134（23）	7（14）	8（25）	1（20）
养生调养茶饮	22（56）	4（22）		20（30）	105（18）	6（12）	9（28）	2（40）

注：表中 n 为调查机构中，选择此项的机构数；% 为选择此项的机构占本类调查机构的百分比。

3）中医健康管理工作：中医健康管理工作主要是基于完整的健康档案来实施的，从调研数据来看，开展健康档案建立的情况不是很满意。健康档案做得较好的是社区卫生服务中心，为78%；其次是乡镇卫生院、中医院，分别占68%和64%。综合性医院、专科医院、村卫生室、社区卫生服务站、诊所等医疗机构的建档率在11%～47%。详见表5-5。

档案管理方法仍然以纸质档案为主。用电子健康档案的主要是社区卫生服务中心和乡镇卫生院，分别为62%和56%；中医院使用电子健康档案的只有5%。详见表5-6。

中医院、社区卫生服务中心、乡镇卫生院开展健康管理效果评估的工作做得比较好，占比达63%～70%。详见表5-7。

表5-5 是否开展健康档案建立工作

项目	调查机构［n（%）］							
	中医院	综合性医院	专科医院	社区卫生服务中心	卫生院	社区卫生服务站	村卫生室	诊所
是	25（64）	4（21）	1（11）	54（78）	428（68）	22（42）	16（47）	2（40）
否	10（26）	7（37）	1（11）	5（7）	51（8）	4（8）	3（9）	

注：表中 n 为调查机构中，选择此项的机构数；% 为选择此项的机构占本类调查机构的百分比。

表5-6 健康档案管理办法

项目	调查机构［n（%）］							
	中医院	综合性医院	专科医院	社区卫生服务中心	卫生院	社区卫生服务站	村卫生室	诊所
纸质档案	23（59）	2（11）	1（11）	40（58）	381（61）	22（42）	13（38）	2（40）
电子健康档案	2（5）			43（62）	349（56）	18（35）	12（35）	

注：表中 n 为调查机构中，选择此项的机构数；% 为选择此项的机构占本类调查机构的百分比。

表5-7 是否有健康管理效果评价

项目	调查机构［n（%）］							
	中医院	综合性医院	专科医院	社区卫生服务中心	卫生院	社区卫生服务站	村卫生室	诊所
是	25（64）	3（16）		48（70）	392（63）	21（40）	16（47）	3（60）
否	10（26）	8（42）		10（14）	72（12）	5（10）	4（12）	

注：表中 n 为调查机构中，选择此项的机构数；% 为选择此项的机构占本类调查机构的百分比。

4）中医养生保健主要服务人群

开展高血压和糖尿病等慢病中医健康管理的医疗机构主要有社区卫生服务中心、卫生院和中医院，占比为59%～77%，其中以社区卫生服务中心为最高。详见表5-8。

中医偏颇体质，机体或精神、心理上的不适感或表现（如疲劳、虚弱、睡眠质量下降、易感冒、胃肠功能失调、情绪改变），与年龄不相符的组织结构或生理功能表现（记忆力减退、同房量下降），病前状态人群（颈肩腰腿痛、血脂异常、临界高血压、肥胖、糖调节异常、高尿酸血症、更年期、代谢综合征、经前综合征），及其他关注健康人群［老年人（延年益寿）、育龄妇女（孕前调理）、男性（育前保健）］，对上述人群进行中医养生保健调理的主要医疗机构仍然是中医院，占比为46%～79%，其次是社区卫生服务中心和乡镇卫生院占比22%～63%，其他医疗机构开展的一般。详见表5-9～表5-14。

表 5–8　是否开展慢病健康管理工作

项目	调查机构〔n（%）〕							
	中医院	综合性医院	专科医院	社区卫生服务中心	卫生院	社区卫生服务站	村卫生室	诊所
是	26（67）	4（21）		53（77）	429（69）	20（38）	16（47）	2（40）
否	9（23）	7（37）	1（11）	6（9）	43（7）	5（10）	2（6）	

注：表中 n 为调查机构中，选择此项的机构数；% 为选择此项的机构占本类调查机构的百分比。

表 5–9　已开展的慢病管理涉及哪些疾病

项目	调查机构〔n（%）〕							
	中医院	综合性医院	专科医院	社区卫生服务中心	卫生院	社区卫生服务站	村卫生室	诊所
高血压	25（64）	4（21）		53（77）	424（68）	19（37）	16（47）	2（40）
糖尿病	23（59）	4（21）		51（74）	416（67）	19（37）	16（47）	2（40）

注：表中 n 为调查机构中，选择此项的机构数；% 为选择此项的机构占本类调查机构的百分比。

表 5–10　中医体质偏颇人群的中医保健项目开展情况

项目	调查机构〔n（%）〕							
	中医院	综合性医院	专科医院	社区卫生服务中心	卫生院	社区卫生服务站	村卫生室	诊所
是	31（79）	8（42）		45（65）	405（65）	21（40）	16（47）	2（40）
否	2（5）	3（16）		12（17）	45（7）	4（8）	3（9）	

注：表中 n 为调查机构中，选择此项的机构数；% 为选择此项的机构占本类调查机构的百分比。

表 5–11　机体或精神、心理上的不适感或表现的中医保健项目开展情况

项目	调查机构〔n（%）〕							
	中医院	综合性医院	专科医院	社区卫生服务中心	卫生院	社区卫生服务站	村卫生室	诊所
疲劳	31（79）	11（58）		39（57）	364（58）	18（35）	15（44）	1（20）
虚弱	30（77）	10（53）	1（11）	36（52）	336（54）	14（27）	10（29）	1（20）
睡眠质量下降	28（72）	12（63）		39（57）	327（52）	17（33）	12（35）	2（40）
易感冒	28（72）	10（53）		36（52）	312（50）	13（25）	14（41）	1（20）
胃肠功能失调	29（74）	8（42）	1（11）	38（55）	303（48）	12（23）	11（32）	1（20）
情绪改变	22（56）	10（53）		34（49）	267（43）	8（15）	10（29）	

注：表中 n 为调查机构中，选择此项的机构数；% 为选择此项的机构占本类调查机构的百分比。

表 5-12　与年龄不相符的组织结构或生理功能的中医保健项目开展情况

项目	调查机构［n（%）］							
	中医院	综合性医院	专科医院	社区卫生服务中心	卫生院	社区卫生服务站	村卫生室	诊所
记忆力减退	31（79）	12（63）	1（11）	43（62）	381（61）	17（33）	15（44）	2（40）
同房量下降	14（36）	5（26）	1（11）	11（16）	152（24）	5（10）	11（32）	1（20）

注：表中 n 为调查机构中，选择此项的机构数；% 为选择此项的机构占本类调查机构的百分比。

表 5-13　病前状态人群的中医保健项目开展情况

项目	调查机构［n（%）］							
	中医院	综合性医院	专科医院	社区卫生服务中心	卫生院	社区卫生服务站	村卫生室	诊所
颈肩腰腿痛	28（72）	11（58）	1（11）	35（51）	317（51）	13（25）	10（29）	1（20）
血脂异常	25（64）	9（47）		40（58）	303（48）	14（27）	10（29）	2（40）
临界高血压	29（74）	7（37）		40（58）	302（48）	12（23）	11（32）	
肥胖	23（59）	9（47）		36（52）	278（44）	10（19）	10（29）	1（20）
糖调节异常	23（59）	9（47）		40（58）	272（43）	11（21）	6（18）	
高尿酸血症	21（54）	8（42）		27（39）	224（36）	8（15）	7（21）	1（20）
更年期	23（59）	8（42）	1（11）	23（33）	185（30）	6（12）	10（29）	1（20）
代谢综合征	19（49）	6（32）		24（35）	156（25）	6（12）	6（18）	1（20）
经前综合征	20（51）	7（37）	1（11）	21（30）	146（23）	5（10）	8（24）	1（20）

注：表中 n 为调查机构中，选择此项的机构数；% 为选择此项的机构占本类调查机构的百分比。

表 5-14　其他关注健康的特殊人群的中医保健项目开展情况

项目	调查机构［n（%）］							
	中医院	综合性医院	专科医院	社区卫生服务中心	卫生院	社区卫生服务站	村卫生室	诊所
老年人（延年益寿）	30（77）	9（47）		43（63）	382（62）	23（45）	17（50）	3（60）
育龄妇女（孕前调理）	21（54）	5（26）	1（11）	32（47）	276（45）	7（14）	15（44）	1（20）
男性（育前保健）	18（46）	4（21）	1（11）	14（21）	133（22）	4（8）	6（18）	1（20）

注：表中 n 为调查机构中，选择此项的机构数；% 为选择此项的机构占本类调查机构的百分比。

综上，以中医院、社区卫生服务中心、卫生院为主的医疗机构具备开展规范化中医养生保健的能力。综合性医院、村卫生室亦是中医养生保健规范化开展的阵地。

（2）医疗机构开展中医养生保健项目的自我管理质量较高：从是否针对不同服务对象制定服务方案及流程、是否建立项目技术目录、是否为服务对象建立健康服务档案、是否开展中医健康干预调理效果的追踪与评估、是否建立健全工作制度、是否建立各级各类人员岗位职责、是否制定各类应急预案、是否设备及产品实行溯源管理8个方面，课题组对中医养生保健项目质量管理内容进行了调研。结果显示中医院做得最好，达标率为64%～85%；其次为社区卫生服务中心、卫生院，达标率为44%～74%；综合性医院、专科医院、社区卫生服务站、村卫生室、诊所的达标率均较低，为16%～48%。详见表5-15～表5-22。

表5-15 是否针对不同服务对象制定服务方案及流程

项目	调查机构［n（%）］							
	中医院	综合性医院	专科医院	社区卫生服务中心	卫生院	社区卫生服务站	村卫生室	诊所
是	30（77）	5（26）	2（22）	39（57）	328（52）	15（29）	16（47）	3（60）
否	4（10）	1（5）		17（25）	111（18）	4（8）	3（9）	1（20）

注：表中 n 为调查机构中，选择此项的机构数；% 为选择此项的机构占本类调查机构的百分比。

表5-16 是否建立项目技术目录

项目	调查机构［n（%）］							
	中医院	综合性医院	专科医院	社区卫生服务中心	卫生院	社区卫生服务站	村卫生室	诊所
是	24（62）	4（21）	2（22）	33（48）	274（44）	10（19）	11（32）	2（40）
否	9（23）	2（11）		21（30）	157（25）	8（15）	7（21）	1（20）

注：表中 n 为调查机构中，选择此项的机构数；% 为选择此项的机构占本类调查机构的百分比。

表5-17 是否为服务对象建立健康服务档案

项目	调查机构［n（%）］							
	中医院	综合性医院	专科医院	社区卫生服务中心	卫生院	社区卫生服务站	村卫生室	诊所
是	27（69）	3（16）	2（22）	47（68）	385（62）	15（29）	17（50）	2（40）
否	7（18）	3（16）		8（12）	66（11）	6（12）	2（6）	1（20）

注：表中 n 为调查机构中，选择此项的机构数；% 为选择此项的机构占本类调查机构的百分比。

表 5-18　是否开展中医健康干预调理效果的追踪与评估

项目	调查机构 [n (%)]							
	中医院	综合性医院	专科医院	社区卫生服务中心	卫生院	社区卫生服务站	村卫生室	诊所
是	28（72）	4（21）	2（22）	33（48）	292（47）	14（27）	16（47）	1（20）
否	6（15）	2（11）		21（30）	149（24）	6（12）	2（6）	2（40）

注：表中 n 为调查机构中，选择此项的机构数；% 为选择此项的机构占本类调查机构的百分比。

表 5-19　是否建立健全工作制度

项目	调查机构 [n (%)]							
	中医院	综合性医院	专科医院	社区卫生服务中心	卫生院	社区卫生服务站	村卫生室	诊所
是	33（85）	5（26）	2（22）	51（74）	394（63）	18（35）	17（50）	2（40）
否		1（5）		4（6）	53（8）	3（6）	2（6）	2（40）

注：表中 n 为调查机构中，选择此项的机构数；% 为选择此项的机构占本类调查机构的百分比。

表 5-20　是否建立各级各类人员岗位职责

项目	调查机构 [n (%)]							
	中医院	综合性医院	专科医院	社区卫生服务中心	卫生院	社区卫生服务站	村卫生室	诊所
是	33（85）	5（26）	2（22）	47（68）	384（61）	17（33）	13（38）	2（40）
否		1（5）		8（12）	60（10）	4（8）	6（18）	2（40）

注：表中 n 为调查机构中，选择此项的机构数；% 为选择此项的机构占本类调查机构的百分比。

表 5-21　是否制定各类应急预案

项目	调查机构 [n (%)]							
	中医院	综合性医院	专科医院	社区卫生服务中心	卫生院	社区卫生服务站	村卫生室	诊所
是	25（64）	5（26）	2（22）	42（61）	355（57）	17（33）	13（38）	3（60）
否	8（21）	1（5）		12（17）	86（14）	4（8）	6（18）	1（20）

注：表中 n 为调查机构中，选择此项的机构数；% 为选择此项的机构占本类调查机构的百分比。

表5-22　是否设备及产品实行溯源管理

项目	调查机构 [n（%）]							
	中医院	综合性医院	专科医院	社区卫生服务中心	卫生院	社区卫生服务站	村卫生室	诊所
是	29（74）	5（26）	2（22）	39（57）	322（51）	14（27）	10（29）	1（20）
否	4（10）	1（5）		16（23）	113（18）	3（6）	9（26）	2（40）

注：表中 n 为调查机构中，选择此项的机构数；% 为选择此项的机构占本类调查机构的百分比。

（3）中医药健康教育与健康宣传普及：调研数据显示社区/村有中医药健康知识宣传栏（宣传墙、宣传活动）的占比达到63%，工作单位有中医药知识宣传栏的达到85%。可以看出，江西省社区/村和单位在中医药健康知识宣传中行动积极。

（4）居民信任中医养生保健，首选在医疗机构做养生保健：被调研者比较相信或很相信中医的占93%，不大相信中医的仅占6%。生病后首选中医医疗服务的38%。可见，中医治病仍不是首选。77%的居民愿意体验中医养生保健服务。可见，居民对中医养生保健还是信任的。

居民首选医疗机构做养生保健的占比达94%，而选择非医疗机构的仅占4%。居民在中医养生保健方面的需求主要在调理体质和提高免疫力方面，分别占比67%和56%，其他依次是解决病痛35%、慢病管理27%、减肥25%、延年益寿25%、美容24%，见表5-23。

表5-23　养生保健目的情况（多选）

项目	n	百分比（%）
调理体质	2657	67
提高免疫力	2226	56
解决病痛	1395	35
慢病管理	1065	27
减肥	992	25
延年益寿	979	25
美容	967	24
未填	123	3
其他	70	2

注：表中 n 为调查中，选择此项的人数；% 为选择此项的人数占所有调查人数的百分比。

2. 社会机构开展中医养生保健的成就

依据江西省市场监督管理局提供的经营范围中包含"保健""健康管理""健康咨询""康复""美容""养老""养生"关键字的个体户和企业开办数据，课题组通过分析，发现江西省 2010 年以来，每年新开办养生保健相关服务的个体户和企业开办数量呈逐年倍数增长，社会机构开办养生保健相关服务的热情高涨，见表 5-24、表 5-25。

表 5-24 2010—2019 年江西省新开办养生保健个体户数量

年份	保健	健康管理	健康咨询	康复	美容	养老	养生
2010 年	1004	2	28	13	893		29
2011 年	1202	2	44	16	944		30
2012 年	1233	1	48	13	1143		48
2013 年	1419	3	63	20	1290	1	71
2014 年	1691	3	96	21	1870	1	84
2015 年	2872	4	166	30	3176	2	243
2016 年	4977	9	270	28	4881	2	553
2017 年	7298	37	426	54	8353	15	968
2018 年	11877	72	599	84	12211	16	1611
2019 年	10237	59	430	53	8920	29	1099

表 5-25 2010—2019 年江西省新开办养生保健企业数量

年份	保健	健康管理	健康咨询	康复	美容	养老	养生
2010 年	343	4	31	34	213	11	10
2011 年	349	9	18	46	220	12	9
2012 年	558	7	31	78	231	16	15
2013 年	765	8	37	96	318	22	13
2014 年	1235	30	121	124	706	56	48
2015 年	2364	67	249	121	937	80	85
2016 年	2963	140	410	188	1607	182	142
2017 年	4310	396	697	264	2432	334	259
2018 年	6711	548	1450	2316	3076	886	635
2019 年	4630	450	1115	1622	2117	758	352

（二）存在的主要问题

1. 医疗机构中医养生保健项目定价偏低

调查数据显示，当前医疗机构中医养生保健项目每次收费以 20～40 元为主，其次是 40～60 元，见表 5-26。

随着居民收入的提升，相比社会养生保健机构的收费，中医养生保健项目的定价是偏低的，过低的收费不利于调动养生保健人员的积极性，大多数被调查者认为中医养生保健项目定价偏低，见表5-27。

中医院和综合性医院认为中医养生保健项目每人次100～150元较为合理，社区卫生服务中心和卫生院则认为每人次40～100元较为合理的占多数，见表5-28。

总体来看，医疗机构中医养生保健工作人员月收入是偏低的，见表5-29。

表5-26　当前医院中医养生保健每人次平均收费

项目	调查机构［n（%）］							
	中医院	综合性医院	专科医院	社区卫生服务中心	卫生院	社区卫生服务站	村卫生室	诊所
20元以内（含20元）	5（16）	2（13）	3（38）	8（13）	91（15）	8（15）	13（39）	1（20）
20～40元	9（28）	4（27）	2（25）	14（22）	138（23）	11（21）	6（18）	3（60）
40～60元	4（13）	1（7）	1（13）	21（33）	112（19）	9（17）	5（15）	
60～100元	8（25）			11（17）	77（13）	5（10）	2（6）	

注：表中n为调查机构中，选择此项的机构数；%为选择此项的机构占本类调查机构的百分比。

表5-27　当前中医养生保健项目定价合理性

项目	调查机构［n（%）］							
	中医院	综合性医院	专科医院	社区卫生服务中心	卫生院	社区卫生服务站	村卫生室	诊所
定价适中	13（33）	4（21）	5（56）	30（44）	256（42）	21（41）	12（40）	1（25）
定价偏低	24（62）	8（42）	2（22）	33（49）	215（35）	12（24）	12（40）	2（50）

注：表中n为调查中，选择此项的人数；%为选择此项的人数占本类机构调查人数的百分比。

表5-28　中医养生保健每人次平均收费意愿

项目	调查机构［n（%）］							
	中医院	综合性医院	专科医院	社区卫生服务中心	卫生院	社区卫生服务站	村卫生室	诊所
20元以内（含20元）			1（11）		32（5）	4（8）	9（26）	1（20）
20～40元	3（9）	1（6）	1（11）	6（10）	96（16）	3（6）	3（9）	1（20）
40～60元	7（21）		2（22）	18（30）	130（22）	10（20）	6（18）	2（40）
60～100元	6（18）	2（13）	2（22）	17（28）	140（23）	11（22）	8（24）	
100～150元	11（33）	5（31）	1（11）	10（16）	38（6）	3（6）		

注：表中n为调查中，选择此项的人数；%为选择此项的人数占本类机构调查人数的百分比。

表 5-29 医院中医养生保健工作人员月收入水平

项目	调查机构 [n（%）]							
	中医院	综合性医院	专科医院	社区卫生服务中心	卫生院	社区卫生服务站	村卫生室	诊所
2000 元 / 月以内	9（25）	2（11）	3（33）	20（31）	182（31）	13（27）	15（44）	2（40）
2000～3000 元 / 月	6（17）	1（6）	1（11）	12（18）	63（11）	6（13）	3（9）	1（20）
3000～4000 元 / 月	6（17）			10（15）	65（11）			
4000～5000 元 / 月	6（17）	3（17）	1（11）	7（11）	43（7）			1（20）
7000 元 / 月以上	3（8）	4（22）		3（5）	30（5）	6（13）		

注：表中 n 为调查中，选择此项的人数；% 为选择此项的人数占本类机构调查人数的百分比。

2. 社会中医养生保健机构监管较为混乱

课题组通过中医药管理局发放非医疗机构中医养生保健实施情况问卷，总共回收有效问卷仅 15 份，相比医疗机构有效回收问卷 855 份，尚不足零头。

由此可见，对社会中医养生保健机构的监管是一个很大的问题。中医药管理部门无法对其进行有效监管。对其开展的中医养生保健活动是否符合国家中医药管理局发布的《中医养生保健服务规范（试行）》，中医药管理部门无法进行认定。

3. 不同级别和不同分类医疗机构中医养生保健项目开展不平衡

（1）社区卫生服务中心、卫生院主要开展基本公共卫生服务要求的中医健康管理项目，对公共卫生之外的中医养生保健项目开展较少。

（2）中医院在中医养生保健项目开展方面具有人才优势、资源优势、品牌优势，能比较规范、全面地开展各项中医养生保健项目。

（3）综合性医院、村卫生室、诊所、社区卫生服务站在开展中医养生保健项目上积极性不高，大多没有规范化开展。

4. 中医养生保健人才缺乏

在基层医疗卫生机构调研中，普遍反映基层缺乏中医养生保健人才，社区卫生服务中心、卫生院有 44% 和 48% 没有专职中医师，见表 5-30。如何留住中医养生保健人才，认为提高工资待遇、提供进修和培训机会有利于吸引人才的占绝大多数，见表 5-31。

表 5-30 医院（或养生保健科室）专职中医师人数

项目	调查机构 [n（%）]							
	中医院	综合性医院	专科医院	社区卫生服务中心	卫生院	社区卫生服务站	村卫生室	诊所
0	4（15）	1（6）	7（78）	28（44）	295（48）	37（71）	29（85）	
1	6（23）	1（6）	1（11）	14（22）	159（26）	12（23）	5（15）	3（60）

（续）

项目	调查机构［n（%）］							
	中医院	综合性医院	专科医院	社区卫生服务中心	卫生院	社区卫生服务站	村卫生室	诊所
2	5（19）	2（11）	1（11）	12（19）	108（18）			
3	3（12）			9（14）	41（7）			
未填	8（31）	14（78）						2（40）

注：表中 n 为调查机构中，选择此项的机构数；% 为选择此项的机构占本类调查机构的百分比。

表 5-31　利于吸引中医养生保健人才的政策措施

项目	调查机构［n（%）］							
	中医院	综合性医院	专科医院	社区卫生服务中心	卫生院	社区卫生服务站	村卫生室	诊所
提高工资待遇	34（87）	11（58）	5（56）	55（80）	415（67）	23（44）	18（53）	3（60）
提供进修和培训机会	30（77）	7（37）	4（44）	53（77）	408（66）	31（60）	23（68）	3（60）

注：表中 n 为调查中，选择此项的人数；% 为选择此项的人数占本类机构调查人数的百分比。

5. 居民中医养生保健消费意愿不强

（1）居民养生保健消费调研：本次被调查者家庭年收入 1 万～20 万元，中位数为 6 万元；家庭年医疗及保健支出 200～20000 元，中位数为 2000 元。家庭年医疗与保健支出占家庭总收入百分比仅为 3.33%。

被调查者个人年收入 0～70000 元，中位数为 3 万元；年医疗及保健支出 0～10000 元，中位数为 1000 元。个人年医疗保健支出占个人收入百分比仅为 3.33%。

中医养生保健分项消费数据显示，居民在美容、调理体质、减肥、慢病管理、延年益寿和其他养生保健方面大多数年消费金额为 0 元。

从调研数据可以看出，被调查者在医疗保健上的消费意愿较低。绝大多数被调查者偶尔、极少或从没接受过中医养生保健服务，合计占比 81%；经常接受中医养生保健服务的仅占 18%。

（2）江西城镇居民按收入高低保健支出：根据 2015—2017 年统计年鉴的数据可以将江西省城镇居民收入分为 5 等，可见：江西省低收入和中等偏下收入户的医疗保健消费支出变化不大，甚至有所缩减；中等收入及以上户的医疗保健消费有增长趋势。详见图 5-1～图 5-6。

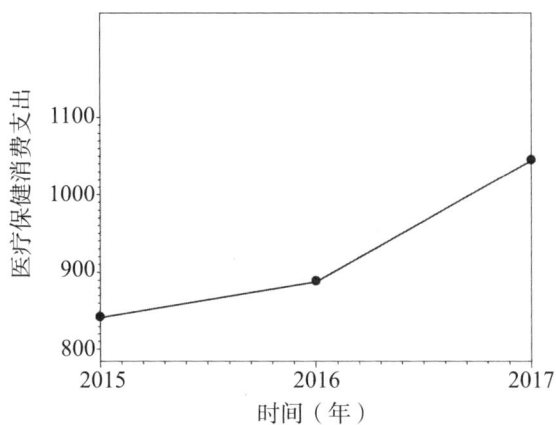

图 5-1 江西省城镇居民平均医疗保健消费

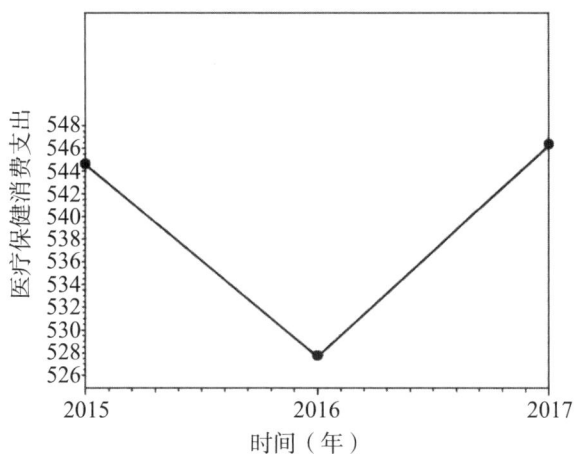

图 5-2 江西省城镇居民低收入人群医疗保健消费支出

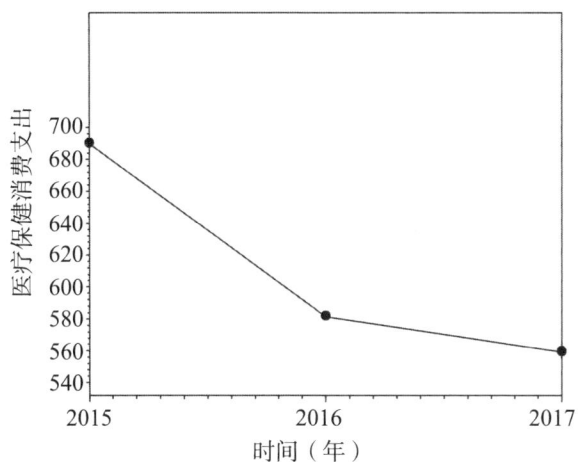

图 5-3 江西省城镇居民中等偏下户医疗保健消费支出

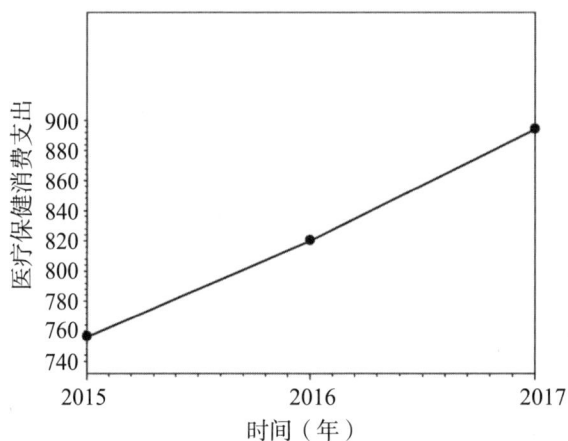

图 5-4　江西省城镇居民中等收入户医疗保健消费支出

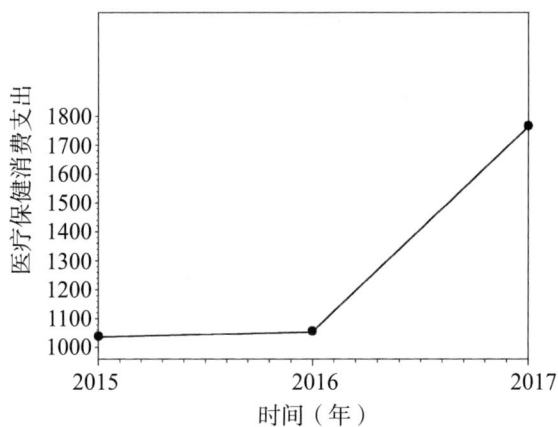

图 5-5　江西省城镇居民中等偏上户医疗保健消费支出

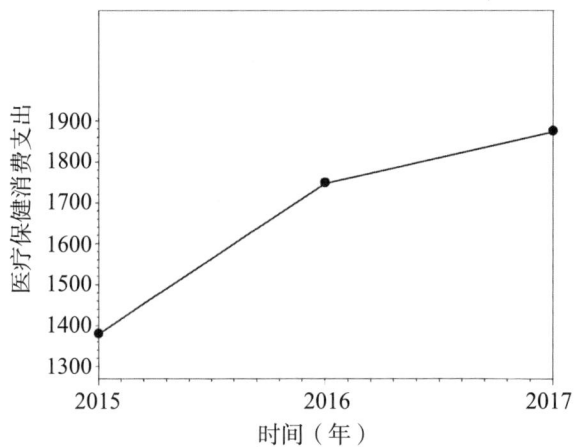

图 5-6　江西省城镇居民高收入户医疗保健消费支出

6. 中医药知识普及效果不理想

居民获取中医健康知识的主要途径是医疗机构，占比达 40%。从社区（村）、讲座、报纸杂志上获取中医健康知识的比例则比较低，仅占 4%、5% 和 2%。

被调查者认为所获取中医健康知识对自己帮助非常大的仅有 21%，一般和不太大的占比 35% 和 6%。80% 的居民愿意向他人介绍中医健康知识。

四、江西省中医药养生保健业发展趋势

（一）面临的机遇与挑战

1. 面临的机遇

（1）国家政策鼓励

1）鼓励发展中医养生保健：2007 年，时任国务院副总理吴仪提出开展中医治未病工作的要求。同年，国家中医药管理局启动中医治未病健康工程，印发了《关于积极发展中医预防保健服务的实施意见》等一系列文件。2015 年 4 月，国务院办公厅发布了《中医药健康服务发展规划（2015—2020 年）》，将大力发展中医养生保健服务列为七项重点任务之首。2016 年印发的《中医药发展战略规划纲要（2016—2030 年）》首次提出，要发挥中医药在治未病中的主导作用。《中医药法》也明确规定，国家发展中医养生保健服务，支持社会力量举办规范的中医养生保健机构。

2019 年 9 月 29 日，国家发改委联合多部门发布了《促进健康产业高质量发展行动纲要（2019—2022 年）》（简称《纲要》）。《纲要》以促进健康产业高质量发展为目标，推出 10 项重大工程。其中明确支持中医医疗机构发展治未病服务，鼓励基层医疗机构在家庭医生签约服务中提供中医治未病服务包，鼓励中医医疗机构在技术上支持中医养生保健机构。

《纲要》的第三项工程为中医药健康服务提质工程，重点提出规范化推广中医养生保健和治未病服务。具体内容包括：规范推广中医养生保健和治未病服务；制定促进中医养生保健服务规范发展的政策措施，加强发展指导和行业监督，提高中医养生保健机构规范经营水平，规范服务内容，提高从业人员素质；建立和完善常见中医养生保健服务的规范与标准；鼓励中医医疗机构在技术上支持中医养生保健机构，支持中医师依照规定在养生保健机构提供服务；推广有科学的中医理论指导、有专业人员负责的健康状态辨识与评估、咨询指导、健康干预等服务；支持中医医疗机构发展治未病服务，鼓励基层医疗机构提供治未病服务，在家庭医生签约服务中提供中医治未病服务包，逐步实现每个家庭医生签约服务团队都有提供中医药服务的医师或乡村医生。

2）鼓励发展规范的中医养生保健服务：经过不断摸索与实践，国家中医药管理局在"治未病"理念传播、服务提供、服务规范和"治未病"服务体系构建等方面做了大量工作，取得了显著成绩。中医养生保健服务网络逐步建立健全，服务标准不断规范，服务能力大幅提升，群众中医药健康文化素养不断增强，对治未病服务需求日渐增多，产生了良好的社会效益和经济效益。

在中医养生保健服务网络建设方面，国家中医药管理局从医疗机构起步，先后确定了 173 个治未病预防保健服务试点单位，涵盖了中医医院、中西医结合医院及社会独立中医养生保健机构等；确定了 65 个治未病预防保健服务试点地区，探索区域中医预防保健服务工作的机制和模式；自 2012 年起，在中医医院评审标准中明确要求二级以上中医医院均要成立治未病科，并提供相关服务；"十二五"期间确定了 33 个国家中医药管理局治未病重点专科。通过对各类机构"治未病"服务工作的不断规范与探索，中医养生保健服务能力大幅提升。

为了进一步促进中医养生保健文化传播，国家中医药管理局组建了 230 余人的国家级中医药文化科普巡讲专家队伍，2000 余人的省级专家队伍，深入社区、农村、部队等开展中医药文化科普巡讲等健康教育活动，并制定印发了《中医中药中国行——中医药健康文化推进行动（2015—2020 年）计划纲要》，在全国范围内举办中医药健康文化大型主题活动，进一步扩大传播范围。

多措并举之下，中医养生保健工作成效尽显。社会对"治未病"的认知度、认同度和欢迎程度不断提高，中国公民中医药健康文化素养逐年提升，2017 年达到了 13.39%。通过在各类机构开展试点探索、加强医疗机构治未病科建设等措施，"治未病"服务覆盖面不断扩大，全国 84.75% 的县级以上公立中医类医院建立了"治未病"科室，引导了中医医院逐步由"重治疗"向"防治并重"转变。

如今，越来越多的城乡居民享受到了免费的中医养生保健服务。2017 年，全国 46.3% 的 65 岁以上老年人接受了中医体质辨识及健康干预服务，58.1% 的 0～36 个月儿童接受了 1 年 2 次的中医调养服务。不仅如此，随着群众对中医养生保健服务需求的扩大，各类服务提供机构"治未病"服务量明显增多，服务方式和内容不断丰富，服务技术和流程逐步规范，社会创办的中医养生保健机构蓬勃发展，在拉动消费、吸纳就业、创新经济增长点、助推健康扶贫等方面发挥了积极作用，中医药对国民经济和社会发展的贡献度日益彰显。

随着经济的发展，人民对健康的需求越来越重视，而社会上各种养生保健产品无法满足人民的需求，这种矛盾的存在，使得养生保健市场较为混乱。为了规范中医养生保健服务，国家中医药管理局于 2018 年出台了《中医养生保健服务规范（试行）（第二次征求意见稿）》，以促进和规范中医养生保健服务的发展。

（2）经济发展与居民需求为中医养生保健提供潜在大市场：江西省居民在中医养生保健上的消费率非常低，随着经济的发展，居民对养生保健会越来越重视，中医养生保健是一个潜在的需求大市场。

（3）相比中部其他 5 省居民医疗保健消费支出，江西省保健消费提升空间巨大：

与中部其他 5 省相比，江西省在医疗保健方面的消费比例非常低，为中部 6 省最低，提升空间巨大。

中部 6 省 2015—2017 年城乡居民人均医疗保健消费支出数据，见表 5-32。

表 5-32　中部 6 省 2015—2017 年城乡居民人均医疗保健消费支出对比（单位：元）

年份	安徽	河南	湖北	湖南	江西	山西
2015 年	932.3	1023.1	1252.5	998.3	698.8	1102
2016 年	1092.1	1113.4	1528.2	1165	764.5	1227.5
2017 年	1135.9	1219.8	1838.3	1424	877.8	1359.7

中部 6 省 2015—2017 年农村居民人均医疗保健消费支出数据，见表 5-33。

表 5-33　中部 6 省 2015—2017 年农村居民人均医疗保健消费支出对比（单位：元）

年份	安徽	河南	湖北	湖南	江西	山西
2015 年	808.2	769	985.1	844.1	569.7	794.3
2016 年	931.9	797.8	1213.5	986.5	650	769.6
2017 年	1006.8	909	1438.3	1171.8	718.2	937.5

中部 6 省 2015—2016 年城乡居民消费支出中医疗保健支出百分比，见表 5-34。

表 5-34　中部 6 省 2015—2016 年城乡居民消费支出中医疗保健支出百分比（%）

年份	安徽	河南	湖北	湖南	江西	山西
2015 年	7.26	8.64	8.75	7	5.63	9.4
2016 年	7.42	8.76	9.62	7.4	5.77	9.68

中部 6 省 2015—2016 年城镇居民消费支出中医疗保健消费支出占比，见表 5-35。

表 5-35　中部 6 省 2015—2016 年城镇居民消费支出中医疗保健消费支出百分比（%）

年份	安徽	河南	湖北	湖南	江西	山西
2015 年	6.23	7.96	8.15	6.02	5.03	8.81
2016 年	6.47	8.43	8.94	6.36	5.02	9.72

中部 6 省 2015—2016 年农村居民消费支出中医疗保健消费支出百分比，见表 5-36。

表 5-36　中部 6 省 2015—2016 年农村居民消费支出中医疗保健消费支出占比（%）

年份	安徽	河南	湖北	湖南	江西	山西
2015 年	9	9.7	10	8.7	6.7	10.7
2016 年	9.1	9.3	11.1	9.3	7.1	9.6

中部 6 省 2015—2016 年城镇居民医疗保健现金消费支出，见表 5-37。

表 5-37　中部 6 省 2015—2016 年城镇居民医疗保健现金消费支出（单位：元）

年份	安徽	河南	湖北	湖南	江西	山西
2015 年	826	1125.2	1116.1	1027.4	721.7	1130.3
2016 年	972.3	1230.8	1395.4	1168.1	773.9	1242.3

中部 6 省 2015—2016 年农村居民医疗保健现金消费支出，见表 5-38。

表 5-38　中部 6 省 2015—2016 年农村居民医疗保健现金消费支出（单位：元）

年份	安徽	河南	湖北	湖南	江西	山西
2015 年	9	9.4	9.8	9.4	7.4	10.3
2016 年	9.5	9.1	11.3	10	7.8	9.9

2. 面临的挑战

（1）缺少开展规范化中医养生保健的技术条件：开展规范化中医养生保健需要以下技术条件支持。

1）中医健康管理平台：可以辅助从业人员进行中医健康档案建立、中医状态评估、中医干预方案制定与随访评估等，江西省尚缺乏这样的技术平台支撑，难以实现对需求者进行长期的跟踪管理服务。

2）有效、精准的中医养生保健干预技术：中医药有非常丰富的养生保健方法，包括中医特色疗法、药食同源中药、养生保健茶饮、膏方，等等，这些方法在临床应用较为广泛，但要精准应用，能显示较好疗效，尚需要在实践中进行评估。养生保健效果的评估往往需要较长时间的跟踪随访，需要平台支撑。

（2）缺少中医养生保健人才：主要表现在以下两个方面。

1）基层医疗机构缺乏专门的中医养生保健人才，缺口较大。

2）江西省中医养生保健的收入较低，影响了中医养生保健人才的热情。

（3）缺少有中医健康素养的居民：居民对中医养生保健的认识不够，与江西省进行有效的健康教育不足有关，如何开展有效的中医养生保健教育是目前重要的挑战。

健康教育需要解决以下问题：①有效的中医健康教育内容，居民能从中受益。②专门的中医健康教育人员。③系统的组织活动。

（4）经济收入和居民的中医健康消费意愿：如何培养居民的健康消费意愿，是当前江西省开展中医养生保健服务的最主要挑战。

从调研和统计数据来看，江西省居民的健康消费支出是中部 6 省中最低的，居民在健康保健上的消费意愿很低。

（二）发展方向与重点

1. 发展方向

（1）强基层：基层医疗机构是中医养生保健的龙头，是提供规范化中医养生保健服务的主体。

乡镇卫生院、社区卫生服务中心是江西省最大的医疗机构群体，在开展国家基本公共卫生服务的过程中，基层医生已经掌握了基本的健康管理流程，对中医体质辨识以及中医特色疗法等技术具有较好的理解和实践。

这个医疗群体已经具备了开展规范化中医养生保健服务的基本素养，对这个群体进行培训、指导，借助信息化技术进行管理，有助于提升中医养生保健服务的水平。

同时，政策上应该对基层进行扶持，给基层医生提供更多的培训、进修机会，提升基层医生的工资待遇，这也是基层医生所希望的。调查显示，80% 的社区医生希望提高工资待遇，77% 的社区医生希望提供进修和培训机会，见表 5-39。

表 5-39　有利于吸引中医养生保健人才的政策需求情况

项目	调查机构 [n（%）]							
	中医院	综合性医院	专科医院	社区卫生服务中心	卫生院	社区卫生服务站	村卫生室	诊所
提高工资待遇	34（87）	11（58）	5（56）	55（80）	415（67）	23（44）	18（53）	3（60）
提供进修和培训机会	30（77）	7（37）	4（44）	53（77）	408（66）	31（60）	23（68）	3（60）

注：表中 n 为调查机构中，选择此项的机构数；% 为选择此项的机构占本类调查机构的百分比。

（2）建立健联体，提升基层中医养生保健服务水平：调研结果显示，中医院在中医养生保健方面具有较好的技术储备，中医院和基层医疗卫生服务机构，通过建立紧密的健联体，长期进行技术合作与指导，将有利于促进中医养生保健服务的发展。

基层医疗卫生机构可以对用户进行长期的跟踪随访。基层医生大多数是家庭医生，对居民的健康状况更了解，但他们缺乏有效的中医养生保健技术；中医院的患者多半是来看病的，故难以实现长期的跟踪随访。两者结合，可以在技术和患者上进行互补。

（3）核心技术开发与临床密切结合：关键技术上扶持省内企业自我开发，充分利用高校和三甲中医院的技术优势，针对中医养生保健的核心技术进行开发，并与临床密切结合：①开发满足中医养生保健需求的中医健康管理平台，辅助工作人员对用户的长期跟踪服务，丰富中医养生保健内容，精准开展中医养生保健工作，提升中医养生保健服务水平。②开发有效的中医养生保健产品并通过临床验证，如药食同源产品、中药精油等。

（4）开展中医健康教育活动：开展大型中医健康教育活动、专题讲座、电视讲坛，利用网络、多媒体等技术对实用中医养生保健技术进行有效宣讲，提升居民的中医健康素养，逐步引领居民认识中医，愿意在中医养生保健上消费。

2. 发展重点

（1）在政策上，允许居民使用个人医保进行中医养生保健消费，可以通过一些措施向居民发放中医养生保健消费卡，居民养生保健消费上去了，中医养生保健从业者的收入才会提升，政府亦可从中受益。比如，养生保健企业的收入增加，政府的税收就会增加；另外，居民进行中医养生保健，可导致人口总体发病率降低，从而减少国家的医保支出。

（2）对居民进行健康教育，提升养生保健素养。

五、发展中医药养生保健的政策建议

（一）出台鼓励基层医疗机构开展规范化中医养生保健服务的政策

乡镇卫生院、社区卫生服务中心是江西省最大的医疗机构群体，在开展国家基本公共卫生服务的过程中，基层医生已经掌握了基本的健康管理流程，对中医体质辨识以及中医特色疗法等技术具有较好的理解和实践。

这个医疗群体已经具备了开展规范化中医养生保健服务的基本素养，对这个群体进行培训、指导，借助信息化技术进行管理，有助于提升中医养生保健服务的水平。

在政策上，应该对基层进行扶持，给基层医生提供更多的培训、进修机会，提升基层医生的工资待遇。这也是基层医生所希望的。

鼓励三甲医院的治未病科与基层医疗机构构建健联体，提升基层医疗机构中医养生保健的服务水平。

（二）鼓励医保与养生保健企业合作

养生保健的目的是治未病，是维护居民的健康。通过养生保健可以减少居民疾病的发病率，可以减少慢性病并发症的发生率，可以减少疾病的复发率，从而减少医保支出。

可以先选择一些社区开展医保与养生保健企业的合作模式，然后推广。

（三）鼓励保险公司与中医养生保健企业合作

保险公司可围绕中医养生保健解决的问题开发健康险，如创新养生保健项目的责任险、减少疾病发生的健康险等。

（四）鼓励社会机构开展规范化的中医养生保健服务，加强中医养生保健的监管

关键技术上，扶持省内企业自我开发，充分利用高校和三甲中医院的技术优势，针对中医养生保健的核心技术进行开发，并与临床密切结合：开发满足中医养生保健需求

的中医健康管理平台，辅助工作人员对用户的长期跟踪服务，丰富中医养生保健内容，精准开展中医养生保健工作，提升中医养生保健的服务水平；开发有效的中医养生保健产品，并通过临床验证，如药食同源产品、中药精油等；在激励企业的同时，要出台有效的监管政策。

（五）利用政策刺激居民在中医养生保健方面的需求

政策上，允许居民可以使用个人医保进行中医养生保健消费，可以通过一些措施向居民发放中医养生保健消费卡，居民养生保健消费上去了，中医养生保健从业者的收入才会提升，政府亦可从中受益。如，养生保健企业的收入增加，政府的税收就会增加；另外，居民进行中医养生保健，可导致人口总体发病率降低，从而减少国家的医保支出。

（六）鼓励高起点打造中医养生保健市场

发展中医养生保健的重点在于诚信。当前，打着中医养生保健的幌子开展各种欺诈行为的产品、活动严重影响了中医养生保健市场的有序发展。高起点打造中医养生保健市场可以将重点放在以下几个方面。

1. 重评价　鼓励发展第三方中医养生保健评价机构，构建规范化评价体系，定期对企业开展中医养生保健项目规范化的评价，并在权威媒体公布评价结果。

2. 重监管　所有开展中医养生保健服务的企业均应接受中医管理部门的业务监管，业务监管不合格者，可以一票否决。

3. 重平台　政府公开招标适合中医养生保健业务开展的服务平台，为企业和医疗机构提供平台支撑。

4. 重创新　鼓励中医养生保健项目的创新，在绿色、药食同源等方面鼓励企业与高校、医院联合研发新产品。

5. 重品牌　重视省内中医养生保健品牌的培养，以诚信、有效为依托，发展江西省养生保健的品牌。

（七）培养和留住中医养生保健人才，鼓励中医养生保健人才下沉

可以在职称晋升、工资待遇、学习进修机会等方面，出台一系列政策，促进中医养生保健人才的培养与下沉，解决基层医疗机构缺乏专门的中医养生保健人才的问题。

课题负责人：查青林
课题组成员：曹征，周平生，程仕萍，林色奇，吴晓慧，陈鑫，王军永，付培涛，周贵凤，祝青

附 录

医疗机构的中医养生保健基本情况调研问卷

一、医院基本信息

填表信息：

填表人姓名：	科室：
填表时间：	单位：
联系电话：	邮箱：

1. 医院名称：

2. 单位所在地及区划：＿＿＿＿＿＿＿＿ 地区（市、区、旗）＿＿＿＿＿＿＿县

3. 医院类别：

□中医院 □中西医结合医院 综合性医院 □其他＿＿＿＿＿＿＿＿＿＿＿

4. 医院级别：

□三级甲等 □三级乙等 □二级甲等 □二级乙等 □社区卫生服务中心

□卫生院 □其他＿＿＿＿＿＿＿＿

5. 医院床位数：

6. 医院营业收入（万元）：

项目	2018 年	2017 年	2016 年
总收入			
中医药类收入			

7. 医院人员数：

总人数：

卫生技术人员数：

执业医师数：

执业助理医师数：

中医执业医师数：

中医执业助理医师数：

二、养生保健科室建设情况

填表信息：

填表人姓名：	科室：
填表时间：	单位：
联系电话：	邮箱：

请您填写您所在科室的建设情况：

（一）治未病科（中心）基本情况（中医院与中西医结合医院填）

1. 治未病科（中心）名称：

□治未病科　　　　□治未病中心　　　　□其他_____

2. 治未病科设立时间：

3. 治未病科病床数：

4. 治未病科人员：

　总人数：

　卫生技术人员：

　中医执业医师：

　中医执业助理医师：

　医技人员：

　中药师：

　护理人员：

　管理人员：

5. 科室区域划分：

□健康状态信息采集与辨识评估区域　　　□健康咨询与指导区域

□健康干预区域　　　□健康宣教区　　　□其他_____

6. 服务人次（人次）：

项目	2018 年	2017 年	2016 年
总服务人次			
中药调理			
膏方调理			
特色疗法			

7. 科室收入：

项目	2018 年	2017 年	2016 年
治未病科收入			

（二）康复科（中心）基本情况（中医院与中西医结合医院填）

请您填写您所在科室的建设情况：

填表信息：

填表人姓名：	科室：	
填表时间：	单位：	
联系电话：	邮箱：	

1. 康复科（中心）名称：

□康复科　　　　□康复中心　　　　□其他_____

2. 康复科设立时间：

3. 康复科病床数：

4. 康复科人员：

总人数：

卫生技术人员：

中医执业医师：

中医执业助理医师：

医技人员：

中药师：

护理人员：

管理人员：

5. 科室区域划分：

□健康状态信息采集与辨识评估区域　　　　□健康咨询与指导区域

□健康干预区域　　　　□健康宣教区　　　　□其他_____

6. 服务人次（人次）：

项目	2018 年	2017 年	2016 年
总服务人次			
中药调理			
膏方调理			
特色疗法			

7. 科室收入：

项目	2018 年	2017 年	2016 年
康复科收入			

三、中医养生保健项目开展情况

本问卷由中医院或中西医结合医院治未病科（中心）、综合性医院康复科（中心）、卫生服务中心（或卫生院）的中医馆（科）、中医养生保健企业填写。

填表信息：

填表人姓名：	科室：	
填表时间：	单位：	
联系电话：	邮箱：	

请您填写您所在科室的养生保健项目开展情况：

1. 健康状态辨识及评估项目：

□中医体质辨识　　　　□中医经络功能评估　　　　□脏腑功能评估

□血气状态评估　　　　□其他_____

2. 健康调养咨询服务：

□开具健康处方　　　　□养生功法示范指导

□中药调养咨询指导　　　　□其他_____

3. 中医特色干预技术：

□针刺　□灸法　□拔罐　□推拿　□穴位贴敷　□埋线　□药浴　□熏洗（蒸）

□刮痧　□砭石　□音疗　□热疗　□电疗　□其他_____

4. 产品类：

□膏方　□养生调养茶饮　□其他_____

5. 其他项目：

（1）是否开展健康档案建立：

□否　□是［如选"是"，请继续填写（2）；如选"否"，请继续填写（3）］

（2）健康档案管理办法：

□纸质档案　□电子健康档案（电子健康档案采用_____系统管理，系统开发厂家_____）

（3）是否慢性病健康管理：

□否　□是［如选是，请继续填写（4）；如选"否"，请继续填写（5）］

（4）已开展的慢性病管理涉及哪些疾病：

□高血压　糖尿病　□其他_____

（5）是否有管理效果评价：

□否　□是

6. 主要服务人群：

（1）中医体质偏颇人群：

□否　□是

（2）亚健康人群：

1）机体或精神、心理上的不适感或表现：

□疲劳　□虚弱　□情绪改变　□易感冒　胃肠功能失调　□睡眠质量下降

2）与年龄不相符的组织结构或生理功能的表现：

□记忆力减退　□性生活质量下降

（3）病前状态人群：

□高尿酸血症　□糖调节异常　□血脂异常　□临界高血压　□肥胖　□颈肩腰腿痛　□代谢综合征　□更年期　□经前综合征

（4）慢性疾病需实施健康管理的人群：

□高血压　□糖尿病　□其他_____

（5）其他关注健康的特殊人群：

□育龄妇女（孕前调理）　□男性（育前保健）　□老年人（延年益寿）

□其他_____

四、中医养生保健服务管理情况

本问卷由中医院或中西医结合医院治未病科（中心）、卫生服务中心（或卫生院）的中医馆（科）、中医养生保健企业填写。

填表信息：

填表人姓名：	科室：
填表时间：	单位：
联系电话：	邮箱：

请您填写您所在科室的养生保健服务管理情况：

1. 服务方案及服务流程的制度建设：

是否针对不同服务对象制定服务方案及流程：□否　□是

是否建立项目技术目录：□否　□是

2. 中医健康管理实施情况：

是否为服务对象建立健康服务档案：□否　□是

是否开展中医健康干预调理效果的追踪与评估：□否　□是

3. 工作制度和岗位职责、应急预案建立情况：

是否建立健全工作制度：□否　□是

是否建立各级各类人员岗位职责：□否　□是

是否制定各类应急预案：□否　□是

是否设备及产品实行溯源管理：□否　□是

4. 统计制度：

是否按要求提供中医养生保健服务有关统计信息：□否　□是

5. 中医医师在养生保健机构中的工作情况：

是否有专职中医执业医师提供服务：□否　□是（如果选是，专职中医执业医师有____人）

是否有兼职中医执业医师提供服务：□否　□是（如果选是，兼职中医执业医师有____人）

居民中医药健康服务需求调查问卷

第一部分 家庭基本情况

序号	问题及选项	回答
A01	户口性质： ①农业 ②非农业	
A02	您家户籍人口数（户口本上的人口数）？	
A03	户籍人口中，近6个月在家里居住的人口为几人？	
A04	户籍人口中，男性为多少人？	
A05	户籍人口中，16岁以下人口数是多少？	
A05A	户籍人口中，17～59岁人口数是多少？	
A05B	户籍人口中，60～64岁人口数是多少？	
A05C	户籍人口中，65～79岁人口数是多少？	
A05D	户籍人口中，80岁及以上人口数是多少？	
A06	您家的家庭关系氛围： ①非常和睦 ②较和睦 ③一般 ④不和睦	
A07	您家生活住房建筑面积约多少平方米？	
A08	您家住房类型是： ①楼房 ②砖瓦平房 ③土坯平房 ④其他	
A09	您家的居住环境让您满意吗？ ①非常满意 ②较满意 ③一般 ④不满意	
A10	去年1年，您家总收入约多少万元？	
A11	您家前1年生活性支出共多少元？	
A11A	其中，药品、医疗服务及用品总支出约为多少元？	
A12	您家是否被当地列为贫困户/低保户/五保户？ ①是 ②否	
A13	离您家最近的医疗机构有多少公里： ①不足1公里 ②1（不含）～2公里 ③2（不含）～3公里 ④3（不含）～4公里 ⑤4（不含）～5公里 ⑥5公里及以上	
A14	对于一般疾病，您家里人通常去哪类医疗机构就医： ①诊所/村卫生室 ②社区卫生服务站 ③卫生院 ④社区卫生服务中心 ⑤综合性医院 ⑥中医医院 ⑦其他	
A15	您对目前的就医环境满意吗？ ①非常满意 ②较满意 ③一般 ④不满意	
A16	您家里患有慢性或者需要长期服药的有几人？	

（续）

序号	问题及选项	回答
A17	您家庭成员有接受过中医药健康相关服务吗？ ①无 ②有	
A17A	若接受过，主要接受过（可多选）： ①中药 ②针刺/灸疗 ③拔罐 ④刮痧 ⑤推拿按摩 ⑥足疗 ⑦药浴/熏洗 ⑧药膳 ⑨正骨 ⑩其他	
A18	您所在社区/村是否有中医药健康知识宣传栏（宣传墙、宣传活动） ①有 ②没有 ③不知道	
A19	您工作单位是否有中医药健康知识宣传栏（宣传墙、宣传活动） ①有 ②没有 ③不知道 ④无工作单位	
A20	您的子女，或（外）孙子女就读学校是否有中医药健康知识宣传栏（宣传墙、宣传活动） ①都有 ②部分有 ③都没有 ④不知道 ⑤家庭无就学人口	

第二部分 个人基本情况

序号	问题及选项	回答
B01	您的性别： ①男 ②女	
B02	您的出生日期：年份（公历，请填写4位阿拉伯数字，如：1980）	
B02A	月份（公历，请填写2位阿拉伯数字，如：04）	
B03	您的民族： ①汉族 ②其他_____（请填写名称）	
B04	您的文化程度： ①不识字或识字很少 ②小学 ③初中 ④高中/中专/职高 ⑤大专/本科 ⑥硕士及以上	
B05	您的婚姻状况： ①未婚 ②丧偶 ③离异 ④已婚并与配偶一同居住 ⑤已婚但因职业等原因与配偶暂时没有生活在一起 ⑥分居（不作为配偶共同生活）	
B06	您的就业状况： ①在业 ②离退休 ③在校学生 ④无业 ⑤失业	
B07	您的职业类型： ①机关、企事业单位负责人 ②机关、企事业单位管理人员 ③机关、企事业单位专业技术人员 ④机关、企事业单位其他人员 ⑤灵活就业人员 ⑥军人 ⑦学生 ⑧农民 ⑨其他职业 ⑩无业	
B08	您去年的个人收入约为多少元？	
B09	您去年的个人花费约为多少元？	

（续）

序号	问题及选项	回答
B10	您是否参加社会医疗保险： ①否 ②城乡居民医保 ③城镇职工医保	
B11	您是否购买商业医疗保险： ①否 ②1份 ③2份 ④3份及以上	
B12	您是否为政府医疗救助对象： ①是 ②否	
B13	您的身高（厘米/cm）：	
B14	您的体重（千克/kg）：	

第三部分 个人健康状况

序号	问题及选项	回答
C01	今天您在行动方面： ①四处走动，无任何困难 ②行动有些不便 ③不能下床活动	
C02	今天您在自我照顾（盥洗、穿衣、上厕所等）方面： ①无任何问题 ②有些问题 ③无法自己盥洗或穿衣服	
C03	今天您在从事平常活动（工作、读书或做家务）方面： ①从事日常活动无任何问题 ②有些问题 ③无法从事日常活动	
C04	今天您在身体疼痛或不舒服方面： ①无任何疼痛或不舒服 ②自觉有中度疼痛或不舒服 ③自觉极度疼痛或不舒服	
C05	今天您在焦虑或抑郁方面： ①不觉得焦虑或抑郁 ②自觉中度焦虑或抑郁 ③自觉极度焦虑或抑郁	
C06	请您说出最能代表您今天健康状况好坏的那个分值 （100分为满分。0分表示最差，100分表示最好）	
C07	总体而言，您觉得今年的健康状况比去年： ①更好 ②差不多 ③更差	
C08	您是否被医生确诊患有高血压病？ ①是 ②否（选此项跳至C13）	
C09	您目前服用降血压药物的频率为： ①按医嘱每天服用 ②偶尔或必要时服用 ③从不服用	
C10	您最近一次测量血压的时间： ①1周内 ②1周～1个月（含） ③1～3个月（含） ④3～6个月（含） ⑤6个月以前	
C11	您目前的血压是否正常？ ①是 ②否 ③不清楚	

（续）

序号	问题及选项	回答
C12	近3个月，是否有接受过专业高血压病防治指导？ ①是　②否	
C13	您是否被医生确诊患有糖尿病？ ①是　②否（选此项跳至C18）	
C14	您目前使用降血糖药物的频率为： ①按医嘱每天使用　②偶尔或必要时使用　③从不用（选此项跳至C16）	
C15	您目前如何使用降血糖药物： ①口服　②注射　③二者都用	
C16	您最近一次测量血糖的时间： ①1个月内　②1个月～3个月（含）　③3个月～6个月　④6个月以前	
C17	您目前的血糖值是否正常？ ①是　②否　③不清楚	
C18	近6个月内，您是否患有被医生确诊的其他慢性疾病？ ①是　②否（选此项跳至C19）	
C18A	第一种慢性疾病（填写疾病名称。若有多种，填严重程度最高的）	
C18B	查填第一种疾病代码（调查员填写）	
C18C	第二种慢性疾病（填写疾病名称。若有多种，填严重程度次高的）	
C18D	查填第二种疾病代码（调查员填写）	
C18E	第三种疾病（填写疾病名称。若有多种，填严重程度第三高的）	
C18F	填查第三种疾病代码（调查员填写）	
若您是60岁（含）及以上人口，请继续填写如下内容：		
C19	您最主要经济来源是： ①自己或配偶　②子女　③（外）孙子女　④亲戚　⑤朋友　⑥养老保险　⑦社会救济　⑧其他	
C20	若您上月领取了退休金，领取额是多少元？	
C21	您是否购买过商业养老保险？ ①否　②购买1份　③购买2份及以上	
C22	若有适合老年人的长期护理保险，您愿意购买吗？ ①愿意　②不愿意　③说不清	
C23	近6个月内，您在听力方面属于下列哪种情况： ①很难听清楚　②需要别人提高声音　③能听清楚	
C24	近6个月内，您说话是否有困难？ ①是　②否	

（续）

序号	问题及选项	回答
C25	近 6 个月内，您辨认出 20 米外熟人的困难程度（戴眼镜者，回答戴眼镜时的情况）： ①没有或轻度困难　②自觉中度困难　③自觉极度困难	
C26	您是否被医生确诊患有如下疾病（可多选）： ①高血压　②糖尿病　③脑血管病（含中风）　④心脏病　⑤风湿 / 类风湿 ⑥老年痴呆症　⑦帕金森病　⑧青光眼 / 白内障　⑨颈 / 腰椎病　⑩其他（请写出）	
C27	您自己吃饭： ①不费力　②有些困难　③做不了	
C28	您自己穿衣： ①不费力　②有些困难　③做不了	
C29	您自己上厕所： ①不费力　②有些困难　③做不了	
C30	您自己洗澡： ①不费力　②有些困难　③做不了	
C31	您自己洗脸、刷牙： ①不费力　②有些困难　③做不了	
C32	您自己上下床： ①不费力　②有些困难　③做不了	
C33	您自己扫地： ①不费力　②有些困难　③做不了	
C34	您自己日常购物： ①不费力　②有些困难　③做不了	
C35	您自己洗衣： ①不费力　②有些困难　③做不了	
C36	您自己做饭： ①不费力　②有些困难　③做不了	
C37	您自己室内行走： ①不费力　②有些困难　③做不了	
C38	您自己上下楼梯： ①不费力　②有些困难　③做不了	
C39	近 1 个月内，您的生活起居是否需要别人照顾? ①是　②否	
C40	需要照顾时，主要由谁来提供帮助： ①配偶　②子女　③孙子女　④兄弟姐妹　⑤亲戚　⑥邻居　⑦保姆　⑧社区　⑨其他　⑩没人帮助	

第四部分 个人健康信念与行为

序号	问题及选项	回答
D01	您是否相信中医？ ①很相信 ②比较相信 ③不大相信 ④不相信	
D02	若生病，您是否会首选中医医疗服务？ ①是 ②否 ③看情况	
D03	您是否愿意体验一些中医养生保健服务？ ①是 ②否 ③说不好	
D04	您是否接受过中医养生保健服务？ ①经常 ②偶尔 ③极少 ④从不	
D05	您是否尝试过通过某种途径获取中医药健康相关知识？ ①从不（选此项跳至 D07） ②偶尔 ③经常	
D06	您获取中医药健康知识的最主要途径是： ①广播 ②电视 ③书籍 ④报纸杂志 ⑤手机终端 ⑥电脑终端 ⑦社区（村） ⑧医疗机构 ⑨讲座 ⑩其他	
D07	您是否愿意将所知道的中医药健康知识用于生活？ ①总是 ②经常 ③偶尔 ④极少 ⑤从不	
D08	您所学到的中医药知识对自身健康的帮助： ①非常大 ②比较大 ③一般 ④不太大 ⑤完全没帮助	
D09	您是否愿意向其他人介绍、推荐所学的中医药健康知识？ ①愿意 ②不愿意 ③说不清	
D10	您是否向其他人介绍、推荐过中医药健康知识？ ①总是 ②经常 ③偶尔 ④极少 ⑤从不	
D11	您现在的吸烟状况： ①每天吸 ②非每天吸 ③已戒烟 ④从来不吸（选③④项跳至 D12）	
D11A	您开始吸烟的年龄（岁）？	
D11B	平均每天吸烟多少支？	
D12	您现在的饮酒频率有多大： ①每周至少3次 ②每周1~2次 ③每周不到1次 ④不饮酒（选此项跳至 D13）	
D12A	您平均每次饮酒的量相当于多少饮酒单位？（由调查员根据下列标准换算：1两40度及以上白酒计2；1两40度以下白酒计1.5；1斤葡萄酒计5；1瓶啤酒计2；1听啤酒计1；1斤黄酒计6.5）	
D13	近6个月内，您平均每周体育锻炼几次： ①6次及以上 ②3~5次 ③1~2次 ④不到1次 ⑤从不锻炼（选此项跳至"第五部分"）	
D13A	您平均每次锻炼多长时间（分钟）？	

第五部分　个人对中医养生保健的需求情况

1. 您是否会找专业的养生保健机构去调理：

□否　□是

2. 您什么时候会去找养生保健机构：

3. 您会选择医疗机构还是非医疗机构的进行养生保健：

□医疗机构　□非医疗机构

4. 您患病时找中医还是西医？

□中医　□西医　□中医、西医均可，看情况而定

5. 您希望养生保健解决哪些问题？

□美容　□调理体质　□减肥　□慢病管理　□提高免疫力　□解决病痛　□延年益寿　□其他 ＿＿＿＿＿＿＿＿

6. 您对保健产品的看法：

7. 您每年在养生保健方面的花费是多少？请分项列出：

养生保健项目	花费（元）	备注
美容		
调理体质		
减肥		
慢病管理		
延年益寿		
其他＿＿＿＿＿		

8. 您平时去哪些机构进行中医养生保健调理？请列出调理机构的名称：

9. 您希望政府在中医养生保健方面出台哪些政策？

□中医养生保健可以用个人医保费用　□对养生保健机构进行监管，定期公布黑名单　□其他 ＿＿＿＿＿＿＿＿

江西省中医药人才培养、科技创新的现状、发展趋势及对策研究

江西省中医药发展战略研究分报告之五

摘要：

中医药是江西重点发展的战略方向之一，中医药高质量发展需要有大量的中医药人才和科技成果支撑。为对江西中医药科技人才领域的情况进行梳理，课题组采用文献研究、实地调研、专家咨询等方式，定性定量地总结了江西省在中医药人才和科技创新领域的发展现状和成绩；同时对比研究表明，江西在人才领域还存在诸如高层次领军人才不足、基层人才缺口大、人才结构不合理、分布不均衡等问题，科技创新领域也面临着科技创新投入不足、自主创新能力不强、科技成果转化率低等问题，严重制约了中医药强省战略的推进实施。基于对江西中医药人才和科技创新领域的调研成果，通过对人才培养、科技创新的未来发展趋势的分析研判，课题组提出系列对策建议：加强人才培养要注重领军人才、基层人才、企业人才的培养，加强国际化、复合型人才队伍建设，加大培养力度、落实扶持政策，提升人才培养服务水平，促进人才培养与产业发展相融合；关于促进科技创新方面，要加大投入力度，全面提升自主创新能力和发展水平，推进成果转移转化，完善创新体系，优化体制机制，加强平台建设，促进科技创新与产业融合发展。

关键词：江西；人才；科技创新；创新转化体系

一、研究背景与意义

中医药是我国医药学宝库的重要组成部分，具有独特的诊疗理论和鲜明的用药特色。中医药在历史上为维护各族人民的身体健康做出了重要贡献，在现代医疗卫生体系

中也发挥着十分重要的作用，扮演着不可替代的角色。发展中医药对于保障群众身心健康、传承优秀传统文化、维护社会团结稳定、促进国家繁荣昌盛和社会经济平稳发展等，均具有十分重要的意义。大力培养中医药人才、创新中医药科学技术，是贯彻落实"健康中国"及"创新驱动"发展战略、促进我国科技原始创新能力的重要内容，是提高中医药服务能力和产业核心竞争力的必然要求，是我国医疗卫生事业走有中国特色医学发展之路的客观需要，同时更是推动中医药实现高质量可持续健康发展的重要保障。

习近平总书记曾经指出，我们要树立强烈的人才意识，寻觅人才求贤若渴，发现人才如获至宝，举荐人才不拘一格，使用人才各尽其能，只有拥有了人才上的优势，才拥有实力上的优势。为此，无论是国家还是江西省省级层面，近年来多个政策文件均提出要大力培养中医药人才、全面推动中医药科技创新。

在国家层面，2016年2月下发的《国务院关于印发中医药发展战略规划纲要（2016—2030年）的通知》（国发〔2016〕15号）指出：要坚持中医药原创思维，充分利用现代科学技术和方法，推动中医药理论与实践不断发展；要建立健全院校教育、毕业后教育、继续教育有机衔接以及师承教育贯穿始终的中医药人才培养体系。2016年10月颁布的《"健康中国2030"规划纲要》指出：要融合现代科技成果，挖掘中药方剂，加强重大疑难疾病、慢性病等中医药防治技术和新药研发，不断推动中医药理论与实践发展。2019年5月发布的《国务院办公厅关于印发深化医药卫生体制改革2019年重点工作任务的通知》（国办发〔2019〕28号）进一步指出：要加强中医药人才培养，促进院校教育和师承教育相结合，完善职称评聘等评价激励制度；同时，还要布局建设重点实验室等科研创新体系。

省级层面，2016年4月下发的《加快中医药发展的若干意见》（赣府发〔2016〕27号）指出：要加强中医药基础研究；加强中成药新药研发和二次开发；推动中药现代化制造；加强中医药科技平台建设；加强中医药人才培养和文化交流。2017年颁布的《"健康江西2030"规划纲要》提出：打造中医药产业综合创新中心，推动中医药生产现代化；加强省内中医药研究机构创新能力建设，改善省级中医药研究院办院条件，筹建国家级中医药产业技术研究机构；支持企业与国内外科研机构合作，建设一批国家和省级创新平台，加快中药关键技术产业化应用，促进创新药物与制药设备研发生产。同年，《江西省"十三五"卫生与健康规划的通知》（赣府厅发〔2017〕19号）指出：要加强中医药人才培养，实施中医药人才引进培养的"杏林"计划。2019年5月颁布的《关于促进热敏灸产业发展的实施意见》（赣府厅发〔2019〕15号）进一步提出：要求以国家中医药科研平台为核心，以省级热敏灸科研平台为支撑，建立多学科、跨部门共同参与的中医药协同创新体制机制。

上述政策制度的颁布，为江西中医药人才培养与科技创新指明了方向，为推动江西中医药人才培养与科技创新起到了良好的促进作用。

二、研究方法与数据来源

(一) 研究方法

1. 文献研究法

课题组查阅相关文献，充分了解江西在中医药人才培养及科技创新方面出台了哪些政策，颁布了哪些制度，取得了哪些成效。

2. 实地研究法

课题组深入江西中医药大学、江西中医药高等学校等高校，江西中医药研究院、中国中医科学院江西分院等科研院所，江中制药、汇仁药业、青峰药业、济民可信、仁和药业等企业，高新技术开发区、南昌小蓝工业园区、宜春市医药产业园、樟树市医药产业园等中药产业基地，江西省中医院、洪都中医院等医疗机构，全面了解江西省人才培养与科技创新情况。

3. 专家咨询法

课题组邀请省教育厅、科技厅、人社厅、发展改革委、工信委，以及江西中医药大学、江西省中医院、中医药科创城等机构的专家开展面对面咨询，充分了解江西在中医药人才培养及科技创新发展现状及其存在的主要问题。

4. 定量分析法

就掌握的材料及数据，课题组利用 Excel 等工具开展定量分析，具体包括各级各类人才定量分析和科研平台、科研成果定量分析。

(二) 技术路线 (图 6-1)

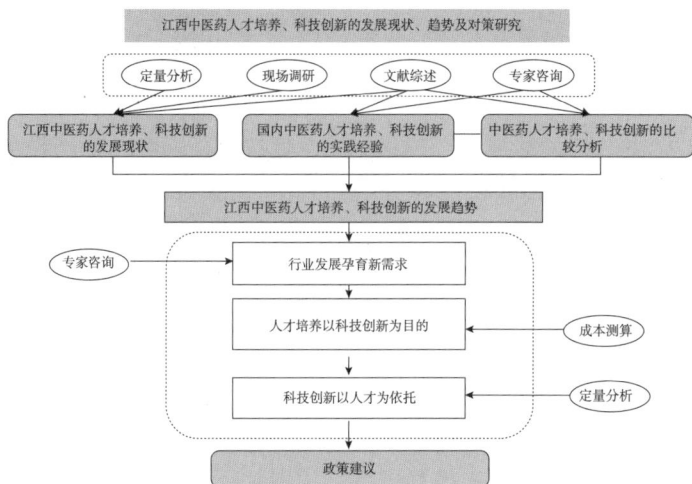

图 6-1　技术路线图

（三）数据来源

本报告数据主要来源于四个方面。一是文献数据，通过查阅《江西教育年鉴》《江西科技统计数据》《中国卫生统计年鉴》《中国卫生健康统计年鉴》等工具书而来。二是实地调研数据，通过深入江西中医药大学、江西中医药高等专科学校、江西省中医药研究院、省中医药管理局、省科技厅、省教育厅、樟树市、江中制药、济民可信、青峰药业、仁和药业、汇仁药业等高等院校、科研院所、政府机构、企业等调研而来。三是网络数据，通过查阅各种网络文献、相关报道而来。四是咨询数据，通过专家访谈方式得来。

三、人才培养、科技创新的发展基础与现状

（一）人才培养的发展基础与现状

"人才"泛指有较高才能、以创造性的劳动成果对社会发展和某一领域的进步做出一定贡献的人。"中医药人才"具有一般人才的共性，同时又具有其独特的个性。"中医药人才"特指具有一定的学历水平或具有中医药相关专业技术任职资格的专业技术人员和管理人员，或虽不具备上述条件但在中医药相关专业技术岗位或管理岗位工作的人员，以及其他具有中医药专业特长的人员。具体而言，中医药人才包括管理人才、技术人才、科研人才、产业人才和服务人才五大类。中华人民共和国成立以来，江西各级政府部门及相关高校历来十分重视中医药人才的教育、培养和引进，在社会各界的共同努力下，这项工作可谓成绩斐然，具体表现在以下几个方面。

1. 人才培养体系日趋完善

中华人民共和国成立后，党和政府高度重视医学事业的发展，将中医药教育正式纳入国民教育体系，中医药教育事业从此获得了新生。江西中医药教育事业伴随全国中医药教育事业的发展而阔步前进，相关人才培养体系因此日趋完善、成熟。1958 年 7 月，江西中医专科学校成立。1958 年 11 月，全国中医中药工作会议召开，会议确定，为继承和发扬祖国医学遗产，各省（市）都要创办中医学院。1959 年 5 月 19 日，经江西省人民委员会批准，江西中医学院（现江西中医药大学）在江西中医专科学校的基础上宣告成立。学院在发展本、专科教育的同时，积极开展各种形式的办学，建立函授大学，举办西学中班以及各类进修班；在江西省莲花县创办了分校，为社会主义经济建设培养了一大批各种类型的中医药人才。改革开放后，日趋稳定的社会环境和日益坚固的经济基础促使江西中医药教育事业迈入正轨，人才培养体系日趋完善，专科、本科及硕士研究生教育一应俱全。2013 年，江西中医药大学被确定为博士学位授予单位，中医学、中药学两个学科为博士学位授权一级学科。经过 50 多年的发展，江西省逐步形成了以本科教育为主体、专科教育为辅助、硕博研究生培养为补充、留学生教育为点缀的人才

培养体系；此外，函授、进修、自考、职业培训、成人教育、远程教育、乡医教育、规范化培训、师承教育等非学历教育在中医药人才培养过程中也发挥了不可替代的作用。

2. 人才培养模式日益成熟

大致而言，江西中医药人才培养模式包括院校教育、师承教育、继续教育与毕业后教育四种形式。每一种人才培养模式都有各自独特的优势与特点，在中医药人才培养过程中扮演着不可替代的角色，发挥着不可替代的作用。

（1）院校教育：江西目前有两所专业性高等院校承担着全省中医药人才的培养重任，分别为坐落于南昌的江西中医药大学（含江西中医药大学科技学院）和坐落于抚州的江西中医药高等专科学校。20 世纪以来，这两所高校在办学空间上都得到了较大的拓展，硬件、软件条件实现了大幅提升。在此情况下，两所高校紧抓改革契机，更新教育理念，以素质教育、专业教育为发展双引擎，大力培养社会和行业急需的各级各类中高端中医药相关人才。据初步统计，2016—2018 年，上述两所专业性高校共培养了包括大专、本科、硕士、博士在内的中医、中药、护理及相关人才（含卫生事业管理、医药营销、健康保险、医学心理学、音乐治疗、生物医学工程等）共计 2.63 万人；其中，专科生 12804 人，本科生 12365 人，研究生（含硕士、博士）1140，见表 6-1。两所专业性高校为江西乃至全国中医药事业的发展与进步做出了应有的贡献。总之，中医药院校教育的快速发展，为江西省深化教育教学改革，创新中医药人才培养模式，充分发挥学科、人才优势，大力推进协同创新，深化产学研结合，不断促进江西省中医药事业实现可持续、高质量健康发展奠定了扎实的基础。

表 6-1　2016—2018 年江西中医药类高等学校人才培养情况

	年份	毕业生人数				在校生人数			
		研究生	本科	大专	总计	研究生	本科	大专	总计
江西中医药大学	2016 年	336	2403	338	3077	1276	11859	1008	14143
	2017 年	396	2382	342	3120	1381	12022	1032	14435
	2018 年	408	2537	344	3289	1519	12058	1053	14630
江西中医药大学科技学院	2016 年	0	1761	0	1761	0	7520	0	7520
	2017 年	0	1621	0	1621	0	7652	0	7652
	2018 年	0	1661	0	1661	0	7719	0	7719
江西中医药高等专科学校	2016 年	0	0	3800	3800	0	0	10010	10010
	2017 年	0	0	3900	3900	0	0	11000	11000
	2018 年	0	0	4080	4080	0	0	12000	12000
总计		1140	12365	12804	26309	4176	58830	36103	99109

注：毕业生人数和在校生人数包括专科、本科、硕士、博士等四个层次的学历学生，不含留学生及继续教育、短期培训等非学历教育学生。

除上述两所专业性高校外，江西目前还有南昌大学、井冈山大学、赣南医学院、江西医学高等专科学校、江西省卫生职业学院等本专科院校以及江西省医药学校、萍乡卫生学校、景德镇卫生学校、赣州卫生学校、上饶卫生学校等中等学校也开设了中药、康复技术及其相关专业，每年也培养了大量的中专、大专、本科、硕士等不同层次的人才。以2018年为例，上述各中高等学校共计培养中药及康复类人才1727人，其中本科425人，大专层次192人，中专层次1110人，见表6-2。

表6-2　2018年其他非专业性学校中医药相关人才培养情况

	所开设相关专业	毕业生人数			
		本科	大专	中专/高技	总计
南昌大学	康复治疗学、制药工程	65	—	—	65
井冈山大学	中医学、康复治疗学	140	—	—	140
江西科技师范大学	制药工程	50	—	—	50
赣南医学院	中药学、康复治疗学	170	—	—	170
江西医学高等专科学校	中药学、康复治疗技术	—	142	—	142
江西省卫生职业学院	中药学	—	50	—	50
江西省医药学校	中药学、中医康复保健、中药制药	—	—	760	760
萍乡卫生学校	中医康复保健、康复技术	—	—	180	180
景德镇卫生学校	康复技术	—	—	50	50
赣南卫生健康职业学院	中药学、中医康复保健、康复技术	—	—	60	60
上饶卫生学校	中医养生保健	—	—	60	60
总计		425	192	1110	1727

注：毕业生人数和在校生人数包括专科、本科、硕士、博士等四个层次的学历学生，不含留学生及继续教育、短期培训等非学历教育学生。上述部分高校开设的康复治疗学（康复治疗技术）、制药工程等并非纯中医药专业，只是设计相关课程，与中医药有一定的关联。

（2）师承教育：师承教育，即师带徒，是指中医药传统知识，包括药材鉴别、加工炮制、中药调剂、中药制剂、质量鉴别、中医药文化传播与研究等，通过师徒之间的默契配合，口传心授，将经验原汁原味地传承下去，并加以弘扬的一种教育培训方式。与其他专业院校的教育有所不同，中医药师承（传统医学师承和确有专长人员）教育作为一种独具特色、符合中医药人才成长和学术传承规律的教育模式和新时代探索中医药人才发展的创新之路，是千百年来中医药人才培养的重要途径。发展中医药师承教育，对发挥中医药特色优势、加强中医药人才队伍建设、提高中医药学术水平和服务能力具有重要意义；是传承发展中医药事业，服务健康中国建设的战略之举。中医药师承教育同时也是非医学专业人员走向中医执业之路最稳妥的路径，一直以来备受国家重视。2018

年4月11日，国家中医药管理局发布了《关于深化中医药师承教育的指导意见》，提出支持经多年实践、确有专长的中医（专长）医师，通过师承方式传承其独特技术专长。《关于深化中医药师承教育的指导意见》还明确指出，要支持符合师承教育指导老师条件的中医药专业技术人员参与师承教育，履行指导老师的责任和义务；制定不同层级指导老师的遴选条件和准入标准，建立健全指导老师队伍，逐步实现指导老师认证管理；建立完善师承教育指导老师激励约束机制。为响应国家号召，江西积极发展师承教育，近年来，通过各种途径遴选了6批次全国老中医药专家学术经验继承工作指导老师96人（116人次）、全国老中医药专家学术经验继承人200人，全国优秀中医临床人才36人，开展了形式多样的师承教育，为中医药人才培养起到了雪中送炭、添砖增瓦的良好作用。

（3）继续教育：是指在接受一定层次的中医药教育后的一种多层追加型教育。中医药继续教育以学习中医药新理论、新知识、新技术、新方法和补充、扩展、深化、更新中医药知识为主，同时注重提高相关人员的中医药相关素质和理解力，不断开发相关人员的中医药潜力和创造力。具体而言，中医药继续教育包括以下四种含义：第一，中医药继续教育是一种非学历成人教育；第二，受教育者在学历上和专业技术上已达到了一定的层次和水平；第三，中医药继续教育的内容是中医药相关新知识、新技术、新理论、新方法、新信息、新技能；第四，学习的目的是更新补充、扩展中医药知识，改善知识结构、提高创新能力，以适应中医药科技发展和社会进步。其具体教育方式包括函授、进修、自考、职业培训、成人教育、远程教育、乡医教育等。目前，江西中医药大学、南昌大学、赣南医学院、井冈山大学和江西中医药高等专科学校等院校成立了继续教育机构，开设了相关项目，其中尤其以江西中医药大学和江西中医药高等专科学校成绩斐然。2016—2018年，上述两所专业性高校通过继续教育方式共培训各级各类中医药相关人才万余人次，其中成人教育（含函授）7848人次、远程教育100人次、自学考试188人次、职业培训3587人次，为服务中医药事业、振兴中医药产业、助推地方经济社会实现可持续健康发展做出了积极贡献，见表6-3～6-5。

表6-3　2016—2018年江西中医药类高等学校函授、夜大生源情况

院校	年份	毕业生人数			在校生人数		
		本科	专科	总计	本科	专科	总计
江西中医药大学	2016年	587	1123	1710	2643	6192	8835
	2017年	757	1709	2466	2591	5042	7633
	2018年	982	2690	3672	2898	1952	4850
江西中医药高等专科学校	2016年	300	0	300	600	0	600
	2017年	220	0	220	300	0	300
	2018年	80	0	80	200	0	200
总计		2926	5522	8448	9232	13186	22418

注：毕业生人数和在校生人数包括专科、本科两个层次的学生。

表 6-4　2016—2018 年江西中医药大学继续教育人才培养情况

年份	成人教育		自学考试		职业培训	
	招生人数	毕业人数	招生人数	毕业人数	招生人数	毕业人数
2016 年	1024	1710	—	91	1453	1453
2017 年	1028	2466	—	46	1268	1268
2018 年	1820	3672	—	51	866	866
总计	3872	7848		188	3587	3587

注：成人教育包括函授、进修、远程教育等。

表 6-5　2016—2018 年江西中医药高等专科学校继续教育人才培养情况

年份	远程教育		函授考试		乡医教育	
	招生人数	毕业人数	招生人数	毕业人数	招生人数	毕业人数
2016 年	50	30	0	0	0	0
2017 年	60	40	0	0	0	0
2018 年	50	30	0	0	0	0
总计	160	100	0	0	0	0

注：远程教育为江西中医药高等专科学校与北京中医药大学合作办学项目。根据教育部有关文件，北京中医药大学可"利用网络等现代化手段开展本、专科学历教育、学士学位教育"，"自行组织考试录取学生"，对于"达到毕业要求的本、专科学生颁发成人高等教育毕业证书"，按规定办理毕业生的高等教育学历证书电子注册。函授教育为江西中医药高等专科学校独立创办的成人高等专科教育和与江西中医药大学、北京中医药大学联合举办的成人本科与专科教育。乡医教育为乡村医生实践技能操作培训项目。

（4）毕业后教育：毕业后教育主要指住院医师规范化培训（简称规培）。规培是培养合格临床医师的必经途径，是加强卫生人才队伍建设、提高医疗卫生工作质量和水平的治本之策，是深化医药卫生体制改革和医学教育改革的重大举措。为贯彻《中共中央 国务院关于深化医药卫生体制改革的意见》（中发〔2009〕6 号）和《国家中长期人才发展规划纲要（2010—2020 年）》精神，2014 年 1 月，国家卫健委、国家中医药管理局等七部委联合下发了《关于建立住院医师规范化培训制度的指导意见》（国卫科教发〔2013〕56 号）。文件决定对拟从事临床医疗工作的高等院校医学类专业（其中包括中医学类和中西医结合类）本科及以上学历毕业生，或已从事临床医疗工作并取得执业医师资格证书，需要接受培训的人员，采取"5+3"的培训模式进行规范化培训，即对全国已完成 5 年医学类专业本科教育的毕业生，在培训基地进行 3 年的住院医师规范化培训。自规培工作开展以来，江西中医学类和中西医结合类共有 1600 余人接受了相关培训（其中 2016—2018 年培训 1328 人），取得了相应的资格证书；培养和建设了一支适应人民群众健康保障需要的中医及中西医临床医师队伍，为提高医师技能、规范医师行为、提升诊疗质量等，起到了良好的推动和促进作用，见表6-6。

表6-6　2016—2018年江西省中医学类和中西医结合类规培情况

	中医规范化培训			中西医结合规范化培训人数		
	2016年	2017年	2018年	2016年	2017年	2018年
人数	353	347	451	52	66	59
总数	1151			177		

3. 人才培养手段愈益丰富

人才是发展之基、创新之要、竞争之本。进入21世纪以来，为进一步适应中医药行业和国家改革的发展需要，更好地服务地方经济发展和社会进步，更加积极主动地推动中医药事业发展，江西省高度重视相关人才的培养和师资队伍的建设，省委、省政府牢固树立"人才是第一资源，是第一推动力"的理念，着力实施人才强省战略，坚持培养与引进并重，采取"推出去、引进来"的方式，大力培养中医药优秀人才。"推出去"即鼓励并从财政上大力支持中医药人才攻读博士、硕士或赴国内外知名院校进修，以提高自身素质。"引进来"即大力引进高层次高学历优秀中医药人才；同时，打破近亲繁殖的"学缘"关系，加强学科交叉与互补，优化人才的知识结构。近年来，省委、省政府始终坚持党管人才原则，成立了人才工作领导小组，制定了人才队伍建设规划，领导、协调各方面力量，形成"五方联动"合力参与和推动中医药人才建设人才工作，齐心协力建设世界中医药名省的良好局面。据不完全统计，2016—2018年，江西省中医药行业共计有400多人次前往国内外各高校开展进修学习或参加短期培训、访问等。其中，出境266人次；同时，通过软性或全职方式，还引进了韩平畴、金一、熊澄宇、余军等一批优秀中医药人才到江西工作，为江西中医药事业发展注入了新的活力。

4. 各类人才队伍不断壮大

（1）技术人才：所谓技术人才，主要指医疗机构从事各种技术工作和管理工作的人员，具体包括管理人员、工勤技能人员、医师、药师、注册护士以及卫技人员等。资料显示，2018年，江西省共有各级各类专职中医医疗卫生健康机构87个，其中，城市医院11个、区级医院10个、县级医院66个；有在职职工29664人，其中，城市医院7986人、区级医院2832人、县级医院18846人。2018年，全省有执业（助理）中医师20864[1]人，注册护士141842人，分别较"十二五"末的2015年增长了10.99%和7.81%；药师（士）则从2015年的1779人增加到了1981人，增长11.35%；技师（士）

---

[1]　此数据为医师资格注册系统统计人数。

从 1238 人增加到了 1827 人，增长 47.57%。如果外加综合性医院、专科医院、社区及乡镇卫生院等从事中医药相关工作的人员，则技术人员远超上述数字。2018 年江西中医医疗卫生健康机构人员及分布情况见表 6-7。此外，值得一提的是，高素质中医人才队伍基础稳固。江西省是全国 24 个有"国医大师"的省份之一，还有一大批全国老中医药专家学术继承工作指导老师和全国老中医药专家学术经验继承人。江西全国名老中医传承工作室见表 6-8。

表 6-7 2018 年江西中医医疗卫生健康机构人员及分布情况

机构、人员	总计			
	合计	城市医院	区级医院	县级医院
机构数（个）	87	11	10	66
编制人数（人）	18118	4532	2089	11497
年末在编在职人数（人）	14244	3603	1720	8921
年末在职职工人数（人）	29664	7986	2832	18846
其中：总会计师	8	3	3	2
卫技人员	25844	6960	2464	16420
其中：医师	9794	2523	927	6344
注册护士	12305	3359	1146	7800
平均在职职工人数（人）	29464	7847	2790	18827
其中：管理人员	1008	324	63	621
工勤技能人员	2207	457	166	1584
卫技人员	25779	6840	2486	16453
其中：医师	9357	2502	839	6016
其中：主任医师	400	230	28	142
副主任医师	1333	442	116	775
主治医师	3487	942	283	2262
住院医师	4137	888	412	2837
其中：药师（士）	1981	566	176	1239
其中：技师（士）	1827	418	180	1229
其中：注册护士	12167	3352	1111	7704
其中：主任护师	25	14	4	7
副主任护师	309	121	21	167
临时工人数（人）	6043	1418	516	4109
其中：卫技人员	4212	1166	410	2636

表 6-8　江西全国名老中医药专家传承工作室

序号	名医专家	所在单位	专业专长	立项时间
1	皮持衡	江西中医药大学	肾病	2010 年
2	陈昆山	江西中医药大学附属医院	肝病	2010 年
3	伍炳彩	江西中医药大学附属医院	内科杂病	2010 年
4	周炳文	井冈山大学附属医院	风湿、脾胃病	2010 年
5	陈瑞春	江西中医药大学附属医院	内科杂病	2010 年
6	许鸿照	江西中医药大学附属医院	骨伤	2010 年
7	汤益明	江西省中医药研究院	心血管病	2010 年
8	余鹤龄	江西省中医药研究院	皮肤病、肛肠病	2010 年
9	喻文球	江西中医药大学附属医院	皮肤、外科杂病	2011 年
10	谢强	江西中医药大学附属医院	耳鼻喉杂病	2011 年
11	傅淑清	江西中医药高等专科学校附属医院	妇科杂病	2011 年
12	欧阳枝磊	新余市中医院	脾胃、肝胆	2011 年
13	丁德秾	九江市中医院	内科杂病	2011 年
14	魏稼	江西中医药大学附属医院	针灸	2012 年
15	张小萍	江西中医药大学附属医院	脾胃病	2012 年
16	周士源	江西中医药大学附属医院	妇科杂病	2012 年
17	贺支支	江西中医药大学附属医院	脾胃病	2012 年
18	赵纪生	江西中医药大学附属医院	肾病	2012 年
19	邓运明	江西中医药大学附属医院	骨伤	2012 年
20	张春馀	南昌市洪都中医院	内科杂病	2012 年
21	王德祖	萍乡市中医院	肾病	2012 年
22	聂小圃	万年县中医院	内科杂病	2012 年
23	李金生	吉水县中医医院	内科杂病	2012 年
24	刁军成	江西中医药大学附属医院	妇科杂病	2013 年
25	熊墨年	江西中医药研究院	肿瘤	2013 年
26	黄夏雨	景德镇市中医院	骨伤	2013 年
27	彭学礼	万安县中医院	心脑血管病	2013 年
28	洪广祥	江西中医药大学	肺病	2014 年
29	范崔生	江西中医药大学	中药炮制鉴定	2014 年
30	姚梅龄	江西中医药大学	内科杂病	2014 年
31	何晓晖	江西中医药大学附属医院	脾胃病	2014 年
32	蒋小敏	江西中医药大学附属医院	伤寒	2014 年

（续）

序号	名医专家	所在单位	专业专长	立项时间
33	熊泽民	九江市中医医院	内科杂病	2014 年
34	宋南昌	南昌市中西医结合医院	针灸	2014 年
35	黄津伶	南昌市洪都中医院	妇科杂病	2014 年
36	饶旺福	江西中医药大学附属医院	不详	2016 年
37	黄调钧	抚州市中医院	不详	2016 年
38	胡珂	江西中医药大学附属医院	不详	2016 年
39	钟吉富	修水县中医院	不详	2015 年
40	聂道仙	玉山县中医院	不详	2015 年
41	刘勤	武宁县中医院	不详	2015 年
42	刘明	信丰县中医院	不详	2015 年
43	郭晓蒙	万安县中医院	不详	2015 年
44	俞菊芳	广丰县中医院（现广丰区中医院）	不详	2015 年
45	刘谦	东乡县中医院（现东乡区中医院）	不详	2015 年
46	黄泰生	南昌县中医院	不详	2016 年
47	邹振环	高安市骨伤医院	不详	2016 年
48	李汉穆	瑞昌市中医院	不详	2016 年
49	廖金标	江西省人民医院	名中医	2017
50	林家坤	萍乡市中医院	不详	2017
51	周勇	鹰潭市中医院	不详	2017
52	邱家廷	赣州市中医院	不详	2017
53	曾渊华	于都县中医院	不详	2017
54	刘汉波	宜春市中医院	不详	2017
55	幸良诠	湖口县中医院	不详	2017
56	李有余	鹰潭市中医院	不详	2017
57	熊育火	永修县中医院	不详	2017
58	丁平	修水县中医院	不详	2017
59	应火金	浮梁县中医院	不详	2017
60	曾志纯	芦溪县中医院	不详	2017
61	谢柳青	分宜县中医院	不详	2017
62	曾渊华	于都县中医院	不详	2017
63	彭家驯	高安市中医医院	不详	2017
64	王旺水	余干县中医院	不详	2017

（续）

序号	名医专家	所在单位	专业专长	立项时间
65	郭嘉萌	遂川县中医院	不详	2017
66	梁国川	东乡区中医院	不详	2017
67	周豪民	南丰县中医院	不详	2018
68	陈华章	乐安县中医院	不详	2018
69	陈兴华	兴国县中医院	不详	2018
70	周小明	湘东区中医院	不详	2018

（2）科研人才：科研人才是指就职于高等院校、科研院所，主要从事中医药教学、科研及其相关管理工作的各级各类人才。当前，江西共有 3 所专业性中医药高等院校和科研院所，分别为江西中医药大学、江西省中医药高等专科学校和江西省中医药研究院。截至 2018 年年底，上述 3 所高等院校和科研院所共有各级各类中医药科研人才 1716 人，其中高等院校 1611 人、科研院所 105 人；正高职称 184 人，副高职称 386 人，中级职称 662 人，初级职称 260 人。详情见表 6-9。

表 6-9　江西省中医药高等院校、科研院所人员基本情况

		职工人数（人）	
江西中医药大学	总人数：1138	教授（研究员）	147
		副教授（副研究员）	289
		讲师（助理研究员）	448
		助教（研究实习员）	128
江西中医药大学科技学院	总人数：220	教授（研究员）	4
		副教授（副研究员）	13
		讲师（助理研究员）	86
		助教（研究实习员）	61
江西中医药高等专科学校	总人数：253	教授（研究员）	21
		副教授（副研究员）	51
		讲师（助理研究员）	102
		助教（研究实习员）	40
江西省中医药研究院	总人数：105	教授（研究员）	12
		副教授（副研究员）	15
		讲师（助理研究员）	26
		助教（研究实习员）	31

此外，还有部分科研人才散布于南昌大学、井冈山大学、江西科技师范大学、赣南医学院、江西医学高等专科学校、江西省卫生职业学院等本专科院校以及江西省医药学校、萍乡卫生学校、景德镇卫生学校、赣州卫生学校、上饶卫生学校等中等学校；江西省农业科学院，江西省林业科学院，江西省、中国科学院庐山植物园，江西省水产科学院研究院，江西省药物研究所，江西省药品检验检测研究中心，江西省医学科学研究院等科研院所也有部分相关人才不容忽视。由于上述科研人才分布较为零散，统计不易。据不完全统计，人数为600～800人。

（3）产业人才：产业人才包括两大类，即中药工业人才和中药材种植养殖人才，主要指分布于中药及中成药制造、中药饮片加工和中药材种植养殖等相关企业的各级各类技术人才和管理人才。截至2018年年底，全省医药工业企业达到496家，其中以中药制造、中药饮片生产为主业的企业150余家，员工5.3万余人；其中管理人员5000余人，技术人员6000余人，产业工人4万余人。详情见表6-10。

表6-10 2018年江西中药工业及中药材种植养殖龙头企业人才分布情况

	职工人数（人）		
江中制药	总人数：2849	管理人员	26
		技术人员	318
		产业工人	2505
仁和药业	总人数：约7362	管理人员	786
		技术人员	653
		财务人员	152
		销售人员	4523
		生产人员	1248
济民可信	总人数：约12000	管理人员	约2400
		技术人员	约4800
		产业工人	约5100
青峰药业	总人数：约2000	管理人员	约300
		技术人员	约700
		产业工人	约1000

全省另有中药材种植养殖相关企业5866家，其中具有一定规模的35家，员工1811人，其中，高级职称41人，中级职称90人，初级职称173人，见表6-11。另有中药材种植合作社9家，职工共计236人，其中高级职称7人，中级职称12人，初级职称29人。

表 6-11　中药材种植企业技术人员职称统计表

序号	企业名称	职工总人数	其中技术人员数		
			高级	中级	初级
1	乐平市花正红农业发展有限公司	65	1	2	2
2	景德镇市苏洋农业科技有限公司	12	2	0	1
3	乐平市中天现代农业开发投资有限公司	16	0	4	3
4	乐平市中康蔬药种植专业合作社	10	0	2	1
5	乐平市鑫利中药材种植专业合作社	28	0	0	0
6	乐平市建军中药材种植专业合作社	20	0	1	10
7	江西省沃博农业科技发展有限公司	50	1	5	12
8	高坪茅坪骆德磷林场	4	0	0	2
9	遂川县宜欣制药有限公司	58	7	15	30
10	江西明湖农业发展有限公司	117	0	2	3
11	余干县鑫隆中药材种植专业合作社	30	2	4	10
12	江西久邦生态农业开发有限公司	20	3	1	0
13	玉山县植荣农业有限公司	34	0	2	1
14	玉山县锦鑫中药材专业合作社	28	0	1	1
15	玉山县必姆镇大西坑种植场	42	0	2	1
16	玉山县红日农林农民专业合作社	48	2	2	0
17	江西瑶景农业开发有限公司	34	0	2	1
18	江西天海科技发展集团有限公司	426	2	6	21
19	德兴市丰园苗木专业合作社	56	1	2	4
20	江西圣诚实业有限公司	23	2	1	4
21	江西双成药业有限公司	55	1	3	5
22	江西德尚生物科技有限公司	20	1	2	4
23	德兴市益兴农业科技开发有限公司	56	2	3	7
24	江西梦达实业有限公司	120	1	1	0
25	樟树市江枳壳有限公司	50	0	2	0
26	樟树市洲上农业科技有限公司	40	0	2	1
27	江西樟树天齐堂中药饮片有限公司	35	1	1	0
28	江西省玉春农业科技开发有限公司	30	1	1	0

（续）

序号	企业名称	职工总人数	其中技术人员数		
			高级	中级	初级
29	江西智汇中药材种植有限公司	50	1	2	1
30	江西明湖农业发展有限公司	137	2	8	5
31	江西井泉中药饮片有限公司	13	0	0	4
32	南昌市远志实业有限公司	10	0	0	4
33	江西天宝农业科技开发有限公司	36	4	4	12
34	南昌市福宝中药材种植有限公司	30	4	6	20
35	江西瑞福生物科技有限公司	8	0	1	3
	合计	1811	41	90	173

（4）服务人才：服务人才主要指从事中医药健康服务的管理人员和技术人才。中医药健康服务是运用中医药理念、方法、技术，维护和增进人民群众身心健康的活动，主要包括中医养生、保健、医疗、康复服务，涉及健康养老、中医药文化、健康旅游等相关服务。具体而言，中医药健康服务包括中医美容、中医药健康养生与保健、中医药健康旅游、中医药健康养老，以及中医药健康护理、中医药文化传承与保护、中医健康管理、中医药健康保险等。凡从事与上述职业相关的管理人员和技术人员，我们都将其称为服务人才。这部分人才分布极为广泛，涉及众多领域，统计起来非常困难，而目前国家的统计报表中也缺少这方面的统计数据，结果导致相关权威数据缺位现象长久得不到解决。江西的情况与全国的情况相差无几，不过值得庆幸的是，2017—2018年，国家中医药管理局委托江西中医药大学科研团队对江西中医药健康服务所做的抽样调查一定程度反映了江西中医药健康服务人才的基本情况。统计调查表明，丰城、樟树、南城等15个样本县共计有各类中医药健康服务人才30256人（实际调研数据为7564人，由于调研范围大约为调研对象的1/4，因此推算出实际人数为上述人数的4倍，也就是30256人），以此为基数可推算出全省100个县区大致有中医药健康服务人才20.16万人。

（5）监管人员：监管人员是指省、市、县三级中医药行政管理人员，主要包括省卫健委、省中医药管理局，各地市卫健委、中医药管理处（科），各县（市、区）卫健委、中医药管理股的全体管理干部和相关工作人员（包括聘用人员）中具有中医药监管执法资格的监管人员。初步统计表明，截至2018年年底，全省具有监管执法资格的中医药监管人员共有1866人，其中省级70人，各地市1796人，南昌市中医药管理处人员最多，共计294人。2018年江西省中医药监管人员统计表见表6-12。

表 6-12　2018 年江西省中医药监管人员统计表

序号	单位	总计
1	江西省中医药管理局	70
2	南昌市中医药管理处	292
3	九江市中医药管理科	236
4	赣州市中医药管理科	244
5	上饶市中医药管理科	237
6	宜春市中医药管理科	166
7	吉安市中医药管理科	177
8	抚州市中医药管理科	164
9	景德镇市中医药管理科	93
10	萍乡市中医药管理科	90
11	新余市中医药管理科	51
12	鹰潭市中医药管理科	40
	全省总计	1866

注：各地市中医药管理科（处）人员包含所属各县（市、区）中医药管理股的人员。

（二）科技创新的发展基础与现状

1. 科研平台日益增多

江西省拥有南昌大学、江西中医药大学等知名高等院校，以及江西省药物研究所、江西省药品检验检测研究中心、江西省中医药研究院、江西省医学科学研究院等科研机构。依托龙头企业，形成了江中制药科研中心、济民可信创新药研究中心等研发中心。各类创新平台为江西省生物医药产业发展提供了重要支撑。

近年来，江西省以国家级国际医药创新园——南昌国家医药国际创新园，国家级生物医药医疗国际科技合作基地——江西桑海生物医药孵化器，省级生物医药高新技术产业化基地——抚州生物医药高新技术产业化基地为依托，积极整合江西中医药大学、江西省中医药研究院、江西本草天工、汇仁药业、江中制药、济民可信、仁和药业、青峰药业等高等院校、科研院所及知名企业在人才、信息、技术、设备等方面的资源优势，建立优势互补的中药行业产、学、研结合模式，形成长期稳定、资源共享的建设机制，建立共享平台资源对全社会开放的运用模式，形成了比较完整的中药科研、开发和产业化技术支撑体系，建成了各类创新性科研平台 53 个，为新药创制、新型医疗设备研发和中药材种植等奠定了较为扎实的基础。其中，国家工程技术研究中心 2 个，分别为中药固体制剂制造技术国家工程研究中心和中蒙药丸剂关键技术及工艺国家工程研究中心；国家重点实验室 2 个，分别为创新药物与高效节能降耗制药设备国家重点实验室和创新天然药物与中药注射剂国家重点实验室；包括现代中药制剂教育部重点实验室、江西省中药质量标准工程技术研究中心在内的省部级重点实验室12个；省级工程技术研究中心29个；博士后研究工作站4个；省级2011协同创新中心4个。此外，江西省还成立了6个国家中医药管理局三级实验室以及21个GAP中药材种植基地。与此同时，江中制药、青峰药业等大型中药企业还与国内、省内著名高校开展产学研合作，建设了一批国家级和省级研发机构，取得了不俗的成效。江西省现有省部级以上中医药主要科技创新平台见表6-13。

表6-13 江西省现有省部级以上中医药主要科技创新平台

序号	名称	依托单位	主管部门	负责人	批准时间	类别
1	中药固体制剂制造技术国家工程研究中心	江西中医药大学、江西本草天工科技有限责任公司	省科技厅	钟国跃	2002	国家工程技术研究中心
2	中蒙药丸剂关键技术及工艺国家工程研究中心	江西中医药大学、赤峰天奇制药有限责任公司	省科技厅	杨世林	2012	国家工程技术研究中心
3	创新药物与高效节能降耗制药设备国家重点实验室	江西江中制药（集团）有限责任公司，江西本草天工科技有限责任公司	省科技厅	杨明	2015	国家重点实验室
4	创新天然药物与中药注射剂国家重点实验室	江西青峰药业有限公司	赣州市科技局	谢宁	2015	国家重点实验室
5	现代中药制剂及质量控制教育部重点实验室	江西中医药大学	省教育厅	杨明	2003	教育部重点实验室
6	江西省天然药物活性成分研究重点实验室	宜春学院	宜春市科技局	陆云华	2004	省重点实验室
7	江西省中药种质资源重点实验室	江西中医药大学	省教育厅	罗光明	2004	省重点实验室
8	江西省现代中药制剂及质量控制重点实验室	江西本草天工科技有限责任公司	省科技厅	王跃生	2005	省重点实验室
9	江西省中药药理学重点实验室	江西中医药大学	省教育厅	余日跃	2012	省重点实验室
10	江西省药物安全评价重点实验室	江西省药物研究所	省食品药品监督管理局	朱才庆	2013	省重点实验室

（续）

序号	名称	依托单位	主管部门	负责人	批准时间	类别
11	江西省传统中药炮制重点实验室	江西中医药大学	省教育厅	龚千锋	2013	省重点实验室
12	江西省中医病因生物学重点实验室	江西中医药大学	省教育厅	刘红宁	2014	省重点实验室
13	江西省中医肺科学重点实验室	江西省中医药大学附属医院	省卫计委	刘良徛	2015	省重点实验室
14	江西省中医药质量标准与评价重点实验室	江西中医药大学	省教育厅	钟国跃	2015	省重点实验室
15	江西省药物分子设计与评价重点实验室	江西科技师范大学	省教育厅	段学民	2017	省重点实验室
16	江西省中药配方颗粒重点实验室	江西百神药业股份有限公司	宜春市科技局	李竞	2018	省重点实验室
17	江西省非处方中药工程技术研究中心	江西汇仁药业有限公司	省科技厅	梅玲华	2001	省工程技术研究中心
18	江西省化学药物中间体工程技术研究中心	江西省化学工业研究所	省石化集团公司	宋建平	2002	省工程技术研究中心
19	江西省中药质量标准工程技术研究中心	江西省中医药研究院	省卫计委	吕武清	2002	省工程技术研究中心
20	江西省樟帮中药饮片炮制工程技术研究中心	江西樟树天齐堂中药饮片有限公司	宜春市科技局	袁小平	2007	省工程技术研究中心
21	江西省中药保健品工程技术研究中心	江西德上医药研究院有限公司	宜春市科技局	黄冬玲	2009	省工程技术研究中心
22	江西省新型释药工程技术研究中心	南昌弘益科技有限公司	南昌市科技局	刘孝乐	2010	省工程技术研究中心
23	江西省中药注射剂工程技术研究中心	江西天施康中药股份有限公司	鹰潭市科技局	吴安明	2011	省工程技术研究中心
24	江西省药品与医疗器械质量工程技术研究中心	江西省药品检验检测研究院	省食品药品监督管理局	周国平	2013	省工程技术研究中心
25	江西省中药提取物及制剂工程技术研究中心	江西济民可信药业有限公司	宜春市科技局	杨明	2014	省工程技术研究中心
26	江西省中药消炎药工程技术研究中心	江西普正制药有限公司	吉安市科技局	吴永忠	2014	省工程技术研究中心

（续）

序号	名称	依托单位	主管部门	负责人	批准时间	类别
27	江西省眼健康用品工程技术研究中心	江西珍视明药业有限公司	抚州市科技局	朱样根	2014	省工程技术研究中心
28	江西省大容量注射剂工程技术研究中心	江西科伦药业有限公司	抚州市科技局	蔡军民	2014	省工程技术研究中心
29	江西省蛋白类药物工程技术研究中心	江西浩然生物医药有限公司	南昌市科技局	杨华英	2014	省工程技术研究中心
30	江西省食（药）用菌工程技术研究中心	江西仙客来生物科技有限公司	九江市科技局	潘新华	2014	省工程技术研究中心
31	江西省铁皮石斛工程技术研究中心	鹰潭市天元仙斛生物科技有限公司	鹰潭市科技局	王国鑫	2014	省工程技术研究中心
32	江西省中药栓剂工程技术研究中心	江西九华药业有限公司	瑞金市科技局	刘建春	2014	省工程技术研究中心
33	江西省靶向药物工程技术研究中心	上饶师范学院，广丰县合信康宁生物医药科技有限公司	上饶市科技局	詹世友	2014	省工程技术研究中心
34	江西省药用辅料工程技术研究中心	江西阿尔法高科药业有限公司	萍乡市科技局	刘飞	2015	省工程技术研究中心
35	江西省中药口服液体制剂工程技术研究中心	江西远东药业股份有限公司	鹰潭市科技局	徐华平	2016	省工程技术研究中心
36	江西省制药固体制剂装备工程技术研究中心	宜春万申制药机械有限公司	宜春市科技局	黄宸武	2016	省工程技术研究中心
37	江西省抗病毒类药物中间体工程技术研究中心	江西胜富化工有限公司	景德镇市科技局	叶方国	2017	省工程技术研究中心
38	江西省毒性中药饮片工程技术研究中心	江西青春康源中药饮片有限公司	新余市科技局	王少军	2017	省工程技术研究中心
39	江西省生物发酵医药中间体工程技术研究中心	江西诚志生物工程有限公司	鹰潭市科技局	郑雄敏	2017	省工程技术研究中心
40	江西省抗过敏药物工程技术研究中心	回音必集团抚州制药有限公司	抚州市科技局	袁继刚	2017	省工程技术研究中心
41	江西省粉末中药工程技术研究中心	江西顺福堂中药饮片有限公司	吉安市科技局	谈俊翔	2018	省工程技术研究中心
42	江西省眩晕类中成药工程技术研究中心	江西银涛药业有限公司	抚州市科技局	张建荣	2018	省工程技术研究中心

（续）

序号	名称	依托单位	主管部门	负责人	批准时间	类别
43	江西省中药妇科用药工程技术研究中心	江西桔王药业有限公司	抚州市科技局	胡葵	2018	省工程技术研究中心
44	江西省手性药物中间体工程技术研究中心	金溪斯普瑞药业有限公司	抚州市科技局	熊伟	2018	省工程技术研究中心
45	江西省新型药物制剂工程技术研究中心	江西杏林白马药业有限公司	赣江新区创新发展局	王乐云	2018	省工程技术研究中心
46	江西创新药物与高效节能制药设备协同创新中心	江西中医药大学	省教育厅	杨世林	2012	2011协同创新中心
47	江西民族传统药现代科技与产业发展协同创新中心	江西中医药大学	省教育厅	刘红宁	2013	2011协同创新中心
48	灸疗研究与临床转化协同创新中心	江西中医药大学	省教育厅	陈日新	2014	2011协同创新中心
49	江西中医药文化旅游协同创新中心	江西中医药大学	省教育厅	陈明人	2015	2011协同创新中心

注：平台类别包括国家实验室、国家重点实验室、国家工程技术研究中心、国家企业技术中心、国家工程研究中心、国家工程实验室、其他国家级创新平台、省级实验室、省级重点实验室、省企业重点实验室、省工程技术研发中心、省企业技术中心、省工程研究中心、省工程实验室、2011协同创新中心、其他省级创新平台。

除上述平台外，"十一五""十二五"期间，江西还建有20个国家中医药管理局重点学科（专业），其中"十一五"8个，"十二五"12个，见表6-14。

表6-14　"十一五""十二五"国家中医药管理局中医药重点学科

时间	序号	学科名称	依托单位
十一五	1	中西医结合基础	江西中医学院
	2	中药药剂	江西中医学院
	3	中药炮制	江西中医学院
	4	针灸学	江西中医学院附属医院
	5	中医骨伤科学	江西中医学院附属医院
	6	中医肺病学	江西中医学院附属医院
	7	中医肾病学	江西九江市中医院
	8	中医骨伤科学	南昌市洪都中医院

（续）

时间	序号	学科名称	依托单位
十二五	1	中药化学	江西中医医药大学
	2	中药分析学	江西中医医药大学
	3	药用植物学	江西中医医药大学
	4	中医养生学	江西中医医药大学
	5	中医药信息学	江西中医医药大学
	6	中医诊断学	江西中医医药大学
	7	中医心理学	江西中医医药大学
	8	伤寒学	江西中医药大学附属医院
	9	中医疮疡病学	江西中医药大学附属医院
	10	中医康复学	江西中医药大学附属医院
	11	中医心病学	江西中医药大学附属医院
	12	中医全科医学	江西中医药大学附属医院

2. 科研团队逐步壮大

近年来，江西深入实施人才强省战略，为加强创新型高端人才培养和引进工作，推动中医药产业发展和科技创新，先后出台了《江西省生物医药产业发展行动计划（2016—2020年）》《中国（南昌）中医药科创城建设方案》《江西省人民政府关于加快中医药发展的若干意见》《江西省"十三五"大健康产业发展规划》等一系列政策文件，为人才营造了宽松、自由、包容、有序的科研环境，充分尊重和信任人才，提供经费和设备支持，确保科研人员能够安心在平台上发挥才智，允许他们"十年磨一剑"，汇聚了多名国家级学术领军人物及一大批中医药高层次人才来赣创业，形成了一批在国内中医药领域有一定影响力和知名度的科研创新团队。江西省主要科研团队情况见表6-15。此外，江西还依托高校、科研机构、龙头企业等创新载体，引进了一批专业人才。其中，湾里区作为中国（南昌）中医药科创城江中药谷核心区，在高端人才引进方面，引进了清华大学教授熊澄宇担任经济顾问，成立梅岭创意经济研究院；支持龚千锋、丁社如等全国知名老中医药专家设立传承工作室。江中制药刚性引进了享受国务院政府特殊津贴专家4名，江西省政府特殊津贴专家4名，博士生导师6名，中国药典委员会委员2名，柔性引进了院士、千人计划等高端人才6名，建立了院士工作站、博士后工作站。江西中医药大学刚性引进了长江学者韩平畴及其团队，柔性引进了全球高层次人才19名。

表 6-15　江西省主要科研团队情况

序号	类别	团队名称	带头人	研究领域
1	中药类	院士工作站团队	黄璐琦	中药新资源、中药健康产品
2	中药类	"长江学者"韩平畴团队	韩平畴	中药制造
3	中药类	药用植物有效成分研究团队	杨世林	药用植物
4	中药类	中药新制剂新装备研究团队	杨明	中药制剂及装备
5	中药类	中药资源创新团队	钟国跃	中药资源
6	中药类	葛产业技术体系研究团队	朱卫丰	葛栽培
7	中医类	热敏灸团队	陈日新	热敏灸

3. 科学技术日趋成熟

（1）新药研发技术取得新突破：近年来，江西攻克了多项新药研发技术，开展了一批以经典名方和大品种二次开发为主的制备新工艺技术研究，攻克了中药泡腾片研发及产业化共性技术、中药分散片关键技术、中药片剂制造过程在线检测技术、中药复合胶囊制剂技术、中药结肠定位制剂技术、中药脉冲给药制剂技术、中药质量控制技术、中药药效及安全性评价技术等多个共性关键技术，基本具备了中药固体制剂共性技术的研发能力。这些成果对重要产业技术进步和产业结构优化升级发挥了较大的作用。

（2）"热敏灸技术"名扬四方：江西中医药大学陈日新教授历经 20 多年的潜心研究，根据我国中医中的灸理论，发现腧穴热敏化规律并应用于中医临床治疗，创立热敏灸技术。该技术是一项疗效确切且具有地方特色的中医医疗技术。2015 年，"热敏灸技术的创立及推广应用"荣获国家科学技术进步奖二等奖。该技术在国内 27 个省、市、自治区的 500 余家医院推广应用，并推广到了葡萄牙等国，迄今为止治疗患者 500 万例。该技术在治疗及预防方面都取得了明显的效果，现已经被国家列为重点研究和推广项目。该项技术的推广与应用，形成了"南看江西灸，北看天津针"的发展格局。依托热敏灸技术，江西省组建了省、市、县中医医疗机构热敏灸联盟共同体，目前全省已有21 个联盟单位签订了协议，实施八个统一，上下联动，基本形成了以热敏灸技术为核心的中医医疗康复联合体。

江西省主要科研技术见表 6-16。

表 6-16　江西省主要科研技术

序号	类别	技术名称	研究领域
1	中药类	中药泡腾片研发及产业化共性技术	中药制剂
2	中药类	中药分散片关键技术	中药制剂

（续）

序号	类别	技术名称	研究领域
3	中药类	中药片剂制造过程在线检测技术	中药制剂
4	中药类	中药复合胶囊制剂技术	中药制剂
5	中药类	中药结肠定位制剂技术	中药制剂
6	中药类	中药脉冲给药制剂技术	中药制剂
7	中药类	中药质量控制技术	中药制剂
8	中药类	中药药效及安全性评价技术	毒理药理
9	中医类	热敏灸技术	热敏灸

4. 科技产品逐年丰富

从中医药品种方面看，江西省中医药产品品种齐全、知名品牌不少。截至2018年年底，全省获得药品注册批件的有4752个，其中中药2562个。从数量上看，位居全国前列。2017年，全省有7大中药品种销售额超过10亿元。金水宝、喜炎平等部分产品在全国有较高知名度。近年来，江西还攻克了一批中药产业发展共性关键技术。①中药种植方面：全省已累计引种驯化药材260余种，建立引种驯化圃593个，形成规模种植面积2.7万亩。②中药炮制方面：继承和挖掘了樟帮、建昌帮的炮制工艺，系统整理了樟帮、建昌帮炮制方法与饮片质量等研究资料；制定了常用中药饮片樟帮、建昌帮加工炮制规范和质量控制标准；组织开展了切药机械、中药炮制加工工具的研制。③现代中药产品创新方面：培育了江中健胃消食片、江中复方草珊瑚含片、金水宝胶囊、汇仁肾宝、复方夏天无、乌鸡白凤丸、妇炎洁、大活络丸、仁和可立克、仁和优卡丹、珍视明滴眼液、喜炎平注射液等深受消费者喜欢的中药大品种；获批中药新药证书12个、注册批件32件、中药保健品7个、临床批件1件；储备了一批在研创新中药品种，包括中药一类新药4个、中药二类新药1个、中药五类新药11个、中药六类新药29个、新型释药技术新药4个、二次开发新药43个。

5. 科技成果愈益增多

（1）科技奖励方面：2016—2018年，江西多项中医药类科技成果获国家级及省部级科研奖励，见表6-17。如2018年，张卫东团队的研究项目"基于整体观的中药方剂现代研究关键技术的建立及其应用"荣获国家科学技术进步奖二等奖；杨明团队的研究项目"中药传统炮制技术挖掘、特色饮片开发与炮制装备研制"和陈日新团队的研究项目"热敏灸技术的创立与临床应用"均获得世界中医药学会联合会中医药国际贡献奖（科技进步奖）二等奖。

表6-17　2016—2018年中医药领域省部级以上科技奖励情况

序号	获奖名称	获奖时间	奖励等级	完成人
1	中药大品种肾宝片创制及其产业化关键技术集成应用	2016	江西省科学技术进步奖一等奖	李丰文、钟瑞建、朱萱萱，梅玲华、朱兴祥、周国平、王广基、钮犇、赵陆华、付辉政、夏昀
2	中药吊篮式循环提取与MVR浓缩技术集成研究	2016	江西省科学技术进步奖二等奖	刘旭海、魏筱华、王谷洪、朱明辉、王桂华、罗晓健、乐渝宁、罗小荣
3	中医冲任理论在多囊卵巢综合征中的转化应用与发展	2016	江西省科学技术进步奖三等奖	梁瑞宁、吴效科、刘娟、范培、梁瑞伟、李佩双
4	珍稀濒危和大宗常用药用植物资源调查	2017	中国中西医结合学会科学技术奖一等奖	黄璐琦、邵爱娟、陈美兰、张本刚、周涛、王冰、刘春生、马小军、张小波、杨光、林淑芳、钟国跃
5	菝葜属中药抗炎药效物质基础的研究	2017	江西省自然科学奖三等奖	黄慧莲、舒积成、梁永红、梁健
6	养血祛瘀泄浊法延缓慢性肾衰竭进展技术的创建与应用	2017	江西省科学技术进步奖二等奖	王水华、王国斌、刘永芳、魏林、陈帮明、吴兆东、黄红恩、钟利平
7	山蜡梅繁育特性及黄酮类成分含量变化产业化应用	2017	江西省科学技术进步奖三等奖	江香梅、聂韡、邱凤英、黄丽莉、宋晓琛、戴小英
8	热敏灸技术的创立与临床应用	2018	世界中医药学会联合会中医药国际贡献奖（科技进步奖）二等奖	陈日新、谢丁一、陈明人、左铮云、张波、洪恩四、焦琳、黄仙保、李巧林、曹颖
9	中药传统炮制技术挖掘、特色饮片开发与炮制装备研制	2018	世界中医药学会联合会中医药国际贡献奖（科技进步奖）二等奖	杨明、龚千锋、钟凌云、谢小梅、于欢、祝婧、张定堃、伍振峰、王芳、黄艺
10	基于整体观的中药方剂现代研究关键技术的建立及其应用	2018	国家科学技术进步奖二等奖	张卫东、周俊杰、施海明、柳润辉、詹常森、李勇、姜鹏、罗心平、谢宁、林艳和

（2）专利申报方面：专利主要包括两大类，即实用新型专利和发明专利。2016—2018年，全省中医药领域授权实用新型专利5300余项，发明专利授权2000余项，其中2018年925件。这些专利主要集中在江西中医药大学和济民可信、江中、汇仁、仁

和、青峰等五大龙头企业。以江西中医药大学为例，2016—2018 年，学校共授权中医药类实用新型专利 11 项，发明专利 27 项。2016—2018 年中医药领域专利申请情况见表 6-18。

表 6-18   2016—2018 年中医药领域专利申请情况

专利类别	序号	专利名称	申请授权时间	专利号	专利人
实用新型专利	1	一种定量漏斗	20170609	ZL201621329606.0	邓可众、熊英、罗永明
	2	一种温度可控制的振动加料混合及粒子复合装置	20170908	ZL201720101516.4	蒋且英、廖正根、赵国巍、王学成、曾荣贵、梁新丽
	3	一种挥发油多效分离装置	20170714	ZL201621383330.4	伍振峰、张小飞、王学成、杨明、朱根华、臧振中、黄多希
	4	一种用于生产鲜竹沥的设备	20171010	ZL201720194663.0	杨明、伍振峰、王学成、朱根华、岳鹏飞、臧振中、李舒艺
	5	振动灭菌设备	20171117	ZL201620864898.1	伍振峰、王学成、杨明、丁楚良
	6	酒精回收精馏设备	20171117	ZL201720202866.X	伍振峰、王学成、杨明、朱根华、岳鹏飞、臧振中、王雅琪
	7	一种新型颈椎病模型造模装置	20170322	ZL201621057450.5	刘福水、郭长青、张义、钟鼎文、周凡媛、赵梅梅、方婷
	8	一种基于蒸汽热力增益技术的浓缩设备	20170616	ZL201621383469.9	王学成、伍振峰、杨明、臧振中、冯少俊、詹娟娟、吴司琪
	9	一种多功能复合式振动沸腾干燥机	20180803	ZL201721790872.8	王学成、伍振峰、杨明、臧振中、万娜、岳鹏飞、王雅琪、朱根华
	10	一种基于互联网＋的实验动物代谢数据采集装置	20181030	ZL201820385187.5	熊旺平、叶耀辉、江申辉、刘岭峰、周娴、曾坤标
	11	旋转式压片机的预压装置及旋转式压片机	20181016	ZL201725165943.4	张国松、薛安民、李东勋
发明专利	1	一种真空度调控辅助提取穿心莲活性成分的方法	20160120	ZL201310204134.0	杨明、王雅琪、伍振峰、郑琴、胡鹏翼、岳鹏飞、张海燕

（续）

专利类别	序号	专利名称	申请授权时间	专利号	专利人
发明专利	2	一种四制香附饮片的质量控制方法	20160309	ZL201410416072.4	郭慧玲、胡律江、赵晓娟、胡志方、李淑雯
	3	天麻中一种新的巴利森苷类化合物及其用途	20160330	ZL201310662584.4	冯育林、李志峰、杨世林、李俊、欧阳辉、王亚威、王琦
	4	一种用于药物洗脱支架的药物涂层及其制备方法和应用	20160427	ZL201410265525.8	张海燕、黄楠、杨明、王欣、方洋、罗光明
	5	一种挥发油提取收集分离设备	20160511	ZL201410178436.x	伍振峰、张帅杰、杨明、曹远东、王雅琪、郑琴、岳鹏飞、郭华
	6	覆盆子提取物及其应用	20160816	ZL201310624223.0	谢一辉、黄丽萍、樊浩
	7	一种a–Hed–GC–CD147纳米粒及其制备方法、应用、制剂	20160831	ZL201410063514.1	杨世林、游本刚、冯育林、许琼明、刘艳丽、李笑然
	8	一种a–Hed–CS–CD147纳米粒及其制备方法、应用、制剂	20160831	ZL201410064912.5	杨世林、游本刚、冯育林、许琼明、刘艳丽、李笑然
	9	一种中药组合物及其制备方法和用途	20160921	ZL2012103141358.1	宋建平、伍炳彩
	10	一种料液浓缩装置	20161201	ZL201510355769.x	杨明、伍振峰、丁楚良
	11	一种灭菌干燥一体机	20161207	ZL201410178521.6	伍振峰、张帅杰、杨明、王雅琪、王达宾、郭华、岳鹏飞、郑琴
	12	一种提取浓缩一体机	20170104	ZL201410178363.4	杨明、伍振峰、张帅杰、王雅琪、王达宾、苏柘僮、郭华、郑琴、岳鹏飞、胡鹏翼
	13	一种基于变量重要性投影分析确定中药复方量效的方法	20170308	ZL201510633362.9	杜建强、王跃生、饶毅、聂斌、郝竹林、朱志鹏
	14	中药指纹图谱智能分析以保证中药质量均一性的方法	20170901	ZL201610028055.2	朱明峰、杜建强、王金钱、聂斌、王跃生、饶毅

（续）

专利类别	序号	专利名称	申请授权时间	专利号	专利人
发明专利	15	一种中药牛至油注射乳剂及其制备方法	20171201	ZL201410468844.9	杨明、韩飞、伍振峰、刘玉晖、陈泣、肖雄、张国松
	16	一种雷公藤的炮制方法	20170620	ZL201410616114.9	刘建群、张国华、高俊博
	17	一种具有抗痛经功效的药物组合物及其制备方法	20180105	ZL201510311804.8	郭慧玲、胡律江、赵晓娟、胡志方、许茜茜
	18	氯苯氧异丁酸甲氧基苯丙烯酸酯化合物及其合成方法	20180410	ZL201410617058.0	许军、黄黎敏、胡越、刘燕华
	19	氧化石墨烯和氯霉素直接结合的复合物的制备方法	20180410	ZL201310511540.1	许军、杨俊、张雁雯
	20	一种氧化吡咯里西啶生物碱苷类化合物及其用途	20180314	ZL201410285659.6	李斌、刘波
	21	一种基于多溶剂制备川陈皮素的工艺	20180413	ZL201610148825.7	杨武亮、宋玉鹏、陈海芳、罗小泉、袁金斌
	22	波罗蜜中的异戊烯基黄酮类化合物及其抗骨质疏松新用途	20180810	ZL201611121377.8	任刚、翟晓晓、袁金斌、元文君、曾金祥、蒋伟、肖川云
	23	一种异戊烯基黄酮及其在制备治疗炎症性疾病药物中的用途	20181009	ZL201710042126.9	任刚、李文艳、彭加兵、肖川云、元文君、袁金斌、曾金祥
	24	一种穿心莲内酯干混悬剂及其制备方法	20180727	ZL201610101939.6	罗晓健、杨小玲、吕武清、简晖、李志勇、崔刚、饶小勇
	25	小花清风藤中一种新化合物的制备方法及应用	20181116	ZL201710070055.3	李志峰、冯育林、王琦、欧阳辉、何明珍、杨世林、樊东辉、俞双燕
	26	一种具有抗炎活性的酚酸类化合物的制备方法及其应用	20181113	ZL201710309998.7	李志峰、冯育林、王琦、欧阳辉、何明珍、杨世林、樊东辉、严小军
	27	采用熔融喷雾制备的穿心莲内酯干混悬剂及其制备方法	20180727	ZL201610101553.5	罗晓健、欧阳婷、杨小玲、吕武清、简晖、崔刚、刘地发、饶小勇

（3）成果转化方面：2018年，中医药领域全省共签订技术转让合同67项，合同金

额 6321 万元，实际收入 3144 万元。总体而言，江西省科技成果的转化率偏低。以江西中医药大学为例，2016—2018 年，学校仅有 2 项科研成果实现转化，转让金额 305 万元，见表 6-19。

表 6-19　2016—2018 年江西中医药大学成果转化基本情况

序号	负责人	成果名称	受让企业	转让金额	时间
1	郭慧玲	一种四制香附饮片的质量控制方法	江西广炅中药饮片有限公司	5 万	20161020
2	杨明	中药先进制药工艺与高效节能制药系列设备	江西赫柏康华制药设备有限公司	300 万	20170109

6. 科技创新体系逐步完善

中医药产业的发展和行业的进步，必须以科学技术为支撑。10 多年前，江西中医药科学技术还十分落后，既缺少资金，也没有政策，既缺少人才，也没有平台，仅凭一腔热血打天下。但经过 10 多年的快速发展，江西在中医药科技创新方面取得了不俗的成就，医疗卫生、教育科研全面发展，产业、事业全面开花。尤其是科技创新体系方面，江西省搭建包括工程中心、重点实验室、院士工作站、博士后流动站、协同创新中心以及企业技术中心在内的，国家、省、市、县层面的各级各类科研平台 50 多个，形成了比较完整的中药科研、开发和产业化技术支撑体系。这些科研平台在产学研结合、重大项目孵化以及科研成果的转化上起到了重要的作用。

四、人才培养、科技创新存在的主要问题

（一）人才培养面临的主要问题

经过数十年的平稳发展，江西中医药人才培养虽然取得了一定的成就，但与周边兄弟省份相比，还存在一定的差距，与广东、浙江、江苏、四川及北京、上海等中医药人才优势较为突出的省份相比，差距则更为明显。江西省无论是高层次人才，还是基层人才，还是国际化人才，都存在较大的缺口，尤其是高层次人才匮乏已成为制约江西省中医药发展的瓶颈。此外，在人才结构、人才对产业的支撑等方面，也存在一定的缺陷与不足，具体表现如下。

1. 高层次领军人才严重不足

近年来，在省委、省政府，以及各级政府职能部门和相关高等院校的高度重视和大力推动下，中医药领域的高层次人才培养与引进呈现出较好的发展态势。以江西中医药大学、江西省中医院和江中制药为首的高等院校、医疗机构和相关企业先后引进和培养了一批行业领军人才，为促进江西中医药产业发展奠定了坚实的基础。截至 2018 年年底，

江西省有国医大师 2 人、全国名中医 3 人，全国中医药教学名师 2 人，省国医名师 10 人、省名中医 345 人、基层优秀中医 394 人、优秀中医乡村医生 100 人、中青年名中医研修项目培养对象 300 人，全国中医药类人才培养对象近 200 人。其中，全国老中医药专家学术经验继承工作指导老师六批共 96 人次，全国及基层名老中医药专家传承工作室共 72 个。培训各类中医人才达 5000 人次。江西中医药类部分高层次人才基本情况见表 6–20。

表 6–20　江西中医药类部分高层次人才基本情况

序号	姓名	人才层次	获得时间	批准单位
1	钟虹光	国家有突出贡献中青年专家	1994 年	人事部
2	韩平畴	长江学者奖励计划	2002 年	教育部
3	杨明	江西省"井冈学者"特聘教授	2008 年	江西省教育厅
4	钟国跃	赣鄱英才 555 工程人选	2012 年	中共江西省委组织部
5	朱卫丰	江西省"井冈学者"特聘教授	2013 年	江西省教育厅
5	刘旭海	赣鄱英才 555 工程人选	2013 年	中共江西省委组织部
6	饶毅	赣鄱英才 555 工程人选	2013 年	中共江西省委组织部
7	陈日新	赣鄱英才 555 工程人选	2013 年	中共江西省委组织部
8	廖正根	赣鄱英才 555 工程人选	2013 年	中共江西省委组织部
9	冯育林	赣鄱英才 555 工程人选	2013 年	中共江西省委组织部
10	洪广祥	第二届国医大师	2014 年	人力资源和社会保障部、国家卫生和计划生育委员会、国家中医药管理局
11	陈日新	第一届全国中医药高等学校教学名师	2016 年	国家中医药管理局、教育部、国家卫生和计划生育委员会
12	蒋小敏	第一届全国中医药高等学校教学名师	2016 年	国家中医药管理局、教育部、国家卫生和计划生育委员会
13	伍炳彩	第三届国医大师	2017 年	人力资源社会保障部、国家卫生和计划生育委员会、国家中医药管理局
14	范崔生	首届全国名中医	2017 年	人力资源社会保障部、国家卫生和计划生育委员会、国家中医药管理局
15	皮持衡	首届全国名中医	2017 年	人力资源社会保障部、国家卫生和计划生育委员会、国家中医药管理局
15	张小萍	首届全国名中医	2017 年	人力资源社会保障部、国家卫生和计划生育委员会、国家中医药管理局
17	刘红宁	中医药传承与创新"百千万"工程（岐黄工程）岐黄学者	2018 年	国家中医药管理局

　　注：人才层次包括院士、千人计划、万人计划、长江学者、国家杰出青年、省专家、巨人计划、赣鄱 555 人才、井冈学者、省青年拔尖人才等。

总体来看，江西省高层次领军人才还存在四个方面的问题亟待解决。第一，中医药高端领军人才欠缺。目前，江西省中医药领域在两院院士、千人计划、万人计划、杰青、优青等高端领军人才的培养与引进方面迄今未能实现零的突破。第二，全国有重大影响的中医名家以及从事中药创新药物或创新技术研发、中医药科技成果产业化研发和中医临床的高层次应用型人才及高级经营管理人才、市场开发人才、国际贸易人才等相对不足。第三，常年扎根基层，或从事中医药健康服务业及其支撑产业发展所需的技能型、复合型骨干人才数量欠缺。第四，与兄弟省份相比，江西省高层次领军人才总量与质量还存在一定的差距。江西省与中部5省（湖南、湖北、河南、安徽、山西）相比不具有优势，与四川等优势省份相比，差距则更为明显。截至2018年年底，四川共有国医大师3名、全国名中医3名、全国中医药高等学校教学名师3名、岐黄学者3名、省十大名中医30名、省名中医600余名、省中青年名中医238名、局学术技术带头人及后备人选700余名、国家中医优才51名、省中医优才118名，取得中医药高级职称人员近8000名。

2. 基层人才缺口大

县级中医院是我国现行基层中医医疗机构的主体，在人才方面主要面临两大问题。一方面，临床骨干紧缺，后备力量不足，受编制、待遇、工作条件、发展前景等因素影响，大学生不愿到基层工作，导致县级中医医疗机构面临招工不易、招好员工更难的局面；另一方面，人才流失现象较为严重，越来越多的业务骨干已选择或正打算选择大中城市，乡村两级吸引人才更为困难，而"能中会西"的赤脚医生又逐步因年老离岗，导致乡村两级中医药人才青黄不接的现象日益严重。

3. 国际化人才培养待加强

近年来，结合国家中医药海外发展工程，江西正在以中医药文化交流为突破口，推动热敏灸和樟建帮为代表的江西中医药技术、药物、标准和服务走出去，在海外建设一批中医药体验馆，积极参与中医药海外中心建设，加大中医药服务援外医疗力度，扩大江西省中医药在全球的影响力。为了加强江西省中医药对外交流合作，支持江西省中医药积极融入国家"一带一路"，加快江西省中医药国际化发展步伐，积极开展中医药服务贸易，提升江西省中医药的辐射力，江西需要一批既精通中医药，又有良好国际化背景的复合型国际化人才。这样的人才在现有高等教育体系下很难培养，只能通过再教育或加强国际交流与合作来造就。然而，现实情况表明：无论是再教育还是国际化交流合作都远没有达到国际化人才培养的要求，尤其是国际化交流合作还处于起步阶段；无论是引进来，还是走出去，均处于摸索阶段。现有的国际化交流与合作不仅渠道少、经费有限，交流与合作的方式、方法也比较单一，故难以实现国际化人才培养的目的。

4. 人才结构不合理

江西省中医药人才结构主要存在两方面的问题。一是医、药人才结构不平衡。总体而言，药类人才明显多于并强于医类人才。这一点在高层次人才方面表现尤为突出。当前，江西省在国内有一定知名度的中医药类专家学者，绝大多数是中药类人才，中医类人才相对较少。医学教育与科研机构中也存在医类教师资源不足的现象。在各级中医医疗机构中，具有博士学位的高学历中医类人才所占比重更是微乎其微，且主要集中在江西中医药大学的几所附属中医院中，其他医疗机构相对较少。二是人才知识结构较为单一。推动中医药快速健康发展不仅需要专业性人才，更需要复合型、创新性、创业型人才。然而，从江西省现有人才知识结构来看，当前大多数人才为专业性人才，复合型、创新性、创业型人才相对比较匮乏。江西省现有人才大多数只是在某一专业、某一学科或者某一领域有一定的专长或优势，那种既精通专业，又懂得管理，同时还熟悉经营的人才可谓凤毛麟角。另外一种情况是，虽然我们一直强调医药不分家，然而现实情况却是"懂医的未必懂药""懂药的未必懂医"，医药严格分开，泾渭分明，两者未能形成合力，未能在特定条件下或特定环境下发挥融合作用。

5. 人才分布不均衡

人才分布不均衡主要体现在三个方面。一是行业分布不均衡。从人才的行业分布来看，大多数中医药人才，尤其是中高层次人才，主要集中在教育行业、医疗行业和科研领域，如高等院校及其附属医疗机构、科研院所等，而真正需要高层次人才的生产行业反而较少。二是企业内部分布不均衡，绝大多数人才集中在少数几家大型龙头企业，中小企业相对较少。三是地域分布不均衡。省内大多数中医药人才（尤其是高层次人才）主要分布在南昌、樟树、宜春、抚州、赣州等几个地市，其他地市相对较少。其中，南昌人才最为集中，全省2/3以上的中医药高层次人才集中在南昌。

6. 人才对产业发展支撑不够

人才对产业发展的支撑不够同样体现在三个方面。第一，产业发展急需人才欠缺。近年来，江西中医药人才培养与引进虽然取得了一定的成就，但推动中医药产业快速健康发展所急需的中医诊疗、中药研发生产与营销、中药饮片炮制、中药材种植等方面的人才还比较匮乏，无论是数量还是质量，都难以满足产业发展所需。第二，人才助推产业发展的动力不足。江西目前的中医药人才主要来自高等院校和科研院所，其中又以江西中医药大学的人才居多，企业组建的人才队伍相对较少。这些来自高等院校和科研院所的人才队伍天生存在一个明显的缺陷，即重理论轻实践、重科研轻转化。培养模式的缺陷也在一定程度上影响了相关人才的培养。近年来，江西省的中医药科研队伍在科研方面取得了不俗的成绩，承担了大量的科研项目，产出了大量的科研成果，但大多数科研成果只是停留在纸质层面，真正指导实践、转化成生产力的可谓凤毛麟角，大多数科研成果最终被束之高阁，对产业的发展没有起到根本性的推动作用。随着江西省医疗卫生体系改革的深入和中医药相关产业的兴起，人才缺乏，尤其是高层次人才的市场供应量与产业发展所需不相适应，已成为制约江西省中医药产业发展的重要因素。第三，人才团队对产业的支撑力还有待加强。虽然江西省的中医药科技资源基础较好，但是就单个项目而言，多为少数人单打独斗，掌握的技术也只是某一个方面或环节，没有形成整体氛围，研发能力仍然较弱，对产业的支撑还有待加强。

7. 人才培养机构协作不顺畅

目前，江西省的中医药人才培养主要包括博士、硕士、本科、专科等学历教育和自考、函授等非学历教育；师承教育、规范化培训也在人才培养中发挥着十分重要的作用。不同的教育模式由不同的机构承担。学历教育以及自考、函授等非学历教育主要由江西中医药大学和江西省中医药高等专科学校等高等院校承担，师承教育和规培则主要由相关医疗机构及民间机构承担。院校教育与师承教育及规培是什么关系，国家并没有明确说明，结果导致院校教育与师承教育及规培呈现出"两张皮"现象。两类不同的教育机构对中医药人才培养有较为明显的脱节现象，彼此并没达成一致的培养目标、手段和方法，结果导致叠加培养与培养不足的矛盾现象并存，影响了培养质量，浪费了培养资源。

8. 人才引进存在一定的难度

就经济、社会及人文环境而言，与湖南、湖北、河南、安徽、山西中部 5 省及优势省份广东等相比，江西省仅较其中的个别省份（如山西）略有优势，与 6 省中的大多数省份均存在一定差距。江西在经济状况、人文环境、城市基础设施、交通条件、特点外部环境（如中医药方面的投融资政策等）及科研、教育条件等方面均存在一定的差距，不利于吸引人才。调研表明：目前企业普遍反映，高级管理人才、研发人才、技术工人、专业营销人才均十分缺乏，人才流失较为严重。

（二）科技创新面临的主要问题

近年来，各种有利外部因素为中医药科技创新工作的开展提供了良好的发展环境。第一，党中央、国务院高度重视中医药科技创新工作，出台了一系列制度措施，为中医药科技创新发展提供了良好的政策环境。第二，"一带一路"的实施为中医药科技创新工作的开展提供了重大机遇。第三，现代科技进步与学科融合为中医药科技创新工作的开展提供了有力支撑。第四，中医药现代化及中医药实践探索为科技创新提供了良好借鉴。在上述各外部因素的推动下，自"十二五"以来，江西省中医药科技工作取得了长足进步，为"十三五"中医药科技创新发展奠定了坚实基础，表现为：传承研究取得显著成效；临床研究形成了一批诊疗标准、诊疗方案和技术方法，取得了初步的临床疗效评价证据；通过关键技术研究，形成了一批中药特色炮制技术规范与制备工艺规范，初步探索了中药安全性、有效性的有关物质基础；建立了一批稳定的中医药科技创新机构与人才队伍，建设了一批重大科研平台，科研条件与科研基础得到显著改善。

但是，无论纵向比还是横向看，江西的中医药科技创新工作总体上还只是处于起步阶段，还存在很多问题，主要表现为：政府宏观政策引导不够，科技创新投入有待进一步加强；科技自主创新能力有待提升；科技成果转化率明显偏低；科技创新对产业发展驱动不够；人才队伍结构有待改善、层次有待提高，创新人才创新团队欠缺；系统集成研究、科技信息与国际合作平台建设还有待加强；科技创新体制机制还有待完善，等等。具体体现在以下几方面。

1. 科技创新投入不足

2016—2018 年，中医药领域江西累计获得国家"十三五"重大新药创制重大专项、国家重点研发计划、重大新药创制国家科技重大专项项目等国家科技计划专项 8 项，获国拨经费 1.29 亿元。其中，国家"十三五"重大新药创制重大专项 3 项，国拨经费总计 2469.61 万元；国家重点研发计划 3 项，国拨经费总计 3292 万元；重大新药创制国家科技重大专项项目 2 项，国拨经费总计 7149.28 万元。2016—2018 年江西省中医药领域国家级项目立项情况见表 6-21。

表 6-21　2016—2018 年江西省中医药领域国家级项目立项情况

年份	项目名称	项目类别	资助金额（万元）
2017 年	治疗缺血性脑卒中创新药物注射用丹酚酸 A 临床前研究	国家"十三五"重大新药创制重大专项	289.61
	表阿霉素脂质体新药研究	国家"十三五"重大新药创制重大专项	380
	中药材大品种——葛（葛根、粉葛）的开发	国家重点研发计划	1656
	栀子等三种高品质江西道地中药材规模化种植及精准扶贫示范研究	国家重点研发计划	667
2018 年	10 种传统特色炮制方法的传承、工艺技术创新与工业转化研究	国家重点研发计划	969
	基于经方一致性评价技术的 2 个经典名方研究与开发	国家"十三五"重大新药创制重大专项	1800
	中药口服制剂先进制药与信息化技术融合示范研究	重大新药创制国家科技重大专项项目	6853.4
	中药 1 类抗肾功能损伤新药 B4 及其制剂的临床前研究	重大新药创制国家科技重大专项项目子课题	295.88

注：项目类别为国家重点研发计划、重大科技专项、技改项目等，不包括国家自然科学基金。

2016—2018 年，在中医药领域，江西累计获批国家自然科学基金 139 项，资助经费 4300 余万元。除国家投入外，省级层面也有所投入，2016—2018 年，省科技厅、卫健委（含中医药管理局）和教育厅对中医药的科研投入见表 6-22。

表 6-22 2016—2018 年省级层面中医药科技计划投入
（单位：万元）

年份	省科技计划专项	省自然科学基金	省卫健委科技计划	中医药科研课题	教育厅科技项目
2016 年	149	463	2.8	91.8	自 2015 年开始，为各单位自行从生均拨款中资助
2017 年	173	486	5.2	153.2	
2018 年	236	534	2	161.6	
总计	558	1483	10	406.6	

说明：省级科技计划专项包括省重大科技专项、科技创新重大项目、科技支撑计划、火炬计划、成果转化计划、重点新产品计划等。

值得注意的是，企业科研的投入力度总体上呈现出不增反跌的态势。以江中制药、青峰药业及仁和药业为例，2016—2018 年，这三家中药领域领头羊研发投入除仁和药业投入有所增长外，其他两家的投入均有所下降。2016—2018 年，仁和药业的科研投入分别为 2765 万元、2735 万元、5117 万元，3 年累计投入科研经费 10617 万元；江中制药的科研投入分别为 5410 万元、5663 万元、5034 万元，3 年累计投入科研经费 16107 万元；青峰药业的科研投入分别为 38873.1 万元、31734.2 万元、34283.85 万元，3 年累计投入科研经费 104891.15 万元。

据估算，2016—2018 年，全省中医药行业的科研投入大致为 15 亿元。绝对数字不算少，但与全省中医药产值相比，则很容易发现存在投入不足的问题。一般而言，科技研发投入占产业 GDP 总额的 1% 时，该产业只能使用技术；科技研发投入占产业 GDP 总额的 1% 到 2% 时，该产业具备技术发明的条件；只有当科技研发投入占产业 GDP 总额大于 2% 时，该产业才具备科技创新的能力和竞争实力。2016—2018 年，江西中医药产业的生产总值超过 1500 亿元，对照此标准，我们很容易发现江西在中医药领域的科技投入还远远不足。

2. 科技自主创新能力不强

受制于人才、投入、机制等因素，江西省企业创新意识和创新能力不强，协同创新体系不完备，创新成果产业化水平不高。近年来，江西省虽研发了一些中药新药和二次开发药品，但集中为改剂型的八类新药和九类仿制产品，五类和六类新药获得国家批准的仅 4 个，在技术含量较高的一类、二类新药和中药创新药品领域的开发上比较薄弱，目前仅有槐定碱及其制剂"盐酸槐定碱注射液"，获得国家一类化药新药证书和生产证书。调研中我们发现，有些重点企业个别环节或技术上有所突破，但核心技术、源头技术仍未有效突破，以创新驱动为主的产业发展模式尚未真正形成。

3. 科技成果转化率低

科技成果转化率的高低，一定程度上反映了某行业对科技的重视程度，体现了该行业的科技创新能力和科学技术发展水平。近年来，在党和国家及各级政府的高度重视下，在省内各相关高校与众多企业的共同努力下，江西省中医药科技成果转化工作取得了可喜的成效，不仅专利申报数量稳步增长，校企合作更是硕果累累，涌现出了许多成功的案例，产生了可观的社会效益与经济效益。但同时我们也必须看到，与其他兄弟省份相比，江西省中医药科技成果转化实施情况并不乐观，还存在对转移转化管理不到位、侧重点管理不足、转移转化激励不够、校企沟通不畅、转移转化投入不足、利益分配不均、科技成果转移转化不快、产业化程度低等诸多问题，尤其是科技成果转化率有很大的提升空间。以江西省科技成果转化率较高的江西中医药大学为例，2016—2018年，全校仅有5个项目实现了转化，仅占3年来136个项目的5%不到，也就是说，有95%以上的科技成果最终只停留在了纸面上，没有产生经济价值，导致了极大的成果浪费。特别需要强调的是，科技成果转化为产业的速度之所以慢、转化率之所以低，与中医药整体技术没有取得实质性突破密切相关。

4. 科技创新成果对产业发展驱动不够

中医药科技创新成果对中医药产业发展能否起到驱动作用，关键看该创新成果是否实现了转化。众所周知，科技创新成果本身还不是现实生产力，科技创新成果成为现实生产力还需要通过转化过程。这个转化过程实际上是在忠于专利技术上的再创造和再开发。然而，作为科技成果创造主体的高校长期忽略了专利技术的再创造和再开发这一重要环节，结果导致中医药科技创新成果在管理上存在片面性和不完整性，导致大量的创新成果闲置，没有产生实际的经济效益，对中医药产业的驱动没有发挥应有的作用，具体而言，主要存在以下三个方面的问题。一是科技创新与产业发展融合度不高，产业规划和产业布局没有充分体现自身的研发优势，没有形成较有特色和规模的产业群。二是创新要素、资源要素与重点产业发展未能有效集聚和整合，一定程度上存在科技成果"孤岛化"、研发活动空心化、创新资源碎片化和政策落实悬空化等现象。三是大部分产业仍处在价值链的中低端，一些关键领域创新能力短板明显。

5. 产业工人的创新意识不强

创新是推动经济持续增长的重要因素，也是企业持续发展和保持竞争优势的关键。目前，江西省许多中药制药企业存在现代管理与粗放经营并存的现象。多数企业只重视研发机构的创新，忽视了管理人员和广大职工的创新能力和创新意识的培养，没有激发并形成人人创新的饱满热情，造成少数高科技人才与众多缺乏技术的员工形成强烈反差。为了实施GMP和技术创新，许多企业到医科大学去聘用专家、教授，或研发新产品，或搞工艺革新；另一方面，有一定生产经验但文化素质不高的员工群体，对新工艺、新技术的认知过程较长。他们没有完全融合，难以达到期望的效果。

6. 科技创新体制机制待完善

当前，江西省在中药企业、科研机构和高等院校建立了一些研发平台，但还没有形成有效的协同创新机制和成果转化机制，研究机构各自为政，缺乏交流和配合；同时，中医药研究与临床脱钩严重，指标不与临床疗效结合，导致许多研究成果不能转化。在转化机制方面，虽然江西省取得了一些关键技术突破，但受制于现有科技成果产业转化机制，没有转化成显性效益，与省外同行相比，存在明显差距。如何整合资源，构建一个有效的科研协同创新机制和成果转化机制，关系到中药产业的可持续健康发展。

7. 科技创新平台数量有待增加

经过近年来的快速发展，江西中医药领域的科技创新平台虽然有所增加，但总体而言还是远远不足的，尤其是国家级科技创新平台较为欠缺，还难以满足中医药强省的发展需要。

五、人才培养、科技创新的未来发展趋势

（一）人才培养的发展趋势

1. 产业发展将孕育新的人才需求

科技创新可以推动中医药产业的快速发展，但产业发展离不开人才支撑。在当今中医药领域，现有人才主要是技术人才、管理人才、营销人才、科研人才和服务人才等传统意义上的人才，但未来随着互联网、物联网、大数据、云计算、区块链、人工智能、智能制造以及中药大科学装置（中药制造的机械化、智能化和一体化）等科学技术的进一步发展，中医药产业也必将发生深刻变化，传统中医药将向以数字化、高端化为特点的智能化迈进。智能化生产是一种"高度集成式"生产。采取智能化生产的企业，对员工数量的要求将以几何级的比例急剧减少，但对员工的"质"则会提出新的要求。也就是说，智能化生产体系不是完全排除人，而是在某些环节需要更多的人；也并不是完全排除技能操作，而是需要高端的技能操作。未来的工作岗位将会更加注重技术专业性，熟练工种将逐渐减少，但能动性岗位会变多。总之，智能化生产体系对中医药人才培养的影响是全面的、根本的。比如，许多传统岗位将大幅度减少甚至消失，而大量新的岗位将产生，如机器人程序员，这会直接影响到人才培养过程中的专业设置。面对新的工作模式，技术技能人才的知识与能力结构将发生重大变化。在此背景下，智能化的生产技术必然对中医药产业人才提出了新的更高的要求。过去传统意义上的一般性人才将难以适应产业发展的需要。因此，可以预见的是，未来50年，未来30年，甚至更短的时间，中医药企业面临最大的压力将不是资本，也不是技术本身，而是有没有一支掌握智能化生产技能且能够对接产业发展需求的高端人才队伍。

2. 人才培养将推动产业向纵深发展

产业的发展必然要依靠人才。现代社会，无论是产业与产业的竞争，还是企业与企业的竞争，归根结底都是人才的竞争。人才的发展与产业的发展可谓息息相关，要让人才充分发挥应有的价值，关键就在于，要着眼中医药产业发展的现状与需求，精准对接

企业人才缺口，推动人才招引与产业发展"同频共振"、人才政策与成果转化"同向发力"、人才服务与创新创业"同舟共济"，切实下好产才深度融合这步棋，推动人才工作在提质增效上再下功夫、再上台阶。近年来，有赖于各部门对人才培养的高度重视，江西省中医药人才无论是数量上，还是质量上，都正在发生深刻变化。随着中医药人才队伍的不断壮大、发展，未来必将会形成"人才紧跟产业走，产业依靠人才兴"的互融互促局面。在此背景下，人才不仅能够找到充分发挥聪明才智的广阔舞台，也必然会成为推动江西省中医药产业纵深发展的重要生产力。

3. 复合型人才将成为人才培养的主方向

传统模式下，中医药产业需要的是常规人才、传统人才。随着中医药产业向智能化、高端化不断深化发展，未来相关企业对常规人才的需求数量必然会大幅萎缩，相反，对复合型人才的需求则会明显增加。以中药制造为例，智能化模式下，由于智能化生产系统非常复杂，设备非常昂贵，因而对这类操作人员的能力要求也很高。他们要能理解整个生产系统，并熟练运用各类工业软件进行柔性化生产；同时，智能化生产线本身的安装、调试、维护与特种加工所需要的高端技能操作等，也需要相关人才具有全面性和复合性的综合素质，他们不仅要懂中医药，也要懂技术、管理，甚至营销、服务等。

总之，智能化生产系统所需的技术技能人才是高度复合型人才，这不仅体现在需要相关人才掌握横跨具体工业领域与软件领域的学科知识，还体现在需要相关人才具备技术创新能力，同时还需要相关人才掌握精湛的技术技能和完整的复杂生产系统。为此，未来无论是中医药院校还是其他培训机构，均要求在人才培养上要着重解决"懂技术和管理的不懂中医药""懂中医药的不懂技术和管理"这一问题，培养复合型中医药科技人才。

4. 人才培养方式将向智能便捷化发展

今天的中医药人才培养，主要依靠学校的现场教育、毕业后的师承教育、规范化培训和其他形式多样的继续教育等，老师、名医与学生、学员面对面的互动教学是上述教育形式培养人才的主要方式。实践表明，时间与空间的局限是这种人才培养方式的最大缺陷，相对固定的时间与教学场所固化了学生、学员的活动范围，影响了他们的学习兴趣与热情，正是这种固化的缺陷影响了教学效果、阻碍了教学进程。未来随着互联网、物联网等高科技的快速发展，人才培养方式必将发生根本性变革。依托手机、手表、平板电脑等移动终端设备，人们可以随时随地开展形式多样的教育教学，中医药人才培养与其他行业的人才培养一样，将变得更为智能、灵活、便捷与高效。未来的中医药人才培养，教育内容会变得更为丰富多彩，教育方式、教学手段也必将发生颠覆性变化。

（二）科技创新的发展趋势

1. 科技创新将拓展产业发展新空间

企业是科技创新的主体。科技创新是引领经济社会发展的不竭动力，是带动中医药转型发展的坚强后盾，同时更是拓展中医药产业发展空间的强大引擎和重要载体。我们要向科技体制改革要动力，向创新创业要活力。近年来，江西省持续深化中医药科技体制改革，一系列加大对科技创新主体和载体扶持力度的政策措施落地生根。在此背景下，江西省中医药产业建设必将迎来新的更大的发展新空间。无论是中医，还是中药，绿色化、数字化、智能化、高端化都将不可避免，整个中医药产业都将迈入一个全新的发展领域，发展空间将变得无限广阔。因此，加快构建科技创新体系，促进产业转型升级，未来江西省的中医药产业必将走出一条富有特色的科技引领、创新驱动之路。

2. 科技创新将带动产业发展实现新突破

科技创新是引领中医药产业转型升级的核心要素，是改造提升中医药传统产业，加速中医药传统优势产业占据全球产业链、供应链、价值链中高端的重要途径。近年来，江西中医药产业集聚创新资源，激活创新基因，加速新旧动能转换，形成了以创新为引领的经济体系和发展方式。随着以创新为引领的中医药经济体系和发展方式的迅猛发展，以信息技术、互联网为代表的数字技术必将给中医药相关产业带来革命性变化。在创新科技的大力驱动下，未来江西中医药产业的价值将发生重大改变，必将向高端化、智能化、低碳化、服务化、绿色化、融合化发展。只有充分发挥科技创新的引领作用，江西中医药产业才能用最少的投入创造最大的产出，在有限的时间、空间内创造无限的财富。正是在科技创新等要素的驱动下，2018 年 1—11 月，江西省中药行业实现主营业务收入 399.97 亿元，在全省医药产业中占比近 40%，工业经济运行质量和产出效益实现同步提升。可以预见的是，在科技创新的驱动下，下一步，江西必将在智能化、高端化方面取得新突破。

3. 科技创新将引领产业发展新方向

科技是第一生产力，而创新则是科技力量释放的根本动能所在。无论是江西，还是全国，中医药产业的转型与发展都离不开"创新"这一巨大引擎。当前，江西中医药产业面临核心技术缺失、创新能力不足、人才相对匮乏等诸多问题。在此背景下，江西省的中医药企业，尤其是龙头企业，通过自主研发、投资孵化、产研联盟等方式，持续发挥科技创新的核心价值，将产业发展引入了诸多新领域，确立了产业发展的新方向。在科技创新的驱动下，许多中药企业已不仅仅是单一的中药制造企业。如仁和药业，其产业链已覆盖至中药材种植、药材种苗培植、计算机软件开发、供应链金融、互联网与物联网等，并开始向建筑材料、机械设备以及五金交电等领域进军。再比如江中制药，其产业链已覆盖至生物制品、保健食品、酒业、房地产业等领域，并逐步向贸易、科技、物业等领域进军。在这一蜕变的前后，仁和、江中用自身转型发展的成功经验，为中医药行业探索出了以科技创新为驱动、以产业升级为本的全新发展模式与发展方向。在科技创新的大力驱动下，未来江西中医药在起引领性、带动性作用的产业链关键环节必将取得更大的成就，尤其是"互联网＋中医药"、新型诊疗技术、健康管理、先进装备制造业、生物医药、人工智能、医药电子商务等领域必定是江西中医药产业发展的新方向。

4. 基础研究将助推产业发展迈上新台阶

基础研究是实现重大原创性、关键性突破的根本源头，关系江西省中医药科技创新、产业发展的活力和后劲。近年来，江西省中医药行业按照"遵循科学规律、突出原始创新、创新体制机制、增强创新活力、加强协同创新"的基本原则，进一步加强应用性基础研究，着力实现前瞻性基础研究、引领性原创成果和关键共性技术、前沿引领技术、现代工程技术的重大突破，全面提升创新能力，为加快实现中医药强省的目标提供了强力支撑。依托基础研究，未来江西省必将造就一批具有国际水平的中医药战略科技人才、科技领军人才、青年科技人才和高水平创新团队，在"互联网＋中医药"、新型诊疗技术、先进装备制造业等前沿领域产生一批初具重大影响力的科技成果，解决一批面向行业需求的前瞻性重大科学问题，为江西省中医药产业迈上新台阶提供有力支撑。

六、加强人才培养、科技创新的对策建议

（一）加强人才培养的对策建议

要深入贯彻落实国家人才战略，遵循人才成长规律，坚持高端引进、重点培养原则，紧紧抓住培养、引进和使用三个环节，着力打造一支中医药高层次人才队伍，为奋力推进"健康中国2030"发展战略，实现江西省全面同步建成小康社会提供中医药高端人才支撑。

1. 加强高层次人才队伍建设

要以打造一支国家级科技创新团队为目标，强化中医药高层次人才培养，实施首席专家、领军人才、紧缺人才、骨干人才等高层次人才队伍建设十年计划。

（1）实施首席专家培育计划：利用5～10年时间，在全国范围内积极引进、选拔和培养30名学术水平领先、专业地位显著且具有较高知名度和影响力的中医药首席专家，其中中医10名、中药20名。在提供科研平台、承担重大项目、转化科技成果等方面给予首席专家重点倾斜和扶持，促进多出成果、快出人才、早出效益，力争实现江西省中医药领域两院院士、千人计划、万人计划、杰青的零的突破。

（2）实施领军人才培育计划：利用3～5年时间，在全省遴选和培养11名（每个地市1名）优秀中医药领军人才和100名（每个县或区1名）优秀中医药学科带头人，组织其参加全国优秀中医临床人才研修项目并积极开展省级优秀中医临床人才研修培养工作，加速形成江西省中医药领域有一定影响的领军人才队伍。

（3）实施紧缺人才培养计划：利用5年时间，面向国内外加快引进和培养江西中医药瓶颈领域发展所需紧缺人才不少于200名，着力加强技术骨干培养，同时，出台中医药产业紧缺人才引进配套保障政策。

（4）实施青年骨干人才培育计划：利用5～10年时间，要在全省中医药领域遴选

500名左右管理水平或技术技能较高、具有较强创新能力和发展潜能的青年骨干人才。对管理岗位的中青年骨干人才，可以组织其赴国内外著名高校和科研机构，参加管理专题培训和专业研修，到国外考察卫生管理体制、医疗护理质量评价和控制、医疗信息管理等，为江西省卫生事业储备一批高素质、专业化的管理人才。对技术岗位的青年骨干人才，要以科研立项等形式支持其围绕疾病防治重点、难点问题开展自由选题创新研究，鼓励其参加高水平的国际学术交流，提高其跟踪国际医学科技发展的能力。

2. 加强基层人才队伍建设

（1）实施农村订单定向医学生培养计划：加大5年制本科订单定向中医类医学生培养力度，为县级中医医院、乡镇卫生院、社区卫生服务中心培养中医临床医学生2000～3000名；开展3年制专科订单定向医学生培养工作，为乡镇卫生院、社区卫生服务中心培养中医临床医学生1000～2000名；为县级医疗机构和社区卫生服务机构、乡镇卫生院各培养中医临床骨干人才1000名。

（2）推行基层中医药执业医师带徒培训项目：在全省县级医疗机构中遴选300名左右的老中医药专家，通过3年的跟师学习，为基层培养1000～2000名学术继承人；为乡镇卫生院和社区卫生服务机构培训2000～3000名能够提供中医药适宜技术服务的中医药人员。

（3）实施乡村医生"能西会中"人才培养工程：鼓励基层中医药人员参加学历教育，招收1000名左右基层中医药人员进行在职中西医大专学历教育，将其培养成为能够提供中西医服务的乡村医生。

（4）加强中医药人员县乡村一体化管理工作：探索中医类别医师县、乡、村多点执业机制；加强农村具有中医药一技之长的人员纳入乡村医生管理工作。

3. 加强企业人才队伍建设

政府给予一定经费资助，选派一批优秀企业人才参加高级人才培训、外出挂职或出国学习；鼓励通过委托外培、外出考察学习、邀请知名学者来赣讲学等形式，多层次、多渠道培训企业经营管理人员；大力引进企业急需中药科技人才和高级管理人员；加大企业技术工人培养力度，劳动、教育等部门要把培养技工人才作为一项重要工作来抓，切实加强与中药企业的对接互动，采取定向订单式培训等方式，培养造就一支满足中药产业快速发展急需的高级技工人才和熟练工人队伍。

4. 加强国际化人才队伍建设

以开展中医药对外交流与合作为契机，通过实施中医药国际化人才培养项目，培养或引进一批既精通外语，又有深厚中医药文化与知识背景的国际化人才，为江西省中医药参与国际竞争奠定人才基础。实施国际化人才培养计划，将中医药教育做成国际化产业，扩大中医文化影响，让更多国家的人来我国学习中医，学习传统文化，更好地促进中华文化的国际传播。通过走出去战略，与国际知名高等院校合作，加快培养国际化中医药产业高层次技术人才、管理人才和营销人才。

5. 加强复合型人才队伍建设

针对中医药人才知识结构单一的问题，应以大力发展养生保健、健康养老、健康旅游、健康管理等中医药新业态为契机，重点培养具备既懂养生、保健，又精通旅游、管理等知识储备的复合型人才。高校和科研机构要紧紧围绕"产"字做文章，有针对性地开展"学"和"研"的工作，培养出一批应用型、实干型、创新型、创业型复合型人才。

6. 加大人才培养力度

加大中医药人才培养力度，关键在于发挥中医药高等院校培养中医药人才主渠道的作用，加快中医药高等院校建设与发展、改进中医药人才培养模式、完善中医药人才培养体系。

（1）加强中医药院校建设：一是要支持江西中医药大学、江西中医药高等专科学校等院校建设中医药产业相关的特色学院，如热敏灸学院、中医药康复学院和中药饮片工程技术学院等。二是要支持中医药高等院校建设与中医药产业相关的研究机构，设立博士后流动站、工作站和创新实践基地。三是要贯彻建设好岐黄国医书院的批示精神，支持江西中医药大学岐黄国医书院申办"5+3"一体化本硕连读临床医学教育，培养高层次中医临床人才，争取将岐黄国医书院建成国家高层次中医人才培养基地。四是要大力发展中医药职业技术教育，鼓励高等院校开设中医药产业相关专业或课程。五是要加强和改进中医药院校教育，调整优化中医药院校教育布局和结构，着力打造行业领先的重点学科和知名专业。

（2）改进中医药人才培养模式：在强化中医药基础理论教学和临床实践能力培养，促进院校教育与师承教育有机结合的基础上，要重点做好两方面工作。一方面，深入推进大众创业、万众创新，创新完善中医药人才培养模式，大力培养具有国际视野和拼搏精神的企业家、具有探索精神的创新型人才和从事先进制造的工程师与产业工人队伍，营造工匠光荣的社会风尚和精益求精的敬业风气。另一方面，建立以企业为中心、产教融合、校企合作的中医药技术技能人才培养模式。与此同时，还应大力鼓励社会资本积极参与中医药人才队伍培养建设。

（3）完善中医药人才培养体系：依托人力资源服务产业园，创新中医药产业人力资本服务模式，完善人才遴选评价激励保障机制，促进各类人才的高效流动，构建科学规范、开放包容、运行高效的中医药人才培养体系。

7. 加大人才扶持力度

加大中医药人才扶持力度，关键在于进一步完善人才优惠政策和激励机制。首先，由省财政设立中医药高层次人才发展专项基金，承担中医药高层次人才队伍建设启动经费。对于首席专家，每年给予其工作经费不少于300万元，主要用于承接国家重大攻关项目，且每年提供生活补助不少于150万元。对于领军人才，每年给予其工作经费不少于200万元，主要用于承接国家重点项目，且每年生活补助不少于100万元。对于紧缺人才，每年给予其工作经费不少于 100 万元，主要用于承担省部级重大科研课题，且每年生活补助不少于 50 万元。对于青年骨干人才，每年给予其工作经费不少于 50 万元，主要用于承担省部级科研项目，且每年生活补助不少于 20 万元。如有创业需求的，另给予 200 万～1000 万不等的创业资金支持。与此同时，各相关部门和单位也应设立相应的中医药高层次人才队伍建设发展专项基金，按照不低于省财政补助落实配套经费，并根据财力逐年增加。除上述资金支持外，还应在户口、子女上学、生产、科研用房等方面提供系列优惠政策。通过重点扶持，打造一支道德高尚、学术领先、技术高超、创新能力强，在国内有较强影响力的中医药高层次人才队伍，实现江西省中医药高层次人才总量和质量的飞跃。

8. 提升人才培养服务水平

（1）加强组织领导：成立省中医药人才队伍建设工作小组。工作小组挂靠省中医药管理局，负责确定中医药人才遴选的基本原则、程序和办法，确定名额的分配和调整，开展实施情况监测评估，研究解决实施过程中的重大问题。领导小组设办公室，负责日常事务。其他相关单位和部门要明确相应的领导和办事机构，负责组织实施本辖区本单位中医药人才队伍建设工作，研究制定工作方案，完善目标责任制，落实配套资金，创造良好工作环境，合力推进本项工作。

（2）做好跟踪服务：各相关部门和单位领导干部特别是"一把手"要带头树立"为人才服务"的强烈意识，担负起中医药人才队伍建设的第一责任，及时掌握他们的工作、生活情况和发展需求，切实改善他们的工作生活条件，为其充分施展才华，发挥作用搭建广阔平台，提供良好条件。省中医药管理局建立全省中医药人才信息库，使中医药人才得到及时发现和使用。对进入全省中医药人才信息库的人员，各相关单位应在信息技术、政策、资金等方面提供经常性支持，优先安排承担科研项目及其他基金资助项目，优先安排参加国际国内学术会议、进修学习和出国考察培训，优先评聘高级专业技术职务，优先推荐参加国家、省特殊荣誉专家评选，加速提升其综合素质和发展能力，确保江西省中医药人才队伍建设项目顺利实施。

9. 促进人才培养与产业发展相融合

以江西中医药产业发展为目标，制定江西省中医药订单式人才培养计划，明确江西省中医药人才培养数量与质量。畅通江西省中医药产业需求与人才供应渠道，实现产业实际需求与人才精准供应的有效对接。以江西省现有中医药人才为依托，推动江西省中医药产业转型升级，改革江西省中医药发展模式与发展途径。具体而言，重点做好以下三个方面的工作。

（1）推进科技人才结构战略性调整：促进科学研究、工程技术、科技管理、科技创业人员和技能型人才与中医药产业发展布局相适应的人才政策，形成各类创新型人才与中医药产业衔接有序、梯次配备、合理分布的格局。

（2）深入实施重点领域人才工程：围绕人工智能、先进装备制造业、新一代信息技术、生物医药等重点领域，开辟专门渠道，实行特殊留住和引进政策，实现人才与产业发展精准对接。

（3）加强创新型人才协同创新：以重大中医药科技任务攻关为主线，充分发挥各高校、科研院所、龙头企业等各类人才的优势，组建跨学科、综合交叉的科研团队，形成功能互补、良性互动、协同开放的全产业链创新格局。

（二）促进科技创新的对策建议

要坚持为人民群众提供优质中医药服务的宗旨，把握科技创新支撑服务于临床、产业和经济社会发展的目标，紧紧抓住国家深化医药卫生体制改革、发展卫生健康事业和实施"一带一路"建设的战略机遇，遵循中医药特点与发展规律，继承发扬中医药特色与优势，借鉴利用现代科学技术与方法，提升科技创新服务能力和发展水平，推动科技创新迈上新台阶。

1. 加大投入力度

（1）加大财政投入：有关部门要高度重视中医药科技创新工作，省中医药管理局要联合省科技厅、省工信委、省财政厅等有关部门联合制定"江西中医药科技创新发展规划"，在过去基础上明确并进一步加大对中医药科技创新的投入力度；每年设立额度不少于3个亿的"中医药科技创新专项资金"，列入年度财政预算，逐年递增，用于重大科技项目的前期规划论证、对中医药实行技改贴息以及作为奖励基金用于奖励科技创新的有功人员等。

（2）建立多元投入机制：优化中医药科技创新投入模式，建立健全多形式、多元化的投入机制，引导地方、企业与社会参与，共同推动中医药科技创新发展；支持和强化科技创新相关研究，建立中医药科技创新专项。

（3）落实扶持政策：有关部门要切实履行职责，认真贯彻落实好政府对中医药科技创新的投入倾斜政策和其他扶持政策，逐步建立有利于中医药发展的科技创新投入补偿、价格形成、收入分配和用人等机制，支持中医药科技创新健康、快速发展。

（4）强化金融支持力度：创新科技金融，加强技术和知识产权交易平台建设，拓宽符合科技创新发展规律的多元化融资渠道；完善中医药科技创新现代金融服务体系，探索推行龙头企业财务公司延伸产业链金融创新服务模式，打通上下游中小微科技企业融资瓶颈，提高供应链资金运作效力。

2. 全面提升自主创新能力

（1）创新科研技术：立足江西省中医药科技发展现状与规律，制定"中医药科技创新中长期发展规划"，有重点、分步骤地推动科技创新工作；认真总结、梳理分析江西省已布局的中医药重点技术攻关项目、关键技术、基础研究的重点；相对集中人力财力，实施一批产学研联合开发的重点工程及技术创新项目，实施一批重点产业技术改造项目，尽快形成该领域的相对引领者和形成产业（产品）高地；鼓励和支持中医药企业开展重点领域关键共性技术和前沿技术研发，以技术创新提升中医药临床服务能力和产业竞争力，使技术创新成为江西中药产业发展的源泉和动力；鼓励和吸纳其他相关学科高水平研究机构与创新平台参与中医药科技创新，共同开展精准技术攻关；总结挖掘中医药防治重大疾病规律，在重大疾病防治、新药创制、技术攻关等方面实现突破。

（2）创新研究方法：加强多学科、多行业前沿技术方法与中医药研究的深度交叉融合，促进中医药研究方法和技术的革新，建立符合中医特点的方法学体系和系列技术规范，为从个体化、动态化和系统化角度认识和理解生命、解决制约中医药发展的关键科学问题提供科研方法学的支撑；建立基于整合策略的中医药复杂系统解析法、中医证候的系统生物学研究法、中药方剂复杂调控机制分析法、中药药效物质快速发现法等新方法；建立符合中医学特点和国际规范基础与临床科研设计、实施过程质量控制、过程管理、评价技术、数据分析方法，以及循证医学文献研究、中医证据推荐与利用方法等科研方法，制定适用于中医药科研的系列技术规范支撑体系。

（3）创新研究方向：遵循"继承创新，夯实基础，重点突破，支撑发展"的原则，针对中医药科技发展的重大问题，借鉴利用现代科学技术、研究方法与中医药现代化发展成果、经验，开展中医药创新研究；以提升中医药临床疗效、保障用药质量与安全为目标，开展特色炮制技术规范化研究、中医药安全性和有效性相关机理研究、中医药医院制剂技术提升、中成药大品种上市后再评价、制药工程关键共性技术与现代制药装备的研发与应用、新药创制等产业发展关键共性技术研究，促进中医药产业技术进步与市场竞争力提升。

（4）创新模式与体系：构建融医疗、养生、养老、制药、管理为一体的中医药产业自主创新模式；建立健全政、产、学、研、用一体的中医药产业自主创新体系，推动中医药产业实现突破性发展。

（5）增强创新能力：引进外部科技资源，搭建江西中医药科技创新平台和科技服务体系，建设江西中药科技企业孵化中心，提高科技支撑能力，增强江西中药企业的自主创新能力。

3. 全面提升发展水平

全面提升科技创新发展水平，关键要坚持继承和创新并重，针对中医药具有治疗优势的病种，加快疗效确切、安全性高、剂型先进、质量稳定可控的现代中药产品的开发，提高和完善中药全产业链的技术标准和规范。

（1）创新中药技术

1）中药提取分离技术：重点加强多级动态罐组提取、微波提取、大孔树脂吸附、超临界流体萃取、膜分离、微波干燥等新技术在中药生产中的应用，促进中药生产技术的现代化。

2）中药饮片生产技术：推进中药饮片炮制加工技术的规范化研究和产业化推广。

3）中药制剂技术：适合中药特点的制剂技术的研究和应用，重点解决中药注射剂、经皮和黏膜给药制剂、缓控释制剂生产中存在的关键技术问题，提升中药制剂生产水平。

4）生产过程控制技术：针对中药成分复杂、质量控制困难等现状，重点加强中药生产过程自动化控制、在线监测和质量控制技术的推广应用，提高中药生产工程技术水平和产品质量。

（2）丰富中医药产品

1）中药材：围绕中药材优质、稳定、可控的要求，加快推进中药材产业化，推广应用先进技术，实现规模化种植养殖，建设大宗道地药材规范化种植基地。

2）中药饮片：加强中药饮片生产规范化和标准的完善和提升，重点发展品种道地、炮制精细、规格明确的中药精制饮片。

3）中药新药：针对慢性病、疑难病等中医药治疗优势病种，重点加快临床疗效确切的现代中药新品种的研发与产业化，开发疗效确切、安全性高、有效成分明确、作用机制清楚的组分组方中药制剂。

4）中成药大品种二次开发：针对现有临床疗效确切和市场用量大的中成药品种，运用现代科学技术，研究其药效物质基础，开展技术改造、质量标准提升、作用机制和临床再评价，发展现代中药大品种。

5）培育中医药品牌：实施大品种战略，优先支持采用现代生物技术、先进制药工艺和制剂技术，对江西传统名优中成药进行二次开发，壮大优势品种；加快建设中医药产业创新孵化平台，加强与创新工场、风险投资基金等创新服务组织的耦合对接，建立符合创新特点的投入、收益、风险分担机制，鼓励科技人员携技术成果创办企业，培育扶持一批特色鲜明的创新型中医药品牌企业。

4. 推进成果转移转化

（1）完善体制机制：构建激励机制，综合运用政府采购、市场培育、需求创造、税收优惠、风险补助、设立中医药产业专项科技扶持资金等多种措施，推进中医药产业科技成果产业化；完善融资机制，建立从实验研究、中试到生产的全过程科技创新融资模式，促进科技成果资本化、产业化；创新管理机制，扩大中医药高等院校、科研院所成果转化的处置权限；强化保护机制，加强中医药科技成果转化应用与知识产权保护研究；构建科技成果转移转化激励机制，通过奖励和科研费用补贴的方式，加强对重大成果产业化的扶持力度。

（2）深化校企合作：鼓励并支持大专院校、科研院所与省内中医医疗机构、中药制药企业通过成果转让、中药新药研究、联合开发、院企合作、技术入股等形式开展研发合作，积极探索企业之间技术合作的新模式，大力推进合作成果转化、促进重大新药创新资源在省内直接实施产业化。

（3）制定激励政策：为激发高等院校、科研院所、相关企业及个人转化科技成果的积极性和主动性，建议由省中医药管理局和省科技厅牵头，尽快制定科技成果激励政策；规定凡科技成果成功转化并投入生产运用的，按转化金额的一定比例予以奖励，不足 1 万元的按 1 万元奖励，1 万～20 万元的按 1 ：1 奖励，20 万～50 万元的按 1 ：0.8 奖励，50 万～100 万元的按 1 ：0.5 奖励，100 万～1000 万元的按 1 ：0.2 奖励，1000 万元以上的按 500 万元奖励。

（4）加速成果转化：科技成果"入市难"问题，是制约科技发展的顽疾。一边是大量的科技成果在实验室"沉睡"，一边是"饥饿"的企业找不到新技术。为此，江西省有必要通过系列组合拳推进科研攻关与成果转化，使科技项目、技术合同成交额、科技成果、科技奖励及专利申请授权均呈良态发展，依托科技创新推动中医药产业提质增效。

5. 完善创新体系

（1）深化体制改革：深化中医药科技体制改革，建立以企业为主体、市场为导向、产学研深度融合的中医药科技创新体系。

（2）完善管理体系：建立并完善符合中医药特点的科技创新管理体系，强化中医药管理局在中医药科技创新中的主体地位，实行中医药科技项目由中医药管理局牵头、其他科技力量参与的项目申报、实施、成果转化的管理模式。

（3）完善评价体系：建立并完善符合中医药特点的科技创新评价体系，推行中医药科研课题立项、科技成果评审同行评议制度。

（4）完善服务体系：建设江西省中药科技服务中心，形成相对完整、功能齐全的创新服务体系，服务范围辐射全国，为企业的科技创新提供人才、市场、知识产权、投资、产业政策、法律等信息咨询服务。

6. 优化体制机制

（1）完善扶持发展政策：各地区中医药管理局（处、科）及有关部门要高度重视中医药科技创新工作，结合本地区中医药科技发展现状与需求，加强政策研究与统筹协调，制定鼓励中医药科技创新的政策措施，创造良好的发展环境。

（2）促进中医药协同创新：鼓励中医药优势科技资源和科研力量与其他地区或其他学科的优势科技资源与科研力量进行整合、合作，鼓励建立中医药科技联盟，鼓励多学科融合与协同创新。

（3）推动中医药科技发展：加强部门间沟通协调，建立中医药科技协调联席会议制度，促进相关科技计划衔接与实施，充分发挥学会与行业组织作用，协同推进中医药科技创新发展。

7. 加强平台建设

（1）支持企业建设科技创新平台：鼓励和支持有条件的企业或园区建设临床研究、中试、委托加工、检验检测等公共技术服务平台；支持企业创设国家或省级工程技术研究中心、重点实验室、企业研究院等研发平台，对于新认定的国家和省级工程技术研究中心、重点实验室、企业研究院分别给予 100 万元和 50 万元奖励；支持和鼓励企业与国内外知名高校院所、科研机构合作，建设关键技术攻关平台，提升现有技术平台的创新能力；加强企业现有研究基地、重点研究室等平台建设，改善企业平台科研条件。

（2）支持科技创新服务平台建设：坚持产学研相结合，组建江西中医药知识产权保护与交易中心，推动中医药技术和知识产权交易平台建设；持续推进创新驱动发展战略，组建江西中医药发展协同创新体，在医药产业园区搭建中医药公共服务平台；以省会南昌和"药都"樟树为依托，建设符合中医药发展规律和具有江西特色的中医药科技创新示范园；加强产学研合作与协作，政府积极协调有关部门、企业或单位，推动江西省中药研发中心和中药科技服务中心的建设。

8. 促进科技创新与产业融合发展

加快科技创新与产业发展深度融合，关键是要把市场化作为推进科技创新的主方向，着力激发创新源头主体的科技创新热情，加快科研成果应用与转化，促进形成人才、资本、技术多要素联动、政产学研用协同的创新生态系统，具体做好以下四个方面的工作。

（1）制定发展规划：由省中医药管理局牵头，联合省发改委、省工信委、省科技厅、江西中医药大学、江西省中医药研究院等单位，联合制定"科技创新与产业融合发展规划"，明确融合"科技创新与产业发展"的目标方向、方式方法与途径措施。

（2）加快成果就地转化：支持高校、科研院所与产业链上下游企业在共性技术攻关、供应链、行业溢价、产业链、金融等方面加强合作，建立"需求—研发—试验—孵化—产品—产业"的创新链，使科技成果直接融入产业化。

（3）完善投入机制：大力推动以市场化手段支持产业创新发展，通过发展创业投资、引导信贷支持、推动上市融资等综合性措施，帮助科技创新项目和中医药相关企业解决融资困难；对"种子基金""创投基金"等投入给予一定的风险补贴；结合运用财政扶持、金融资本和社会资本介入多种形式壮大政府创业投资引导基金规模；积极构建有利于科技、资本、产业有效对接的科学机制。

（4）完善评价制度：组建或聘请专业团队，研究建立以市场化为导向且符合江西省实际的"中医药科技创新评价制度和指标体系"；建立以科技创新质量、运用、贡献、绩效为导向的分类评价体系，正确评价科技成果的科学价值、技术价值、经济价值、社会价值和运用价值；建立各地区、各职能部门、高等院校、科研机构、相关企业分类评价体系，实施绩效评价，将评价结果作为创新绩效重要考核指标和财政科技经费支持的重要依据。

课题负责人：吴海波
课题组成员：董燕婧，姚东明，周步高，李军山，周翔，李斐，吴亚芬，潘玲玲

中篇 对策篇

报告 VII

江西建设中医药强省的对策建议

摘要：

　　中医药是江西具有优势的领域。江西省委、省政府为贯彻落实习近平总书记考察江西讲话精神，提出了"打造国内领先、世界知名的中医药强省"目标。为客观认识江西省中医药强省战略实施状况及面临的问题，课题组开展了系统的调查，总结出：江西建设中医药强省的成效，包括政策环境逐步改善、创新能力日益增强、工业规模优势明显、产业集聚初步成型、产业链条逐渐延伸、医疗服务能力提升等；同时，江西中医药也存在规模优势弱化、结构失衡明显，政策配套不足、财政支持偏少，同质竞争明显、产业融合不够，创新能力不高、支撑平台不足，高端人才缺乏、基层人力不足等方面的问题与不足。针对江西省情和中医药发展的优劣势，课题组提出通过健全组织机构、强化专项扶持、推进科技创新、构筑大健康产业链、创新金融支持机制、强化信息与人才保障、营造良好氛围等方式，更快更好地推进江西省中医药高质量发展，实现中医药强省目标。

　　关键词：江西；中医药强省；扶持政策；中医药综合改革

　　2016 年 11 月，中国共产党江西省第十四次代表大会明确提出了"打造国内领先、世界知名"的中医药强省目标。中医药成为江西省重点扶持的战略性新兴产业。2017年 5 月，江西省人民政府办公厅印发的《江西省"十三五"中医药发展规划》明确提出："到 2020 年，中医医疗、中药产业、中医药继承创新、中医药健康服务、中医药文化传播等方面走在全国前列，初步实现中医药强省目标。""重点建设 10 个省级区域中医（专科）诊疗中心，力争建成 1 个国家级区域中医医疗中心。""建成 20 个赣产道地药材和优势中药材种植基地，全省中药材种植面积达到 100 万亩。全省中药产业主营业务收入年均增长 15% 以上，达到 1000 亿元。年销售收入超 100 亿元的中药企业达到 2家，50 亿～100 亿元的企业达到 5 家，1～2 家中药企业进入全国中药行业前五强。""建设国家级中医药健康旅游示范区 1 个、示范基地 2～3 个、示范项目 30 个，打造以中医医疗、养生保健、康复养老、健康旅游为特色的健康小镇 10 个，培育集团化发展、连锁式经营的中医药养生保健服务企业 2～3 家。""新建 30 个国医名师、名老中医药专家及中医学术流派传承工作室，建设 10 个国家级、50 个省部级中医药工程研究中心（工程实验室）、重点实验室等创新平台。引进、培养中医药高层次人才和紧缺人才各 100 名。""在海外建设热敏灸馆 6～10 个"。这些目标的提出，为江西省中医药强省战略的实施明确了努力方向和具体目标。

为了解当前江西省中医药强省战略实施状况及面临的问题，以便探寻对策，更好地推动中医药强省战略的实施，促进江西省中医药产业高质量发展，本课题组自 2017 年开始，采用会议座谈、深入访谈、问卷调查等方式，分主题、分批次多次深入江西省 11 地市 20 余县（市、区）和浙江（中医药健康服务）、海南（中医药健康旅游）、吉林（中药农业与工业）等中医药特色优势省份，以及百余家中医药企事业单位开展调查，在对标高质量发展水准、对标跨越式发展要求、对标兄弟省市先进经验的基础上，分析形成了江西省中医药战略强省的问题短板和对策建议。

一、主要成效

（一）政策环境逐步改善

为贯彻落实习近平总书记视察江西江中药谷制造基地重要讲话精神，国家中医药管理局和江西省人民政府签署了《共同推进中医药发展合作框架协议》和《共建江西中医药大学协议》，批复同意江西省为国家中医药综合改革试验区，并印发了《关于支持江西中医药事业发展措施及其分工方案》，进一步加大了对江西省的支持力度。

江西省委、省政府高度重视中医药发展，成立了由省委常委任组长的推进中医药发展领导小组；建立了由省领导担任召集人的推进中医药发展厅际联席会议制度。2016—2018 年，江西省批量出台了《江西省支持中医药发展的意见》《江西省中医药健康服务发展规划》《江西省"十三五"中医药发展规划》《国家中医药综合改革试验区（江西）建设行动计划（2018—2020 年）》《江西樟树"中国药都"振兴工程中医药产业发展规划（2017—2030 年）》等政策文件，为江西中医药强省战略的实施做好了顶层设计。省人社厅在《江西省基本医疗保险、工伤保险和生育保险药品目录（2017 年版）》中新增 212 种中成药，并将金水宝、康莱特、喜炎平、醒脑静、健胃消食片等省产优势中药品种全部纳入医保药品目录，使中成药在目录中占比达到 48.11%。

江西省各地纷纷将中医药摆在经济社会发展的重要位置，成立由地方党政领导为组长的中医药发展协调组织，建立产业发展引导、扶持基金，加大金融支持力度，高位推动中医药强省战略的实施。

人才政策效果初显。为有效实施创新驱动战略、实现弯道超车，江西省整合原"赣鄱英才 555 工程"和江西省青年拔尖人才支持计划的有关内容，建立了"双千计划"，2017 年 12 月到 2018 年 4 月初的 4 个多月时间里，就接受了来自 20 个国家或地区的

1698 名高端人才的申报，其中入选国家级重大人才工程的 120 人，包括中国工程院院士 2 人、外籍院士 3 人、千人计划专家 47 人、国家"杰青"获得者 19 人、教育部"长江学者奖励计划"入选者 10 人、国家"优青"获得者 15 人，入选部级或其他省市人才工程的 31 人；具有博士学位的 1140 人，硕士学位的 256 人；外籍人才 147 人；277 个人才团队申报了高层次创新创业团队项目。在中医药领域，江西省还先后设立了院士工作站、博士后科研流动站、博士后科研工作站。

（二）创新能力日益增强

中医药科创城建设稳步推进。2017 年，江西省人民政府印发了《中国（南昌）中医药科创城建设方案》《中国（南昌）中医药科创城建设重点工作分工方案》，明确了中医药科创城的功能定位、发展目标、重点任务、保障措施和各部门责任分工。目前，科创城建设各项工作已进入实施阶段。《赣江新区桑海中医药科创城（一期）控制性详细规划》已经完成公示；《中国（南昌）中医药科创城江中药谷核心区概念规划》已经完成；实际推进项目 21 个，预算经费 10.66 亿元；成立了经典名方开发工作小组，推进经典名方制剂药物非临床研究质量管理规范（GLP）实验室建设，推动 10 余首经典名方开发工作；积极筹建"道地药材质量检测认证中心"。

江西省中医药行业日益注重研发实力建设，科研平台、项目不断增加。目前，江西省获批新药研发、中药种植、中药制造、质量控制等中医药产业相关科技创新平台 30 个，包括 2 个企业国家重点实验室、2 个国家工程中心、7 个省重点实验室和 21 个省工程技术研究中心。2013—2017 年，江西省共获得新药批件 37 件，其中中药批件 16 件，占 43.24%；药品批文保有量 24061 件，其中，中成药批文保有量 12820 件，占 53.28%。

2010 年，江西中医药大学原创的热敏灸技术在上海世博会上成为联合国开发计划署唯一的全球推广的传统医学项目。2015 年，"热敏灸技术的创立及推广应用"荣获国家科技进步奖二等奖，填补了江西医学领域的空白。2017 年，江西省获批国家重点研发计划"中医药现代化"专项 2 项，是全国仅有的 4 个获批 2 个专项的省份之一，专项经费达 2323 万元。

（三）工业规模优势明显

自 20 世纪六七十年代"发掘民间中草药运动"开始，在一代代中医药人员的努力下，江西省中药工业规模逐渐形成了一定优势。2017 年，江西省中药工业企业实现主营业务收入 553.7 亿元，占全省医药行业的 40.3%，占全国中医药行业的 7.0%，居全国第四位。其中，中成药企业实现主营业务收入 458.9 亿元，居全国第三位。详见表 7-1、表 7-2。

表7-1　2011—2017年江西省与全国中药工业主营业务收入

年份	全国 （亿元）	江西 （亿元）	占比 （%）
2011	4089.2	293.7	7.2
2012	5067.0	371.9	7.3
2013	6055.9	429.8	7.1
2014	7002.6	478.1	6.8
2015	7867.3	514.7	6.5
2016	8653.5	550.4	6.4
2017	7901.1	553.7	7.0

注：2011—2014年数据来源于工信部医药工业统计年报。江西省2015—2017年数据来源于江西省工信委内部资料《全省（生物）医药产业运行情况》；全国2015—2017年数据来源于发改委、工信部相关报告。

表7-2　2015—2017年江西省与全国中药工业主营业务收入比较

地区	年份	医药行业 （亿元）	中药行业 （亿元）	行业占比 （%）	中药饮片 （亿元）	中成药 （亿元）
江西	2015	1258.72	514.66	40.89	72.27	442.39
	2017	1373.25	553.74	40.32	94.84	458.9
	增幅（%）	9.10	7.59	−1.38	31.23	3.73
全国	2015	26885	7867.33	29.26	1699.94	6167.39
	2017	29826	7901.1	26.49	2165.3	5735.8
	增幅（%）	10.94	0.43	−9.47	27.38	−7.00
全国 占比	2015	4.68	6.54	–	4.25	7.17
	2017	4.60	7.01	–	4.38	8.00

注：江西省医药工业数据来源于省工信委主要工业企业财务信息。

此外，江西省企业数量与龙头企业规模也具有一定优势。江西省注册中药（含饮片）企业147家，主营业务收入超过10亿元的中医药企业有8家，位居全国中成药300强的企业数达到18家。江西省年销售额过亿元的中成药优势品种41个，其中，金水宝、肾宝片、健胃消食片、醒脑静、康莱特、喜炎平等6个中药产品销售额超10亿元。

（四）产业集聚初步成型

目前，江西省中医药产业地区聚集、企业聚集、文化聚集形态初步形成。通过资源凝聚，江西省初步形成了以南昌小蓝经济技术开发区、桑海医药产业园，宜春袁州医药工业园区，樟树工业园区为核心的中医药产业聚集区。2017 年，南昌市中成药、中药饮片加工企业主营业务收入、利税总额、利润总额占全省的 45% 以上，宜春市占比超过 30%，两地合计超过 75%。特别是宜春的中药饮片加工，占比达到 80%。

通过龙头培育、科技引领，江西省初步形成了济民可信、仁和药业、青峰药业、江中制药等一批具有一定规模和品牌效应的中医药企业和金水宝、优卡丹等一批知名产品；通过文化传承，樟树中药炮制技艺被列为国家非物质文化遗产；江西省牵头获批全国中药炮制传承基地，立项金额达 9000 万元；"樟树吴茱萸""樟树黄栀子""清江枳壳""余干芡实""德兴覆盆子""横峰葛"先后成功获得国家地理标志产品保护。

2017 年各地市中药企业收入、利润与利税占全省比重比较见表 7-3。江西省优势主导中药产品销售情况见表 7-4。

表 7-3 2017 年各地市中药企业收入、利润与利税占全省比重比较

地区	主营业务收入占比（%）			利税总额占比（%）			利润总额占比（%）		
	中药	中成药	饮片	合计	中成药	饮片	合计	中成药	饮片
南昌市	46.1	47.8	0.1	45.8	47.1	0.1	47.2	49.5	0.2
宜春市	27.4	25.5	77.4	29.6	28.1	82.8	31.8	29.0	86.4
赣州市	10.8	11.2	0.0	11.2	11.5	0.0	5.2	5.5	0.0
新余市	6.3	6.2	8.5	2.6	2.6	1.0	3.9	4.1	0.1
抚州市	3.4	3.5	0.0	3.9	4.0	0.0	46	4.8	0.0
吉安市	2.4	2.3	4.0	2.4	2.5	1.4	2.70	2.8	0.3

表 7-4 江西省优势主导中药产品销售情况

产品	所属企业	2017 年销售额（亿元）	同比增幅（%）
喜炎平注射液	青峰药业	26.66	−22.46
金水宝胶囊	济民可信	39.84	13.19
健胃消食片	江中制药	12.80	6.33
康莱特注射液	济民可信	28.64	7.67
汇仁肾宝片	汇仁药业	12.80	−13.59
醒脑静注射液	济民可信	20.62	6.93

（五）产业链条逐渐延伸

中药农业发展迅速。一是中药材种植面积增长迅速、企业数量较大。2013—2017年，江西省中药材种植面积由 56.1 万亩增加到 81.6 万亩，增幅为 45.51%。目前，全省从事森林药材种植的专业大户 1128 户、家庭林场 145 个、专业合作社 185 家、龙头企业 55 家，参与农户 25.6 万人。二是中药材种植模式不断创新。江西各地普遍推广"公司 + 基地 + 农户""合作社 + 农户"的种植模式，实施订单式生产，探索构建了中药材产业精准扶贫新模式。

中医药健康服务新业态活力初现。在传统中药农业、中药工业、中医医疗服务业的基础上，江西省大力提倡中医药健康服务业，特别是中医药健康旅游、健康养老等新兴服务业的发展，初步形成了"中药农业 – 中药工业 – 中医药服务业"的产业链条，并逐步推进中医药与其他产业的有机融合，为中医药发展插上了新的翅膀。目前，上饶市获批国家中医药健康旅游示范区，新余悦新养老产业示范基地、德兴国际中医药健康旅游产业基地、黎川国医研中医药健康旅游示范基地、婺源文化与生态旅游区获批国家中医药旅游示范基地创建单位；樟树市阁山镇、上高县南港镇、鹰潭市月湖区梅园街道列为工信部、民政部、卫计委全国智慧健康养老应用试点示范乡镇。

（六）医疗服务能力提升

（1）中医诊疗服务能力不断提升：2013—2017 年，中医医院门急诊人次由 5118.24 万增加至 6598.22 万人次，增幅达到 27.18%；出院病人数由 395.44 万人增加至 521.34 万人，增长 31.84%；医疗收入由 53.46 亿元增长至 81.77 亿元，增长超过 52.97%。同期，所有在统医院中药（包括中草药与中成药）收入由 112.48 亿元增加至 145.60 亿元，增长 29.45%；其中，中医医院中药收入由 18.18 亿元增加至 26.18 亿元，增幅达到 44.02%。

（2）中医医疗机构与床位增加：2013—2017 年，江西省、市、县中医医院由 98 所增加到 103 所，基本实现了县县有中医医院；中医医院床位数由 2 万张增长至 2.8 万张，增幅达到 39.96%。

（3）专科建设成效显著：2013—2017 年，全省各级各类医院中医特色专科由 38 个增加至 66 个，增幅达 73.68%。目前，全省拥有国家临床重点专科（中医专业）13 个，国家中医药管理局重点专科 33 个，全国农村中医特色优势重点专科 21 个，区域中医（专科）诊疗中心培育项目 2 个。

（4）人才队伍日益壮大：2013—2017 年，全省中医医院职工总数由 12.89 万增至 17.03 万，增长超过 32.04%。目前，江西省有国医大师 2 人、全国老中医药专家学术经验继承工作指导老师 96 人、全国老中医药专家学术经验继承人 200 人、全国优秀中医临床人才 46 人、省级名中医 265 人。

二、主要问题

（一）规模优势弱化、结构失衡明显

近年来，中药工业规模优势弱化。受国际市场波动、经济下行压力加大、行业政策不断调整等影响，江西中药产业主营业务收入增速放缓、排名下滑。2017 年，全省中药产业主营业务收入同比增长 10.03%，与"十二五"期间平均增速 16.76% 相比，增速下降了 6.7 个百分点；全省中药工业主营业务收入位居全国第四位，与"十二五"之初相比，位次下滑两位。与全国顶尖、大型中医药企业相比，江西省中药企业的规模仍处于劣势。2017 年，全省排名第一的济民可信集团主营业务收入为 166.4 亿元，不足全国排名第一的扬子江药业集团（700 亿元）的 1/4；全省最大的中药饮片企业樟树天齐堂药业主营业务收入 3.2 亿元，仅为行业龙头康美药业中药饮片业务收入（61.6 亿元）的 1/20。

中药饮片炮制技术优势未转变为产业优势。樟帮、建昌帮享誉全国，饮片炮制技艺地位独特，但全省中药饮片企业总体规模不大，主营业务收入占比不到全国的 5%，在全省中药企业中占比也仅为 12.13%。

2011—2017 年，江西省与全国中药饮片与中成药发展状况见表 7-5。

表 7-5　2011—2017 年江西省与全国中药饮片与中成药发展状况

类型	年份	全国（亿元）	江西（亿元）	占比（%）
中药饮片	2011	770.5	31.5	4.09
	2012	935.8	37.1	3.96
	2013	1169.0	52.2	4.47
	2014	1388.0	67.0	4.83
	2015	1699.9	72.3	4.25
	2016	1956.4	95.9	4.90
	2017	2165.3	94.8	4.38
中成药	2011	3318.7	262.2	7.90
	2012	4131.2	334.8	8.10
	2013	4886.9	377.6	7.73
	2014	5614.6	411.1	7.32
	2015	6167.4	442.4	7.17
	2016	6697.1	454.5	6.79
	2017	5735.8	458.9	8.00

注：2011—2014 年数据来源于工信部医药工业统计年报。江西省 2015—2017 年数据来源于江西省工信委内部资料《全省（生物）医药产业运行情况》；全国 2015—2017 年数据来源于发改委、工信部相关报告。

江西省医药装备制造、中药贸易、中医药健康服务等水平不高，对全省中医药产业的贡献和带动作用较小。2017 年，江西省医药装备制造业共有 42 家企业，实现主营业务收入 137.22 亿元、利润 11.81 亿元，分别占全国的 4.85% 和 3.63%，排位较靠后。江西省大部分中成药、中药饮片企业生产的产品几乎是"零出口"。江西省中医药健康服务新业态尚处于起步阶段，行业人才匮乏，企业规模小、盈利能力低，对 GDP 贡献较低。2016 年调研显示：江西省中医药健康服务新业态对 GDP 贡献不足 0.4%。

（二）政策配套不足、财政支持偏少

（1）政策配套不足：江西省中医药发展"十三五"规划详细阐述了中医药发展的空间布局和主要任务，明确提出了中药工业生产能力提升等九大工程，但对各个子行业、具体工程、任务如何落地缺少详细的政策方案、措施。在这方面，上海等发达地区走在了前面，真正做到了先行先试。以中医药服务贸易为例，上海市不仅制订了《上海市中医药发展战略规划纲要（2018—2035）》等中医药发展的整体规划，还出台了《上海市中医药健康服务发展规划（2016—2020 年）》《上海市中医药事业发展"十三五"规划》等子行业规划，更是在全国率先开展了中医药服务贸易的政策研究，陆续出台了《中医药服务贸易试点单位（试点项目）认定管理暂行办法》《中医药国际服务贸易发展规划纲要》《上海市服务贸易创新发展试点实施方案》等政策文件，推进中医药服务贸易这一子行业的发展。

（2）医保等具体政策落实不到位：全省范围内门诊统筹政策没有得到突破，群众看中医门诊基本属于自费，削弱了中医在治疗慢性病、治未病诊疗上的优势。

（3）财政支持水平不高：一是江西省中医药发展经费投入占比较低。2018 年，江西省本级中医药预算仅占卫生支出的 1.12%，明显低于吉林（14.71%）、陕西（11.65%）、上海（7.65%）等省（市、区），见图 7-1。二是政策配套资金支持力度不高。以安徽亳州和江西樟树两大"药都"为例，安徽省、亳州市两级财政自 2010 年起每年分别投入 2 亿元用于推动亳州中医药产业发展，并最终将其打造成了规模全国第一的中药材市场；而樟树市在 2017 年才提出每年财政投入 5000 万元用于扶持中药材种植产业。

（三）同质竞争明显、产业融合不够

（1）企业产品同质化现象明显：在江西省，功能相同的片剂、胶囊、保健品很多药企都有生产，独家品种、中药提取物、配方颗粒、功能性保健食品等高附加值产品较少。由于缺乏独家、特色产品，江西省中药企业竞争压力较大，利润较低。据统计，2017 年江西省中药企业平均利润率为 7.78%，明显低于全国同期水平（10.89%）；其中，中成药企业平均利润率仅为 7.67%，与全国同期水平（12.33%）相比差距更大。

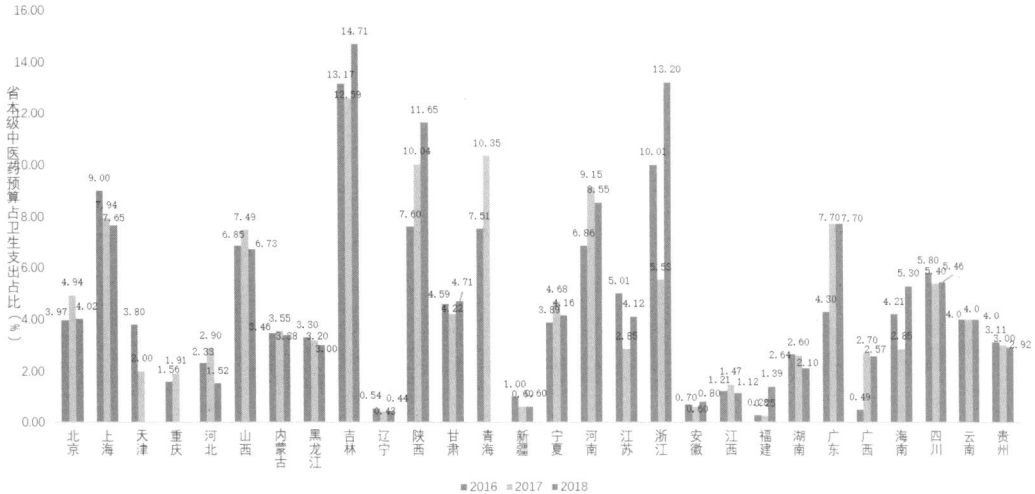

图 7-1　2018 年各省级财政中医药发展的经费投入情况

注：资料来源于《〈中华人民共和国中医药法〉实施一周年情况调研报告》。

（2）中医药三大产业融合度不高，上下游配套产业关联度低：一方面，药材种植与加工制造业对接不紧密，企业对本地药材采购比例较低，中药原材料主要从外省采购，本地种植同种中药材也主要销往省外。以江西的大品牌产品汇仁肾宝片为例，主要原材料覆盆子 60% 以上来自省外，而天海等省内覆盆子种植企业的产品则主要销往省外。另一方面，中医药服务与中药工业融合度不高，加工制造业主要面向省外市场。根据 2018 年 5 月对 9 家省内中药企业调研的结果，江西省企业大部分产品在省内销售占比低于 10%，省内销售比重最高的产品其省内销售量也仅占 20.33%，甚至存在个别省内占比低于 1% 的产品。

（四）创新能力不高、支撑平台不足

（1）中医药研发投入相对较少：一方面，未设立中医药研究开发专项，投入研发经费相对较少，企业研发基础薄弱。二是企业对研发重视程度不够，投入不足，产出不多。江西省中药企业更倾向于购买成熟的产品和技术，而不愿自己投入研发。江西省大多数企业没有拥有自主知识产权的产品，原创性成果几乎为零；大部分中小规模企业没有自己的科研团队和机构，研发投入占销售收入比重仅维持在"高新企业"准入门槛的 3%，与国际大型医药企业差距较大。2018 年，江西省第一批新拟认定的 1033 家高新技术企业中，31 家中医药企业通过认定，占比仅为 3%。2017 年，全省专利授权数 3.3 万件，中医药相关专利授权数仅有 407 件。

（2）支撑平台数量少、能力弱：全省医药类第三方质量检验检测中心较少，中药质量检测能力不足，严重制约了中医药产品的入市和产业的发展；没有建立涵盖产品、项目、政策的中医药大数据信息平台，导致中药种植、加工、使用等环节出现供销脱节，影响了中医药产业的发展；健康产业服务能力弱，新业态发展缓慢，如结合休闲旅游、观光旅游、文化旅游特色一体的中医药健康旅游精品线路、精品项目的旅游资源开发还处于起步阶段；中医药特色还停留在泡温泉、看药景、品药膳的水平，养生保健局限于泡脚、拔火罐等传统方式。

（五）高端人才缺乏、基层人力不足

江西省中医药行业高端人才严重不足，存在引进难、留住更难的问题。迄今为止，江西省没有本土培养的中医药领域院士、杰青、长江学者等高端人才；国医大师、全国名中医等人数低于全国平均水平。2013—2018年，全省引进的高端中医药人才仅有146名，且全部为三类、四类人才；评出的520名省百千万人才工程中，中医药类人才仅有20人，占比不足4%；评定的正高级中医药专业技术人员仅有136人，年均只有27.2人，且主要集中在科研、医疗机构，中药制造企业高端人才更是极度匮乏。

中医药技术人员不足问题突出。2016年，江西省主营业务收入入围全国医药企业500强的优强企业全部从业人员年平均人数为3.73万人，占全国500强企业总数的3.16%，居全国第十位。由于缺乏经验丰富的药工、技工等专业型人才，全国知名的樟帮、建昌帮炮制技艺传承曾一度面临失传风险。由于收入低、入编难等原因，基层医疗卫生机构极度缺乏中医药人才，个别县级中医医院本科及以上中医药技术人员不足2人，远无法满足群众中医药服务需求。

三、对策建议

（一）健全组织机构

高位推动是建设中医药强省的关键，建立相对独立的中医药管理局、构建完善的中医药管理组织体系，是中医药强省的保障基础。全国现阶段设立相对独立的中医药管理局的省份，如河北、吉林、四川等省，中医药管理局多为副厅级，其中，最典型的吉林省形成了较为完整的管理体系。省中医药管理局内要设立与国家中医药管理局主要职能相对应的处室，负责统筹和指导全省中医医疗服务和中药材种植养殖、中药加工制造、中药制造设备生产、中药经营、中药贸易等。

全省县级以上政府部门要设立相对独立的中医药管理部门，配备与发展中医药强省相应的人员编制，加大中医药工作的统筹和组织指导。

（二）强化专项扶持

1.要深入调查梳理全省中医药资源特色优势，结合市场需求分析、筛选具有发展潜力的项目并列为专项，开展专项扶持活动，助推中医药产业的发展。

2. 要加大医保支持中医药服务的力度，将中医诊疗，包括中药饮片、中成药、中医适宜技术都应该纳入医保报销范畴，提高报销比例。

3. 要加大热敏灸技术在全省的推广运用，更好地服务江西民众，提升人民大众的健康水平，同时要更有效地将疾病治疗的关口前移到疾病预防，从而有效降低医疗费用。

4. 要加快中医药产业发展平台建设，重点建设中医药科创城的研发核心区、中药材区域性检测平台、线上线下交易平台，健全中医药产品质量追溯体系等。

5. 要加强中医药知识产权的挖掘、申报和保护工作，确立中医药知识产权保护目标，设立中医药知识产权发明奖、保护奖等奖项，引导和规范尊重知识产权的行为。

6. 积极开展招大引强工作，为大而强的机构落户江西出台个性化的支持方案。

（三）推进科技创新

1. 要提高中医药的创新发展和服务能力，要从供好料、寻好药、做好药、用好药四个方面来做工作，促进中药产业优化升级，建立符合中药特点的新药创制模式，大力发展中医健康服务，促进互联网与中医药的深度融合，培育新动能。

2. 要加强中药材种质资源的优选、培育，种植过程的规范化建设，保障中药材高质量发展，争取实现质优、价高、销路好。

3. 要抓紧江西潜力中成药大品种、中成药优势品种二次开发的研究，制定符合江西特色和有强大市场前景的产品目录，确定中成药大品种、中成药优势品种未来不同时期的发展规划，指导加工企业的战略选择，拓展江西中药工业的竞争空间，提升江西中药工业的市场地位。

（四）构筑大健康产业链

1. 构建江西中医药信息平台，统一发布第一、二、三产的产品和服务信息，提前预判产业发展趋势，指导和帮助重点市县进一步明确发展方向、厘清发展思路、优化产业布局。着力打通中医药种植养殖、加工制造和健康服务业的信息链，建立龙头企业、上市企业、高新技术企业、专精特新企业等企业库，强化分级分类指导，帮扶企业发展。引导企业创新管理，推广全面质量管理（TQC）、企业资源计划（ERP）等先进管理体系和管理模式，促进企业管理水平提升。

2. 引导全省实施特色药材种植，发挥樟帮、建昌帮传统技术优势，开展中药饮片规范化炮制，打造江西精品中药饮片，扩大中药饮片产业规模，加大新药创制研发投入，做好中成药品种培育，优化"特色药材种植—饮片炮制—新药创制—中成药品种培育"中药产业链。

3. 借助江西绿色生态、中医药资源丰富的优势，借助国家中医药健康旅游示范区和示范基地建设的经验，做大做强中医药健康旅游业，拓展江西中医药健康服务业发展空间。

4. 有机结合中医药与智慧健康养老，形成中医药特色鲜明的养老服务业，从养老的标准、产品、服务各方面着手探索中医药养老服务模式与机制，形成优势和样板。

（五）创新金融支持机制

1. 争取设立省中医药产业投资集团或者中医药集团公司，引进战略投资者，统筹对中医药全产业链政府投资项目建设及管理；继续利用财园信贷通和惠农信贷通切块支持中药材种植基地和种植专业户。

2. 积极引进种子基金和风险基金支持中医药新品研发和科技创新；设立江西中医药产业发展风险基金；进一步加大金融保险对中药材种植、中药新品种研发的投入和支持。

3. 打造江西中药特色资源期货市场、建立中药材市场平准基金，力争具有中医药市场定价的话语权，创新中医药产业的金融服务，带动全省中医药产业在第三产业的快速发展。

（六）强化信息与人才保障

1. 创设中药材交易期货平台，力争具有中药材市场定价的话语权，创新我国中医药产业的金融服务，带动江西中医药产业在第三产业的快速发展。

2. 精准引进中医药发展所需的高端人才，对急需的中医药高端人才，要精准到专业，甚至精准到人，采取灵活多样的引才方式，如建立挂点帮扶，建立专家工作站、"候鸟专家"、双休专家等柔性引才机制。大力培养中医药操作人员和管理人员等专门人才，支撑发展江西中医药产业的人才需求。

3. 提高各级中医医疗机构的专业人才配备，特别是基层医疗机构中医药专业人才的配备，更好地落实基层中医药服务能力的提升。加大对江西中医药大学的人才培养和科学研究的支持，更好地服务江西中医药强省战略的实施。

（七）营造良好文化氛围

中医药事业的腾飞，有赖于健全的两翼：一翼是科学研究，一翼是科学普及。加强宣传传播，不断推进中医药文化普及至关重要。应加大中医药宣传力度，拓宽中医药传播渠道，扩大中医药普及区域，夯实中医药发展的群众基础。采取群众看得见、听得懂、喜闻乐见的形式加强中医药科普宣传，推广普及中医药养生保健、防病治病知识，让群众了解中医药理论、享受中医药服务、感受中医药疗效、传播中医药价值。积极开展中医药健康教育、健康咨询等活动，大力推广具有中医药特色、适合我国国情和群众生活习俗的养生保健方法与技术，发挥中医药治未病优势，实现服务健康关口前移，提高全民健康素质。

课题负责人： 黄璐琦，章德林
课题组成员： 刘红宁，王素珍，严小军，王军永，王立元，严军，朱瑶

提高产业集中度，培育江西中医药优势产业集群

摘要：

中医药产业是江西具有优势的产业，也是江西重点打造的战略性新兴产业的重要组成。目前，江西中医药产业在发展环境、资源优势、产业规模、集群优势、品牌特色和科技创新方面已经取得良好成绩，形成了较完善的中医药产业链，中医药产业规模居全国先进水平。但是，江西中医药产业还存在集群效应不突出、龙头企业带动效果不显著、科技创新能力不强、产业人才不足、营商环境待优化、内生动力不足等问题，迫切需要充分发挥综合优势，优化空间布局，聚焦创新链、延伸产业链、融通供应链、提升价值链，全力打造特色鲜明、定位清晰、配套完备、绿色生态的高端产业集群。课题组建议江西立足"一核四群"布局，打造"四最"营商环境，凝聚产业集群发展要素，做大做强中医药企业，推动创新能力提升，造就高素质人才队伍，擦亮江西中医药品牌。

关键词：中医药；产业集群；集中度；龙头企业；营商环境

目前，产业集群已成为区域经济发展的重要产业组织形式和优势支柱产业成长的发展模式，在提升产业竞争力、推动产业升级、促进区域经济高质量发展方面发挥了越来越重要的作用。中医药产业是江西重点发展的特色优势产业，现已形成较明显的产业集群发展态势。进一步提升产业集中度，培育优势产业集群，是擦亮江西中医药品牌、实施中医药强省战略的重点。

一、发展现状

（一）发展基础

经过多年培育发展，江西省中医药产业的发展环境、资源优势、产业规模、品牌特色、科技创新和集群优势较明显，形成了比较完善的产业链，中医药产业规模居全国先进水平。

1. 政策环境日趋优化

为深入贯彻落实习近平总书记关于江西中医药产业的重要指示和中共中央、国务院《关于促进中医药传承创新发展的意见》，江西省委、省政府全力推进建设"国内领先、世界知名"的中医药强省战略实施，把中医药作为全省的支柱产业来培育和打造，陆续出台了《江西省中医药条例》《关于促进中医药传承创新发展的实施意见》《关于加快我省中医药产业发展的实施意见》等一系列支持中医药产业发展的政策，对中医药产业的发展给予了准确的方向定位和明确的政策扶持。同时，江西还建立了省中医药工作联席会议制度和生物医药产业链链长工作制度，形成了多部门、多层次、全方位推动中医药产业发展的工作机制。

2. 中药资源蕴藏丰富

根据第4次全国中药资源普查结果，江西省分布药用中药材资源达 3000 余种，其中，野生植物药资源 2840 余种。数据显示：江西省 2015 年中药材种植面积为 72 万亩，2019 年增至近 240 万亩，年均增长近 34.78%。2020 年年初，江西省中医药管理局等部门共同组织遴选出"赣十味"和"赣食十味"20 味江西道地特色中药，助推江西道地中药材品牌化发展，对中药材产业化、规范化、生态化发展起到重要推动作用。

3. 产业规模不断壮大

2019 年，全省生物医药产业实现主营业务收入 1267.55 亿元，实现利润 125.95 亿元。其中，中药行业实现主营业务收入 506.83 亿元，占全省生物医药总量的 39.99%，同比增长 17.77%；中成药主营业务收入 398.86 亿元，同比增长 18.82%，占全国总量的6.3%；中药饮片主营业务收入 107.96 亿元，同比增长 14.03%。江西省中药产业增幅高于全省、全国医药产业平均增长水平，在全国同行业中位居第四，具有明显的优势。

4. 集聚效应逐渐显现

中国（南昌）中医药科创城核心区基础设施建设全面铺开，创新要素资源加速集聚，国家中药大科学装置预研中心、中国中医科学院江西分院、道地药材认证标准检测中心等国家级科研平台与江西省医疗器械检测中心顺利落地；四川新绿药业、修正药业集团等重点项目加速推进；小蓝生物医药产业集群、樟树中医药产业集群、袁州生物医药产业集群、章贡生物医药产业集群加速发展。全省 7 个中医药相关产业集群实现主营收入 661.38 亿元，占全行业比重的 52.1%。

5. 品牌建设成效显著

全省拥有济民可信、青峰药业、仁和药业、江中制药、汇仁药业等医药集团。济民可信、青峰药业和仁和药业分列 2019 年度中国医药工业百强企业第 11 位、第 64 位和第 69 位。全省医药行业共有 54 个年销售额过亿元的优势品种，其中中成药过亿元品种有 35 个，年销售额超过 10 亿元的核心品种 6 个，分别是济民可信的金水宝、康莱特、醒脑静注射液、间苯三酚注射液，青峰药业的喜炎平注射液，江中制药的健胃消食片，大部分为中成药品种。

6. 创新平台优势明显

依托省内高校、科研机构，江西中医药领域拥有企业国家重点实验室 2 家、国家工程研究中心 2 家、国家科技产业示范基地 2 家、国家级企业技术中心 2 家、生物医药医疗国际科技合作基地 1 家；省级重点（工程）实验室 24 家、省级工程（技术）研究中心 49 家、省级企业技术中心 15 家、院士工作站 3 家。济民可信、青峰药业、汇仁药业等龙头企业加快布局创新研发飞地，在上海张江等地分别建有产业研发中心，利用飞地的科技、人才、信息等创新资源要素，打造医药产业高质量创新发展新引擎。

（二）存在问题

虽然江西中医药产业集群发展较快，但与课题组调研的苏州工业园区生物医药园、泰州中国医药城、石家庄高新区生物医药产业园等相比还存在一定差距，集群发展问题依然存在。

1. 集群效应不突出

（1）集群内部协同效应未充分体现：中国（南昌）中医药科创城"双核"与"四市"互动合作与转化共享机制尚待进一步建立，大多数集群内企业缺乏产业链、创新链环节上的有效协同，企业各自为战，难以在集群及周边找到对应的上下游企业，难以形成合力。

（2）集群配套不足：江西中医药相关产业集群内的研发创新、众创空间（孵化器）、培训服务、供应链服务等公共技术服务平台及金融服务、企业入驻、人才服务、产学研对接、知识产权保护、国际交流合作、媒体推广等产业促进平台建设明显滞后，对高技术企业与高层次人才吸引力不足，大部分集群缺乏产学研结合的大院大所载体。

（3）集群规模小：江西省中医药产业集群虽有一定数量的企业，但与苏州等园区相比，整体规模和体量较小，未形成规模效应。在新版《药品管理法》实施与带量采购政策预期影响下，各自为战的中小企业因缺乏独家品种与明星产品，竞争优势将不断被削弱，发展前景不乐观。

2. 龙头企业带动作用不显著

（1）大多数龙头企业在产业链上下游延伸、同类企业资源共享、信息互惠、技术支持等方面并没有起到显著的带动作用，对集群内的中小微企业带动效果尚不显著。

（2）龙头企业的整体规模和辐射范围与同行翘楚相比差距大。如扬子江药业 2019 年主营业务收入 906 亿元，公司拥有 3 个研究院和 11 个集团分公司，并开始向海外布局。而同年，江西省龙头企业济民可信的主营业务收入为 214 亿元，仁和药业为 112 亿元。

（3）部分龙头企业存在重磅产品种类不多、创新能力不足、发展乏力等问题，在全国范围内难以形成江西中医药产业特色优势。

3. 科技创新能力不强

（1）独角兽企业、瞪羚企业较少，拳头产品不多且多处于产品生命周期的成熟期或衰退期，近10年没有出现在全国具有显著竞争力的独家创新产品。

（2）大部分企业研发投入严重不足，与国内行业领军企业差距大。如2019年石药集团的研发投入高达20亿元，同期江西省龙头企业济民可信的研发投入近10亿元，且很多中小企业几乎没有研发投入。

（3）江西科技研发与创新孵化平台相对较少，实力不强，与中国中医科学院等国内外顶级研究机构合作不多，吸引国内外科技创新成果在江西落地转化少。

（4）科技成果的市场转化渠道不畅，在推进科技成果转化、扶持企业创新发展等方面的支持政策和举措还有待加强。

4. 支撑产业发展人才不足

（1）引领中医药创新发展的顶尖科研人才十分匮乏，具有国际视野的高级管理人才和掌握最新前沿技术的产业开发人才严重不足。"双千计划""井冈学者"等人才梯队培养项目不足以形成人才集聚效应。

（2）高校中医药高层次人才培养数量不足，全省2020年中医药学博士招生名额仅为50个，而同年北京中医药大学博士招生名额为350个。中医药企业所需的中药材种植、中药炮制、中药制造等技术技能人才也不足。

（3）由于江西与长三角、珠三角、闽三角等周边发达地区在薪酬、发展空间、资源配置等方面存在差距，造成中医药人才流失较严重。

5. 营商环境不优

（1）虽然江西省出台了系列中医药发展政策和举措，但相关政策和举措落实不到位，衔接不畅通，未形成合力，扶持成效不显著。

（2）多数中医药相关产业集群在注册法人、激励机制、投融资、研发链整合、产业链对接等方面存在诸多传统"门禁"。

（3）高层次人才引进的创业扶持、培训培养、薪酬、住房、子女教育、医疗等相关配套政策不健全，政策缺乏吸引力。

（4）企业引进后，工商登记、注册申报、产品检测、报批上市等"一站式"全方位配套服务机制尚未建立。

6. 发展内生动力不足

（1）江西属内陆经济欠发达省份，思想解放程度与发达地区相比还有差距，小富即安、小成即满的思想仍不同程度地存在，中医药产业做大做强的积极性不高。

（2）勇于创新、敢为人先的胆识不够，主动担当、积极作为的精神不足，对建设"国内领先、世界知名"中医药强省信心不强。

（3）由于宣传力度不够，老百姓对江西中医药的知晓度、认可度和使用率不高。

二、发展思路与目标

深入贯彻落实习近平新时代中国特色社会主义思想，党的十九大和十九届二中、三中、四中全会精神，以习近平总书记视察江西重要讲话精神为遵循，以人民健康需求为引领，要坚持以全球视野谋划中医药产业发展，充分发挥江西中医药产业综合优势，优化空间布局，聚焦创新链、延伸产业链、融通供应链、提升价值链，加快推动中医药制造业向高端化、品牌化、绿色化转型发展，建设一批特色鲜明、定位清晰、配套完备、绿色生态的国际一流、国内领先的高端产业集群。到 2025 年，力争全省中医药全产业链主营业务收入突破 1200 亿元，培育 2 ～ 3 家全国知名的中医药龙头企业，形成 2 ～ 3 个具有全国影响力的产业集群，擦亮江西中医药品牌，助推"国内领先、世界知名"中医药强省建设。

三、空间布局

根据江西省中医药资源分布状况及产业发展基础，要按照规模化、集聚化发展的原则，建设具有江西特色优势的中医药相关产业集群，形成布局合理、定位科学、功能互补、相互依托、配套协作的"一核、四群"产业布局，引导各地以市场为导向，突出特色和优势，优化资源配置，实现中医药产业创新发展、错位发展、集聚发展。

（一）一核：创新核

以中国（南昌）中医药科创城为核心，到 2025 年，基本建成国内领先、世界知名的高端研发平台和成果转化示范区，国内创新创业环境最好的公共服务中心与高端人才集聚区，具有国际资源调配能力的创新策源地和产业发展引领区，全力打造中医药相关产业创新发展新引擎，推动医药制造高质量跨越式发展。

（二）四群：示范产业集群

重点打造四大示范产业集群，引领带动江西中医药产业快速发展。

1. 南昌中医药相关产业集群

充分发挥中国（南昌）中医药科创城的创新发展新引擎作用，整合南昌高新医药产业集群、小蓝医药产业集群与进贤医疗器械产业集群等优质资源，改革创新协同合作机制，推动南昌中医药相关产业集群一体化发展，打造以南昌为中心，以中医药研发创新、高端制造、仓储物流为重点，辐射全省的现代中药制造与科技创新增长极。

2. 宜春中医药相关产业集群

依托袁州医药产业集群、樟树医药产业集群，打造中药材种植、中药饮片炮制与流通贸易核心增长极。

3. 赣州医药产业集群

依托章贡医药产业集群、青峰药谷，打造以青峰药业为代表的中药注射剂与抗肿瘤药智能制造国家产业示范基地。

4. 上饶中医药健康旅游产业集群

充分利用上饶优质生态旅游资源优势，打造以道医养生为特色、以旅游资源为载体，融中药材种植养殖、中药制造和中医药服务为一体的中医药健康文化旅游新业态增长极。

四、对策建议

要认真贯彻落实全国、全省中医药大会精神，以制定"十四五"中医药产业发展规划为契机，解放思想，统一认识，凝聚力量，强化顶层设计，明确主攻方向，抓好"实""聚""强""创""智""特"六字诀，提高产业集中度，着力打造特色鲜明、定位清晰、配套完备、绿色生态的国际一流、国内领先的高端产业集群，助推中医药强省建设。

（一）抓好"实"字诀，打造"四最"营商环境

1. 继续解放思想，强化服务意识，主动担当作为，打破利益藩篱和惯性思维，营造敢为人先、敢闯敢干的发展氛围；充分发挥中医药在新冠感染防治中的显著作用，改革完善中药审评审批机制，促进中药新药研发和产业发展，同时进一步利用国内外各级各类媒体加大中医药宣传推广，提升江西中医药知晓度、认可度和使用率。

2. 加快推进国家中医药综合改革示范区建设，积极争取在中医药产业发展领域创新体制机制、先行先试；处理好医药监管与产业发展的关系，在包容审慎监管中促进产业发展，在促进产业发展中优化服务水平。

3. 以建设国内最完善的中医药相关产业集群生态系统为目标，进一步厘清和明确中国（南昌）中医药科创城等产业园区管委会职能和定位，探索建立公建民营企业化运营模式，按照产业集群发展需要设置公共技术服务平台与产业促进平台，提供全方位配套服务；力争将中国（南昌）中医药科创城升级为国家级科创园区——中国中医药科创城，打响"中国中医看江西"的金字招牌。

4. 建立并落实园区领导定期与企业座谈机制、工作人员"一对一"联络企业和主动上门服务机制，切实为企业发展解决问题；根据不同部门工作性质，建立差异化绩效考核激励机制，将服务企业数量和企业发展业绩作为园区工作人员职务晋升、职称评审的主要依据。

5. 建立综合工商、药监、市监、卫健和中医药局等部门职能的监督管理服务中心和

公共平台，为企业提供高效的工商注册、法律咨询、检测检验、物流与信息服务、员工招募、生活配套等个性化"一站式"服务。

（二）抓好"聚"字诀，凝聚产业集群发展要素

1. 搭建产业集群招商引资平台，采取问题导向招商与对赌式支持，全面引进布局中医药相关产业链的上游中药材、中药饮片、医疗器械零部件体系，下游的销售服务、物流体系，以产业链集群优势吸引行业领军企业进驻，实现产业链、供应链相互配合、无缝对接，优化资源配置，降低运行成本，提升价值链，确保行业领军企业在集群内都有上下游企业支撑。

2. 搭建中医药产业促进和企业联盟平台，整合原料药与制剂、中药材与中成药、仓储物流与流通贸易等上下游企业，打造分工合作、优势互补、布局合理的产业链，向专业化、特色化和品牌化的方向发展，提升产业集群竞争力。

3. 建设宣传推广中心与高端会议平台，推动产业集群学术交流、产品发布、宣传推广。

4. 搭建信息沟通平台，与国家发改委、科技部、卫健委、中医药局、药监局、医保局等国家部委建立合作共建机制，持续选派园区优秀管理人员到国家部委挂职锻炼。

5. 搭建多层次的投融资服务平台，设立中医药发展产业基金、风险补偿配套资金等项目，解决省内各类中医药企业融资问题。

（三）抓好"强"字诀，做大做强中医药企业

1. 以国际视野，创新产业集群各项优惠政策，营造全国领先的产业发展生态环境，重点引进世界 500 强和中国医药工业百强企业等行业领军企业总部（生产基地）落户江西，在江西省设立具有独立法人资格研发中心的，按照该研发中心上年度核准研发费用的 20% 予以额外资助。

2. 全力支持中医药龙头企业采用并购、控股、注资等方式实行资产重组、战略整合和上市，延伸产业链，打造 2～3 家全国领先的航母级龙头企业，对主营业务收入首次超过 100 亿、200 亿、500 亿元的企业分别给予一定比例的奖励，对年销售额过亿产品给予产品销售额一定比例的二次开发资助。

3. 开展地标型企业遴选与培育，建立涵盖专利数量、研发投入、技术水平、市场潜力、研发进展等指标的遴选指标体系，按照中标企业年利润的 10% 给予奖励，着力将一批有发展潜力的中型企业打造为地标型企业。

4. 鼓励和引导成长型企业进一步强化核心竞争力，按照"一企一策""一事一议"原则给予资金支持，打造一批独角兽企业和瞪羚企业。

5. 支持中小微企业向"专、精、特、新"方向发展，出台科技型中小企业奖励办

法，培育一批"小巨人"企业。

6. 出台房租补贴、贷款贴息、税收返还等配套政策，支持龙头企业建设中医药专业孵化器、加速器和研发服务外包基地，吸引中小微初创企业落户，通过龙头企业与中小微初创企业的互惠互利、协同共生，带动初创企业发展。

（四）抓好"创"字诀，推动创新能力提升

1. 设置省中医药重大科技研发专项，推动中药基础科学、中药标准化、制造技术和中药大数据的科学研究和技术应用，通过集中攻关，优先对中药大品种、具有发展潜力的名优中成药进行二次开发，重点支持独家生产或列入中药保护目录的品种提高市场占有率；加强基于古代经典名方、名老中医方、医疗机构制剂等中药新药研发，发挥樟帮、建昌帮传统技术优势，开展中药饮片规范化炮制、中药配方颗粒产业化应用研究。

2. 出台政策，支持中医药龙头骨干企业在长三角、粤港澳大湾区等发达地区建立"研发飞地"，或与国内外知名科研院所合作共建实验室，加快突破新一代中医药、高端装备制造等关键核心技术。

3. 依托企业国家重点实验室，建设国家中药制药工艺与装备技术创新中心，加快开展现代化中药制造工艺与关键装备技术的产业化应用研究，突破中药工业核心制造技术，实现自主智能成套设备的产业化，推动中药绿色"智"造。

4. 组建中医药领域产业技术创新战略联盟，搭建研发创新与技术服务等公共平台，提升集群创新能力。

5. 制定中医药科技成果转化奖励办法，对获重大新药创制国家级、省级科技重大专项项目，完成临床Ⅰ、Ⅱ、Ⅲ期研究的企业等实施分阶段资助奖励，推动重大创新成果优先在江西转化。

（五）抓好"智"字诀，造就高素质人才队伍

1. 面向顶尖人才、领军人才、高层次人才、紧缺人才等各类人才，从创业扶持、人才住房、人才补贴、企业引才、人才培训和培养、人才服务等多维度发力，全面完善人才引进培育政策。重点引进中医药科技创新和企业管理高端人才，大力培养中医药产业发展急需的科技创新人才、经营管理人才和技能技术人才，造就一批在全国中医药领域有影响力的领军人才和骨干人才。

2. 落实省部局共建江西中医药大学意见，加大支持力度和资金投入，支持建设国家"双一流"学科高校。江西中医药大学作为中西部高等教育振兴计划重点支持高校，要新增中医专业学位博士授权点、中西医结合和药学博士授权点。

3. 引导中医药企业与省内外高校、科研院所开展订单式培养，加强中药材种植、中药炮制、中医药健康服务等技术技能人才培养，适度培养中医药健康管理、企业管理、市场营销等职业化中医药管理人才。

4.发挥龙头企业的带动作用，建设面向中小企业的技术技能人才培训基地。

5.完善高校、科研院所科技人员联系服务企业工作机制，加大高层次科技人员联系服务企业的广度和深度，将科技社会服务业绩作为职称评定和岗位聘任的重要指标。

（六）抓好"特"字诀，擦亮江西中医药品牌

1.结合江西特色优势，重点打造针灸、骨伤、妇科、肺病、心脑血管病等具有国内外影响力的专病专科治疗基地，带动中医药医疗旅游发展，建设世界知名的中医药医疗旅游目的地。

2.布局建设智慧家庭中医药服务研发与推广中心，深入挖掘"中医治未病"理论和技术，研发一批面向家庭自我保健、自我诊疗、自我康复、自我护理的移动便携式、个性化、智能化、可穿戴智慧家庭中医药服务系列技术和设备，形成拳头产品——智慧家庭中医药包，打造国际一流的智慧家庭中医药服务策源地和汇聚地。

3.启动"5G＋AR/VR＋中医药"，抢先占领中医药人工智能新领域，以临床需求为基础，以落地应用为目标，引导优势医疗团队与人工智能优势企业合作，推动医研企协同创新发展，建成国际领先的健康医疗大数据基础平台，率先研发一批人工智能医疗产品，带动一批人工智能关键核心技术突破与应用，形成完善的"智慧医保"管理服务体系。

4.围绕热敏灸产业链的关键领域，加强热敏灸相关产品的研发，全力推进百亿级热敏灸产业发展。

5.支持中医药食疗、香疗产业等新业态发展，结合江西绿色产业发展优势，积极打造中国南方食疗、香疗产业新高地。

课题负责人：章德林

课题组成员：严小军，孟晓伟，王素珍，刘希伟，薛晓，徐道富，周小青，艾卫平，时洪洋，田娜，严军，朱瑶，王立元，陈永成，王军永

报告 IX

加快南昌生物医药产业发展的对策建议

摘要：

生物医药产业是江西重点打造的战略性新兴产业。江西的生物医药龙头企业多选择在省会南昌发展，现已经形成了大量医药企业空间聚集并趋向集群发展的态势。目前，南昌生物医药产业规模扩展较快，显现出了产业集群发展趋势，中医药子行业特色优势明显，创新驱动发展基础较好，但也存在规模优势弱化、结构失衡明显，技术含量不足、产业效率下降，同质竞争明显、产业链不够完整，创新能力有待提升、支撑平台有待强化等显著不足。通过分析生物医药产业面临的机遇与挑战，课题组提出要明确加快南昌生物医药产业发展的思路，以创新驱动为核心，实现中药制造业高质量发展，推进化学药、生物药品和医疗设备制造产业转型升级发展，加快推进中医药科创城和生物医药产业园建设，着力构建绿色生物医药体系、推动产业融合发展，推进生物医药产业发展的体制机制创新，加大对生物医药产业政策支持力度等对策建议。

关键词：生物医药；南昌；产业升级；中医药科创城；创新驱动

生物医药产业是指由生物医学技术产业和医药产业组成的产业体系。南昌作为省会城市，一直是江西生物医药产业发展的领头羊、排头兵，产业发展速度在各省会城市中排名也较为靠前，已经形成了大量医药企业空间聚集并趋向集群发展的态势。在推进"健康江西"、中医药强省建设的大背景下，如何抓住和充分利用科技进步、市场升级的历史时机，发挥特色优势，推进南昌生物医药产业进一步做大做强，对于引领产业发展升级，培育经济增长新动能，满足人民群众多样化的健康需求，实现南昌乃至全省高质量、跨越式发展意义重大。

一、南昌市生物医药产业发展的规模与特色优势

1. 产业规模扩展快，在全国有重要地位

2017 年南昌规模以上生物医药（含医疗器械）企业主营业务收入 319.5 亿元，同比增长 9.8%，增速高于全省平均水平（5.7%），扭转了"十三五"开局生物医药产业发

展疲软的态势。主营业务收入占全省的 23.27%，比 2016 年占比增长了 0.8 个百分点，继续保持全省领先。2018 年 1—11 月，全市 68 户规模以上企业累计完成主营业务收入 234.9 亿元，同比增长 0.4%。1—12 月，进贤县医疗器械产业集群实现主营业务收入 155.21 亿元，同比增长 19.6%，持续较快增长。

南昌生物医药产业地位独特。全市有医药类生产企业 337 家，经营单位 1.6 万余家，从业人员 8 万余人。药品生产占全省总量的 17.6%，医疗器械生产占全省总量的 47.5%；中成药生产规模居全国城市前列，一次性医疗器械制造规模全国最大。全市高新技术企业十大品牌榜单中，有 6 家为医药企业；南昌高新技术企业注册资本前 20 名中，医药企业就占了 8 家。市委、市政府持续关注生物医药产业发展，2017 年全市共有 42 个生物医药产业项目列入全市重大重点工业项目库，占总数的 12.7%，总投资达 334.5 亿元，投资总量保持增长势头。

尽管受主要产品产量、销量大幅下降影响，"十三五"以来中药制造行业经济增速放缓，部分龙头企业指标不容乐观，但总体上全市生物医药产业经济止跌回升，近年来保持一定幅度增长。

2. 显现产业集群发展趋势

生物医药正逐步成为南昌市各大产业园区的发展重点之一。江西省现有的以医药作为主导产业之一的开发区有 11 个，其中 4 个位于南昌。南昌市 15 个省级园区中，长堎工业园、进贤产业园等开发区的医药产业发展势头最为突出。南昌市已经形成了赣江新区、高新温圳联动和小蓝开发区三大医药产业聚集地集群发展趋势。赣江新区涵盖了包括经济技术开发区、南昌临空经济区、桑海产业园、长堎工业园、安义工业园在内的 1 个国家级开发和 4 个省级工业园，形成了以桑海制药、诚志股份等为代表的生物医药产业集群，具有较强的竞争力。高新区和进贤产业园通过高新温圳联动发展，高新区板块以医药研发、总部基地和医药营销中心为建设目标，聚集了济民可信、江中制药、特康科技、弘益药业、汇仁营销、梅里亚等 100 余家生物医药企业。进贤以医疗器械产业为核心，以洪达集团、益康集团为龙头，2017 年实现了主营业务收入 103.9 亿元。小蓝产业集群集聚了济民可信、仁和药业、汇仁药业江西医药行业三大龙头企业以及江西国药、江西制药、尚荣医疗、三鑫医疗等企业为代表的 36 家医药企业，其中规模以上企业 16 家，2017 年实现主营业务收入 129.8 亿元。南昌市部分国家级开发区和部分省级开发区概况见表 9-1。

2018 年，中国（南昌）中医药科创城江中药谷核心区投资约 3.23 亿元，启动建设占地 46 亩、总建筑面积 10.36 万平方米的区域性旅游集散中心，为江中药谷核心区做好服务配套。为面向中医药和电子信息产业开展知识产权快速协同保护工作，全国第 13 家、中部第 2 家、全省首家知识产权保护中心——中国（南昌）知识产权保护中心也在此落户。

表 9-1　南昌市部分国家级开发区和部分省级开发区概况

序号	类别	开发区名称	批准时间	核准面积（公顷）	主导产业
1	国家级新区	赣江新区	2016 年 6 月	46500	汽车及零部件制造、新能源、新材料及节能环保产业、航空物流、生物医药、电子信息产业等
2	国家级经济技术开发区	南昌经济技术开发区	2000 年 4 月	980	电子信息、汽车及零部件、医药
3		南昌小蓝经济技术开发区	2012 年 7 月	1800	汽车及零部件、食品饮料、生物医药
4	国家级高新技术开发区	南昌高新技术产业开发区	1992 年 11 月	680	生物医药、电子信息、新材料
5	海关特殊监管区	南昌综合保税区	2016 年 2 月	200	电子通信、商贸物流、生物医药
6		进贤产业园	2016 年 2 月	1027.06	医疗器械、装备制造、电子信息
7	省级开发区	新建长堎工业园区	1997 年 11 月	1186.3	装备制造、食品、医药
8		南昌昌南工业园区	2006 年 3 月	191.05	汽车零部件、医药、服装

3. 中医药产业特色与优势明显

南昌医药企业以中医药为特色。2017 年，南昌中药工业主营业务收入 102.5 亿元，其中中药饮片 0.92 亿元，占全市生物医药产业主营业务收入的 32.1%，占全省的 18.5%。中医药产业是南昌生物医药产业的重要组成。企业构成中，涉及中医药产品的企业占多数，济民可信、仁和、江中、汇仁等龙头企业均有中医药特色产品。

中医药特色是江西生物医药产业的主要特色优势。江西生物医药产业具备良好的产业基础和规模效应，积淀了影响海内外的历史文化，培育了一批在全国颇具影响力的行业龙头企业，汇聚了一批中医药优势品种和特色产品。南昌有中药和中成药规模以上企业 19 家，含中药饮片企业 2 家，中成药制造企业 17 家，排名靠前的医药企业均以中医药为产品的主要特色。龙头企业如济民可信、汇仁药业、江中制药等均以中医药作为产品特色，主打产品如金水宝、汇仁肾宝、江中健胃消食片、猴姑米稀等均为中医药类产品。

4. 创新驱动的基础较为厚实

南昌市委、市政府专门成立了生物医药产业发展领导小组，出台系列产业发展扶持政策进一步加快生物医药产业发展步伐。早在 2014 年，南昌就出台了《关于完善全市产业发展工作机制的方案》，针对包括生物医药在内的 9 个重大产业，建立了由市领导亲自挂帅的产业发展推进工作领导小组，制定了"主营业务收入过千亿元"的战略发展目标。2016 年出台的《江西省生物医药产业发展行动计划（2016—2020 年）》提出：要充分发挥中医药优势，推动生物医药产业优化布局、增大规模、提升集聚度、增强竞争实力。

中国（南昌）中医药科创城是南昌最具活力的产学研用合作平台，通过创新科技成果转化机制，促进创新链、技术链和产业链的融合，努力构建结构合理的产业体系。目前，科创城建设各项工作已进入实施阶段，位于江中药谷的江中制药科研中心已于今年 6 月正式投入使用，已有 3 个高端研发平台入驻，即中药固体制剂制造技术国家工程中心、创新药物与高效节能降耗制药设备国家重点实验室和中西医结合肿瘤研究中心。《中国（南昌）中医药科创城江中药谷核心区概念规划》已经完成；实际推进项目 21 个，预算经费 10.66 亿元；成立了经典名方开发工作小组，推进经典名方制剂药物非临床研究质量管理规范（GLP）实验室建设，推动 10 余首经典名方开发工作；积极筹建道地药材质量检测认证中心。

省内唯一的中医药本科高等院校——江西中医药大学就在南昌。江西中医药大学单独组建或与企业共同申报了教育部重点实验室、国家工程中心、企业重点实验室等研发平台，具有较强的创新能力。江西中医药大学原创的热敏灸技术 2010 年在上海世博会上成为联合国开发计划署唯一的全球推广的传统医学项目。2015 年，"热敏灸技术的创立及推广应用"荣获国家科技进步奖二等奖，填补了江西医学领域的空白。

依托江中制药和江西中医药大学的创新药物与高效节能降耗制药设备国家重点实验室是江西省首家企业国家重点实验室，解决了企业在中药生产方面的技术难题，在中药制药设备上取得的重大突破，使相关制造企业生产技术水平有了较大提升。此外，还有一些医药装备制造企业分布在南昌几个医药产业聚集区，如落户高新区的阿斯可智能科技、赫柏康华制药设备有限公司、弘益科技药业有限公司等，落户经开区的明匠智能制造等。

二、产业发展存在的困难与问题

1. 规模优势弱化、结构失衡明显

排名靠前的中药工业规模优势弱化。受国际市场波动、经济下行压力加大、行业政策不断调整等影响，中药产业主营业务收入增速放缓、排名下滑。2011 年，南昌市医药工业总产值为 360 亿，医药工业总量占全省的 50% 以上，而 2017 年南昌市占比已经下降到 25% 以下，增长速度也从两位数回落到 9.8%。这说明南昌医药工业在全省的领先优势在减小，与其他地市的差距正逐渐缩小。与全国顶尖医药企业相比，江西省龙头骨干企业绝对差距较大。全省排名第一的济民可信的主营业务收入为 166.4 亿元，不足全国排名第一的扬子江药业集团（700 亿元）的 1/4。

生物制品、医药装备制造、医药贸易、健康服务等水平不高，对产业贡献度和带动作用较小。2017 年，全省医药装备制造业共有 42 家企业，实现主营业务收入 137.22 亿元、利润 11.81 亿元，分别占全国 4.85%、3.63%，排位较靠后。南昌医药企业产品几乎是"零出口"。健康服务新业态尚处于起步阶段，行业人才匮乏，企业规模小，盈利能力低，对 GDP 贡献较低。2016 年调研显示：江西省健康服务新业态对 GDP 贡献不足 0.4%。

2. 技术含量不足，产业效率下降

2017 年，统计的中药企业平均利润率仅有 7.78%，其中，中成药、中药饮片企业的平均利润率分别为 7.67%、10.45%；同期，全国中药企业平均利润率为 10.89%，中成药企业、中药饮片企业利润率分别为 12.33%、7.08%。与此相比，行业整体利润率，特别是中成药企业，利润率明显低于全国平均水平。在一定程度上凸显出南昌市中成药企业技术现代化水平不高、具有真正竞争优势的核心产品技术含量不足、行业核心竞争力有限。

3. 同质竞争明显、产业链不够完整

产品同质化现象明显。功能相同的片剂、胶囊、保健品很多药企都有生产；独家品种、中药提取物、配方颗粒、功能性保健食品等高附加值产品较少。由于缺乏独家、特色产品，企业竞争压力较大，利润较低。

中医药三大产业融合度不高，上下游配套产业关联度低。一方面，药材种植与加工制造业对接不紧密，企业对本地药材采购比例较低，中药原材料主要从外省采购，本地种植同种中药材也主要销往省外。以大品牌产品汇仁肾宝片为例，主要原材料覆盆子 60% 以上来自省外；而天海等省内覆盆子种植企业的产品则主要销往省外。另一方面，中医药服务与中药工业融合度不高，加工制造业主要面向省外市场。根据 2018 年 5 月课题组对 6 家南昌中药企业调研的结果发现：企业大部分产品在省内销售占比低于 10%，省内销售比重最高的产品其省内销售量也仅占 20.33%，甚至存在个别省内占比低于 1% 的产品。

4. 创新能力有待提升，支撑平台有待强化

（1）医药企业研发投入相对较少：企业投入研发经费相对较少，研发基础薄弱。通过对南昌市代表性医药企业进行走访，课题组发现中小规模企业大部分没有自己的科研团队及机构，研发投入占销售收入比重仅仅维持在高新企业准入门槛的 3%，与国际大型医药企业差距较大。南昌市医药企业对研发重视程度不够、投入不足、产出不多，申报省市级专项经费不积极。企业更倾向于购买成熟的产品和技术，而不愿自己投入研发。大多数企业没有拥有自主知识产权的产品，原创性成果几乎为零。2018 年，第一批新拟认定的 1033 家高新技术企业中，31 家中医药企业通过认定，占比仅为 3%。2017 年，全市专利授权中，医药相关专利授权数不到总数的 1/10。

（2）支撑平台数量少、能力弱：医药类第三方质量检验检测中心较少，没有市场化运营的质量检测中心，严重制约了产品入市和产业发展。江西是药材种植大省，却没有建立涵盖产品、项目、政策的医药大数据信息平台，导致中药种植、加工、使用等环节出现供销脱节，影响了第一、二、三产业的融合发展。

（3）健康产业服务能力弱，新业态发展缓慢：结合休闲旅游、观光旅游、文化旅游特色一体的健康旅游精品线路、精品项目的旅游资源开发还处于起步阶段。中医药特色服务还停留在泡温泉、看药景、品药膳的水平，养生保健局限于泡脚、拔火罐等传统方式。

三、机遇与挑战

南昌市生物医药产业发展受到国内外多方面因素的影响，既面临着来自政策、经济、社会和技术领域的诸多机会，也受到一些不利因素的制约。南昌生物医药产业发展机遇与挑战的宏观环境分析见表 9-2。

表 9-2　南昌生物医药产业发展机遇与挑战的宏观环境分析

宏观环境	政策	经济	社会	技术
机遇	省、市系列政策大力扶持	市场规模扩大，服务需求增加	生物产品受认可程度高	生产工艺成熟，新技术涌现
挑战	管理政策不完善	与国际市场对接，同质化竞争	产品宣传与科普不足	产品开发困难

（一）发展机遇分析

1. 市场需求剧增

居民收入提升、消费观念改变使生物医药发展迎来了市场机遇。2017 年，我国人均 GDP 为 8512 美元，已进入中等国家收入行列，人民群众健康观念日益增强，健康消费迅速升级，市场需求正在快速释放。为满足旺盛的市场需求，我国医药产业以较高速度递增。"十一五"期间，我国医药工业总产值复合增长率达到 23.32%。"十二五"期间，尽管全球经济低迷，我国医药行业仍呈现平稳发展的态势。2017 年，我国医药工业增加值同比增长 12.3%，增速较上年同期提高 2 个百分点，高于全国工业整体增速 4.7 个百分点，位于工业全行业前列。

健康产品需求是医药产业联系最紧密的市场需求。我国健康养生市场规模已经超过万亿元，商户数量超过 50 万家。据《中国健康养生大数据报告》统计，2015 年我国新增收录的商户数量中，养生保健商户的比例高达 57.9%，平均每位城市常住居民年均花费超过 1000 元用于健康产品，通过互联网关注健康养生的人群月度活跃用户超过 1000 万人。健康生活、健康消费为生物医药产业发展带来巨大的市场机遇。

2. 技术进步支持

当前，信息技术、生物技术、新材料技术广泛应用，学科之间的交叉、渗透、融合，为生物科学研究提供了新思路、新方法。生命科学和生物技术一直是全球科技创新的热门领域，技术更新换代，生产技术与装备研发制造能力提升，科研人员和科研成果涌现成为生物医药产业发展的重要推动力。以中国科研领域成果为例。2012—2016 年，中国的 SCI（科学引文索引）论文数量为 124.5 万篇，仅次于美国。生命科学领域的论文发表数跃居世界第二位。同期，中国在 ESI（基础科学指标库）评价体系中前进更快。近 5 年，入围 ESI 高被引论文的数量约为上个 5 年的 2.5 倍。在过去 20 年间，ESI"高被引作者"中，中国作者的数量从 1996 年的 3 位，增加到 2006 年的 7 位，再到 2016 年的 170 多位。这些数据充分展示了中国在基础科学领域的巨大进步，为医药研发应用奠定了坚实的科技基础。

3. 社会认可度提高

（1）生物药发展势头良好：2017 年，入选中国国家医保目录的 44 个药品中有 14 个为生物药，占比约 32%，其中抗体类药物 8 个，占入选生物药的 57%。生物药已备受国家和社会关注，得到广泛认可。2017 年 10 月，经过 3 个多月的谈判，17 种抗癌药物被纳入医保报销目录，大部分进口药品谈判后的支付标准低于周边国家或地区市场价格，越来越多的人可以用得起生物药。

（2）中医药正进一步被国人和全世界接受和承认：根据 2016 年中医药健康文化素养调查结果显示，中医药健康文化普及率达 91.86%，相比 2014 年 84.02% 的普及率显著提升。中医药健康文化知识阅读率、信任率分别达到 89.70% 和 89.30%。中医药已传播到 183 个国家和地区，日本、韩国、新加坡、阿联酋、澳大利亚、加拿大等多个国家承认中医的法律地位，古巴、哥伦比亚、法国、美国、瑞士、日本、韩国、澳大利亚等十多个国家和地区，将中医药纳入医疗保险范围。

4. 政策引导强化

国家出台系列了政策、法规扶持生物医药产业发展，以立法的形式规范生物医药发展，江西振兴生物医药产业、建设中医药强省面临重大的历史机遇。2010 年，国务院发布了《关于加快培育和发展战略性新兴产业的决定》，并制定颁布了"十二五"涉及生物医药产业发展规划，医药产业发展获得重大的政策投入和创新投入。同年出台的《"十三五"深化医药卫生体制改革规划》继续以建立健全基本医疗卫生制度、推进健康中国建设为总目标，为生物医药产业新市场开拓和规范化提供了政策机遇。江西省历来把生物医药产业作为重点产业扶持，历次五年规划中生物医药都被列为重点支持的产业和科技进步重要方向。"十二五"以来的两次战略性新兴产业规划，以中医药为主的生物医药都被列为重点扶持的十大产业之一。为支持生物医药产业做大做强做优，发挥南昌作为省会城市、引领全省发展的核心增长极、中部城市群核心城市的优势，市委、市政府于 2016 年出台了《关于支持生物医药产业发展的若干政策措施》，并制定了相关实施细则。

（二）环境挑战分析

1. 市场竞争激烈

各地区优先扶持发展生物医药产业，市场开放程度提升，国内市场与国际接轨，造成市场竞争态势愈发激烈。

国内各省（区、市）均高度重视中医药产业，纷纷制定了中医药强省或类似计划，扶持当地医药产业发展。江西中医药产业板块主营业务收入在全国排名一度达到第二，但近年来已经被山东、甘肃、四川超越；药都樟树曾经是全国知名的药材交易中心，但与安徽"举全省之力"打造的亳州药材交易市场相比，无论是知名度还是交易量已经远远逊色。

国外医药企业高度重视医药领域。拜耳、辉瑞、葛兰素史克等国际知名的医药企业都开始涉及以中医药为特色的医药产品开发与研究，对国内医药企业造成巨大压力。德国医药巨头拜耳以 36 亿元价格整体收购了云南滇虹药业集团股份有限公司，挖掘被消费者广泛接受的医疗保健和传统医药市场。固生堂获得美国 NEA 基金领投 A 轮融资和富达亚洲风险投资基金领投的 2500 万美元 B 轮融资，开创了中医药连锁品牌引入国际顶尖风投基金的先河。周边国家的医药行业，如日本的"汉方"、韩国的"汉医学"，其高端、标准化产品主导了国内中医药高端产品市场。

2. 宣传与普及不足

国家早就提出"把健康融入所有政策""惠及全人群、覆盖全生命周期"，但实际宣传执行效果有待进一步改进。与人们生活最密切的治未病产业、康复护理养老产业，产业概念不清，宣传不到位，医药市场充斥着大量不正规的从业人员和机构，各种大小中医馆、健康体验中心、民间名医，群众真假难辨；医药涉及文化、科技、医疗、健康等多领域，健康理论和医药产品的宣传与界定没有统一，健康概念、中医药元素被滥用，容易引发人们对整个医药行业的偏见乃至误解。

3. 新药研发难度加大

随着基础试验费用增长和监管要求日益严格，临床研究的规模和时间明显增长，新药开发成本也迅速增长，新药研发面临较大困难。据统计，我国化学药品一类新药的研发费用通常集中在 1000 万～5000 万元。以海正药业的海泽麦布片为例，截至Ⅲ期临床共投入 1.53 亿元。生物制品的研发费用整体上比化学药更高一个层级，动辄超过 5000 万元，主要集中在 2000 万～5000 万。国外药物研发投入更为庞大。根据 2016 年德勤会计师事务所统计，研发新药的平均成本已经从低于 12 亿美元增长至 15.4 亿美元，而且需要耗时 14 年才能推出一个新药，其中Ⅲ期临床耗时和花费最高。国内的中药研发领域，由于 CFDA 发布的中药新药临床研究指南少，新药临床试验没有成熟方案借鉴，新药成功审批屈指可数。2010—2015 年，获得批准生产的中药新药总数为 282 件，平均每年 47 件。2017 年，获得批准生产的中药新药只有丹龙口服液。

四、加快南昌生物医药产业发展的对策建议

（一）明确加快南昌生物医药产业发展的思路

1. 充分认识基本条件：南昌生物医药产业中医药特色鲜明、产业地位独特、科研基础厚实、企业聚集态势明显，要敢于抓住健康中国战略和产业发展的外部机遇，把生物医药产业放在创新驱动发展浪潮的最前沿，进一步做大做强，带动引领全省医药行业跨越式发展。

2. 明确产业发展思路和目标任务：要充分发挥比较优势，紧紧抓住政策、经济、社会、技术等重大机遇，以体制机制创新、科技创新为动力，以推进产业开放与发展升级为主线，以绿色发展为特色，重点发展中医药产业，推进化学药产业改造升级，积累酝酿生物技术和生物药品开发突破，鼓励发展医疗设备制造，抢占新兴市场，扩大药材种植规模，大力发展大健康产业和服务业；重点扶持一批骨干企业和重点产品，推进产业集群发展和特色发展，推进中医药综合改革试验区和中医药强省建设；在促进新常态经济产业转型升级的背景下，把南昌生物医药产业打造成为全省战略性新兴产业发展和产业转型升级的标杆。

（二）以创新驱动为核心，实现中药制造业高质量发展

1. 核心是科技创新：创新驱动的核心是科技创新要把医药加工制造业发展放在突出位置。

（1）扶强扶优，做强做大济民可信、汇仁、江中（华润）等骨干龙头企业，鼓励企业开发大产品、新产品，推进技术创新，进行二次开发；鼓励次规模的江西国药、特康科技、弘益药业、益康集团等中型企业通过兼并、重组、混合所有制改革、上市融资等策略，增强发展活力，实现企业快速发展。

（2）推进产业集聚，做强做大产业园区。围绕骨干龙头企业，扩大产业招商，开放合作，重点在南昌高新区、小蓝开发区、进贤产业园发展产业配套，促进企业在空间上的聚集，在产业链上下游的衔接，形成特色明显、带动能力强的医药产业集群。

（3）突出科技创新，加快产品开发与品牌培育。鼓励企业申报高新技术企业认证，鼓励中小企业与省内国内大专院校、科研机构合作创建工程技术中心、重点实验室。鼓励南昌大学、江西农业大学、江西中医药大学、江西中医研究院等科研院校与企业合作

开展课题研究。鼓励企业加大科技投入，加强自主知识产权新药的研发，加强专利申报和科技成果转化，如提升金水宝、肾宝等工艺技术水平，从市场定位、生产工艺上对江中食疗产品进行潜力挖掘等。进一步加大市场营销，培育赣产中医药大品种、大品牌。

2. 创新产业信息沟通平台：要在政府主导、社会参与的原则下，为全市中医药三大产业供需搭建两大平台、一个机制。

（1）产品信息平台：在完善中医药企事业单位信息直报系统的基础上，搭建统一的产品信息平台，通过平台的实时发布、查询与交流省内乃至国内、国际中医药产品、服务供需信息的功能，实现中医药产品、服务供需双方的信息对接。

（2）科技信息平台：在高校、企事业单位、科技管理部门等管理信息系统互联互通基础上，通过平台的省内外科技成果监测、发布和科技成果需求发布、交流，促进科研成果的转化。

（3）建立三产融合协调机制：通过定期、不定期的产业对接会，建立不同产业间对话渠道、畅通信息，加强沟通。

3. 创新产业利益联结机制

（1）中药种植与加工的利益联结机制：鼓励龙头企业提高社会责任感，充分利用自身技术、资金等优势，设立中药材种植专项扶持基金，为种植户提供农资供应、技术指导、产品营销等各类服务，并通过订单农业、保护价收购等合作方式，形成利益共享、风险共担的中药材生产与加工制造利益共同体。

（2）中药生产与服务的利益联结机制：政府牵头，倡导企业与医疗机构、健康服务机构建立发展联盟，通过定制式产品生产、加工实现产品与服务的融合，通过服务信息的沟通优化企业产品生产与供给。

（3）中药种植与服务的利益联结机制：倡导定制药园，鼓励医疗机构等优先使用本省中药材。

（三）推进化学药、生物药品和医疗设备制造产业转型升级发展

化学药、生物药品和医疗设备制造在南昌医药产业中总占比约为68%，是推进生物医药产业发展的重要组成部分。没有这部分产业的快速成长，生物医药产业的规模扩张、带动力增强将会受到重大影响，因此，必须促进生物医药四大行业全面转型升级快速发展。"十三五"后期，江西省化学药特别是生物药、医疗器械制造应以更快的速度发展，与当代科学前沿、信息与智能技术更好地融合，发挥战略性新兴产业强大的发展优势。

1. 要加快发展化学药，按照制剂优先、原料药协同发展的思路，加强新药研发和生产关键技术开发研究；要加大新药自主创新力度，提高化学药制剂水平，鼓励研制具有自主知识产权的新型药物，支持原料药企业升级装备，支持生产工艺和质量水平升级。

2. 要争取在生物药品行业重点领域取得突破，加强生物科技人才引进与技术的对接

合作。重点扶持浩然生物在尿源性产品原料领域的突破，重点在干细胞、基因工程领域取得突破，做大做强血液制品、抗毒素与抗血清领域系列产品，积极引进高技术含量的疫苗、基因工程及多肽药物等方面的生产企业。

3. 要加强医疗设备制造与智能技术、信息技术、环保技术等现代制造技术的集成应用，要推进医疗设备新产品开发和传统优势产品的提升，巩固输注器具、卫生材料、血细胞分析仪及体外诊断试剂产业优势，推进核心部件、关键技术的自主创新和协同创新，开展医学影像、临床检验设备、先进治疗设备、外科植入物等产品的研发和产业化，开拓医用材料、生命支持设备、健康监测装备等高端医疗器械的研发和产业化。

（四）加快推进中医药科创城和生物医药产业园建设

1. 加快生物医药产业集聚发展

要围绕中国（南昌）中医药科创城江中药谷核心区建设，充分发挥江西中医药大学的科技教育优势，发挥江中药谷的先进制造优势，吸引中医药高端科技研发、教育、培训、高端中医药服务和中医药产业集团总部到湾里新建的中医药科技城落户，推进中医药高端产业集聚、中医药高端人才集聚，创新产业孵化新模式，促进中医药文化交流传播，把湾里区打造成中国最具特色、最有代表性水平的中医药科创城；要推动生物医药产业集群发展和医药绿色制造模式发展；要以中医药科创城建设为契机，吸引中医药制造、配套服务企业到桑海产业基地落户，做强做大桑海国家生物医药产业基地；要加快新建、望城等周边工业园区建设，推动各种生产要素聚集，延伸和完善产业链，通过产业集群发展促进中医药循环经济发展和绿色制造模式发展。

2. 打造龙头骨干企业和特色品牌

龙头骨干企业是产业聚集区的领头羊、排头兵，是领衔区域发展的重要力量。要做强做大龙头企业，鼓励扶持济民可信、仁和药业、汇仁药业、江中制药等全国排名靠前的大型企业优先发展。重点培育济民可信，争取将其打造成主营业务收入过500亿的企业，成为全国医药工业前五名的龙头企业；扶持江西国药、桑海制药、杏林白马、特康科技、益康集团等一批中等规模的高新技术企业，通过注资扩产、兼并重组、上市等手段，增强其发展活力，打造产业发展的新增长点。

要挖掘提升中药大品牌产品，从市场定位、生产工艺上对已有知名品牌进行潜力挖掘，对接国际标准，把产品推广到国内外市场；要提升金水宝、汇仁肾宝、江中健胃消食片的工艺技术水平，提升产品临床应用的安全性、高效性，把产品打造成行业标杆；要重点挖掘特色潜力品牌，扶持江中食疗产业，做大做优功能食品和保健品品牌，树立打造南昌医药产业特有形象；通过扶持系列特色产品和品牌，扩大赣产中药品种、品牌的国际声誉和社会影响，把洪都医药打造成江西的名片。

3. 推进医疗行业智能化升级

支持人工智能辅助诊断、多种生物特征识别、中医专家系统等建设，开展互联网延伸医嘱等服务应用。研发具有中医特色优势的康复医疗器械、产品、辨证论治智能辅助系统，利用物联网、互联网技术开展智慧康复、智慧养老，开展基于人工智能技术、医疗健康智能设备的移动医疗示范，实现个人健康实时监测与评估、疾病预警、慢病筛查、主动干预。

鼓励试点企业应用智能制造技术改造提取生产线。优先扶持鼓励阿斯可智能科技、赫柏康华制药设备有限公司、弘益科技药业有限公司、明匠智能等装备制造企业，开发建立数字化工厂系统模型和企业核心数据库，实现生产设备运行状态的实时监控、故障报警和诊断分析，实现生产系统全过程智能化跟踪追溯，使企业的生产由人工方式升级为自动化和智能化方式，打造赣产生物医药智能制造形象。

（五）着力构建绿色生物医药体系、推动产业融合发展

1. 推进中药材生产与加工制造融合发展

根据中医药加工制造企业的需求，在兼顾当地种植传统的基础上，可以分区划片建设规模化种植基地；鼓励在昌企业对接进贤泉领乡、三里乡等乡镇进行中药材定制化种植，鼓励扶持企业急需药材、道地药材和大品种药材的种植。

多渠道、多模式推广规范化种植，提升中药原材料质量水平；推广"公司+政府+协会+农户""企业+基地+农户""农场化""订单农业"等多种形式合作模式，为药材收购方提供稳定、高质量的药材来源；成立中药材种植行业协会，指导药材种植、加工和销售，协调加工企业和生产方的合作。

试点建立中药的可溯源体系，利用物联网、大数据技术对中药大品种进行全流程监管，以及临床应用的跟踪研究；从药材生产到加工制造，建立中药资源动态监测信息和技术服务体系、质量保障体系、流通追溯体系，做到药材质量可掌控，药材质量可溯源。

2. 推进生产与服务融合发展

要对接医疗服务体系，增强产品与服务配套联动效应；鼓励中西医结合医院实施中医医院标准化建设，支持中医医疗服务联盟，为医药产业发展与服务业融合提供平台基础；配备包括国家基本药物目录规定品种在内的中成药和中药饮片，培育拓展中成药和饮片市场；鼓励企业闲散资本参与创办中医医疗机构，鼓励社会力量发展中医特色的康复医院、护理院，既满足人民群众多元化的中医药服务需求，也实现向产业链下游的延伸拓展；打造中医健康云和中医药大数据研究平台，构建开发具备中医健康体检、中医体质辨识、健康风险评估、健康干预、慢性病管理等功能的信息系统和移动终端，实现中医健康数据的采集、管理、应用和评估。

3. 发展中医药健康服务新业态

要积极开展中医药健康服务新业态发展规律研究，围绕产业发展，加快科技成果转化，提升学术技术研究水平，提高政策的精准度和效度，培育集团化发展、连锁式经营

的健康服务企业；依托中医药与大健康发展智库，加强中医药产业发展政策研究，为中医药产业发展提供优质智力保障；要完善中医药产业孵化、加速发展机制，建设一批中医药产业孵化器和加速器，探索多部门联合推进机制，完善产业协同监管审批考核；要加快制定中医药食疗产业发展实施方案，从审评审批、监督管理等方面积极深化改革，积极向国家申请中医药食疗产业"负面清单 + 省级备案"监管，推进食疗产业快速发展，建设世界食疗之都；要依托生态资源优势，积极发展中医药文化旅游产业。

4. 加快以中医药为特色的文化交流开放与合作

要加大文化、宣传、教育力度，推广中医药理念，广泛宣传健康知识和中医药科普知识，让中医药健康理念深入人心，形成信中医药、懂中医药、用中医药的社会风气；利用在湾里建立热敏灸国医馆的机会，建设热敏灸小镇，开办中医文化讲堂，提供中医药健康服务，推介中医药基础知识，并以此为基础发展中医文化体验游和中医健康休闲游，用中医药元素助推湾里-梅岭生态旅游线路。

（六）推进生物医药产业发展的体制机制创新

1. 挖掘消费潜力，释放产业成长空间

要注重扩大的健康领域消费需求，有针对性地挖掘消费潜力，努力提高健康消费品质量和健康服务水平，培育新的消费增长点；要把创新驱动发展作为江西省经济实现动力转换的关键，推进生物医药企业技术提升，稳步有序地推进绿色智能改造。

2. 鼓励企业兼并重组，做强做大骨干企业

鼓励研发和生产、原料药和制剂、中药材和中成药企业之间的上下游整合，完善产业链，提高资源配置效率；鼓励同类产品企业强强联合、骨干企业兼并其他企业，促进资源向优势企业集中，实现规模化、集约化经营，提高产业集中度；推动有条件的企业加强与行业内外大型企业、机构、投资人对接，以资产重组、兼并入股的方式拓宽发展渠道，引进大型、先进技术和企业发展模式，打入省内外新兴市场。

3. 放开产业投资领域，扶持新产业、新业态成长

要进一步深化改革，正确处理政府与市场的关系，放开优良产业的行政性保护，为各类型资本进入营造良好环境；根据省情、市情，出台扶持新业态、新产业的相关政策措施，创新新型业态行业准入制度，鼓励各类资本投资新业态；要强化企业技术创新主体地位，发挥骨干企业整合科技资源的作用，扶持掌握关键技术的研发型小企业发展；要加大对企业发展引导扶持的资金力度，建议把新业态新产业发展支持资金纳入财政计划，集中力量办大事。

4. 建设人才队伍

人才是新一轮区域竞争、产业竞争的核心。人才政策是体制机制创新的重点，要用最开放、最具活力、最有竞争力的人才政策、优惠条件吸引人才来昌发展生物医药产业。要加强中医药专业人才的培养和引进，培养和造就一支由中医药产业领军人物为核心，中医药学科人才、技术骨干人才为骨干，高素质技术骨干和一大批产业工人为支撑的中医药产业人才队伍。政府可以牵线企业与江西中医药大学、江西中医药高等专科学校、江西省中医药研究院等机构签订合作协议，根据企业需求培养实践型、创新型、创业型高素质人才。要创新开展行业领军人才评选工作，着力加强高端人才、不同层次中医药学科带头人和技术骨干的培养。

（七）加大对生物医药产业政策支持力度

1. 创新税收优惠政策

对高新技术企业、绿色型企业、生物制品和医药装备制造企业，要探索税收优惠政策，实施减税、免税等措施，鼓励支持企业发展。

2. 明确土地使用政策

对具有产品优势、技术优势、人才优势的企业，要优先满足其生产场地需求，在土地供应和流转等方面主动帮助企业办理相关手续，落实土地优惠政策，特别是在土地交易、流转、租赁等方面积极探索新方法。

3. 配套人才政策

基于南昌生物医药产业人才需求的特点，制定落实人才引进、人才考评等相关制度，并在人才落户、子女入学、住房买车、社保缴纳、租赁补贴、薪金待遇等方面特事特办，本着开放、务实的原则创设人才优惠政策，抢占人才高地。

4. 建立金融支持政策

要为产业发展提供金融服务，以设立产业发展基金、低息贷款、参股投资等形式，补足企业资金需求；要拓宽投资渠道，为企业获得国家开发银行、农业银行、工商银行、建设银行等的低息和贴息贷款服务；要探索放开社会资本引入渠道，解决企业融资难问题。

课题负责人：王立元

课题组成员：陈永成，孟晓伟，文春，徐潮，龚一鸣

下篇

特色篇

报告 X

中医药产业发展趋势与展望

摘要：

中医药产业伴随社会生产力发展而逐渐壮大。与过去相比，中医药产业由"以治疗疾病为中心"向"以促进健康为中心"转变，人民健康是中医药产业发展的最根本需求；中医药产业向中医药共同参与转变，事业、产业融合发展；中医药健康服务成为产业发展的主导，以服务带动全产业链发展；产业主体不限于医疗机构，有众多市场主体参与进来。研究表明，中医药产业正在发生深刻转变，今后的中医药产业结构将更加多元，中医药服务模式更加多样，中医药服务业结构更加协调，其消费支出也将发生巨大变化。从规模上看，中医药产业规模将持续快速增长，中医药产业将成为国民经济重要支柱产业。

关键词： 中医药；中医药产业；产业结构；健康服务

不同历史时期的中医药产业有不同的内涵。但公认的是，中医药产业是社会生产力发展的必然产物，是伴随我国社会主义市场经济的逐步完善和现代生产方式的不断进步而发展起来的新兴产业。当前，我国人口老龄化进程加速，健康服务需求日益旺盛，围绕人民群众多层次、多样化的健康需求，中医药产业发展理念逐步由"以治疗疾病为中心"向"以促进健康为中心"转变，产业发展主体由中药为主体转变为中医药共同参与，产业发展类型由工业主导向服务主导转型升级，产业发展模式由医院单向服务模式向共建共享服务模式转变，以满足人民健康需求为核心，围绕中医药健康服务的产业体系基本建立，中医药产业在国民经济和社会发展中的地位越发重要。

一、中医药产业的发展历史

长期以来，中医药一直作为统一的有机体而存在，中医药产业在长期的历史积淀中逐步萌芽。中华人民共和国成立前，云南白药、佛慈等一批立志改良国药的企业，引进现代科学技术，购置机械，效西法而精制，开始实践中药西制，开创了传统中药现代化先河。1902年，云南名医曲焕章根据自己长期行医经验，创立了云南白药（百宝丹），因其救治枪伤、止血疗伤的神奇效果而被称为"外科圣药""中华瑰宝"。后来，在周恩来总理的批示下，云南白药建立专业化工厂。1931年，上海佛慈大药厂开始把中药现代化剂型推介至海外，并在建厂初期就采用了股份制企业制度。

中华人民共和国成立后，党和政府从发展人民卫生事业的角度出发，肯定了中医药的地位和作用，制定了一系列保护、支持中医药发展的方针政策，中医药产业初步创立。1950年8月，原卫生部在天津成立中国医药总公司。1955年3月，原商业部成立中国药材公司，以保证中药材的供应。1958年11月，全国中医中药工作会议明确提出"大力发展中药生产，加强中药经营管理工作"。到1965年，中成药已经有了很大发展，不仅发展了有悠久历史的名牌中成药产品，还增加了许多中成药新品种。

随着中医药事业发展政策和发展主体的进一步确立，我国中医药产业逐步成长起来。1980年3月，原卫生部召开了全国中医和中西医结合工作会议，提出：中医中药要逐步实现现代化；保护与利用中药资源，发展中药事业。1982年12月，《中华人民共和国宪法》规定"发展现代医药和我国传统医药"，明确了传统医药的法律地位。1988年5月，国务院决定成立国家中医药管理局，把中药管理职能由原国家医药管理局划归国家中医药管理局。1996年，我国中药工业总产值达到235.4亿元。

随着中药现代化发展战略构想的提出与《中药现代化发展纲要》的颁布实施，中医药产业逐步发展。1996年12月，原国家科委会同国家中医药管理局等部门明确提出了中药现代化发展的整体战略构想。1997年，《中共中央、国务院关于卫生改革与发展的决定》发布，启动了中药现代化科技产业行动。1999年，原科技部批复建设第1个中药现代化科技产业基地。2002年，国务院办公厅颁布《中药现代化发展纲要（2002—2010年）》，从国家战略高度对中药现代化工作做出部署，通过973计划、863计划、科技支撑计划、科技重大专项等国家科技计划持续推进中药科技创新，集成多方力量共同推进中药现代化，打造了一批高水平创新平台，先后支持了25个省（市）建立了中药现代化科技产业（种植）基地。尤其是重大新药创制科技重大专项启动以来，对中药科研平台建设、园区建设、关键技术、新药研发等多方面给予支持，大大促进了中药科研水平的整体提升。到2005年，中药工业总产值已达1192亿元。

随着中医药统筹兼顾、六位一体发展机制的确立，中医药产业全面发展。2007年1月，原科技部联合国家中医药管理局等16个部门共同发布了《中医药创新发展规划纲要（2006—2020年）》，系统提出了中药现代产业技术体系等六大体系建设，全面启动了中药现代化工作，并组织实施了重大新药创制专项。"十一五"时期中医药取得了显著成绩。2010年11月，中医针灸正式被联合国教科文组织列入人类非物质文化遗产代表作名录。中医药事业发展"十一五"规划确定的目标基本实现，中药产业水平进一步提升，中药资源保护、开发和可持续利用得到重视。2010年，实现中药工业总产值3172亿元。2005—2010年，中药工业总产值年均增长率达22%。"十二五"时期，中医药发展国家战略取得重大突破，中医药医疗、保健、科研、教育、产业、文化整体发展，对增进和维护人民群众健康的作用更加突出，对促进经济社会发展的贡献明显提升。

党的十八大以来，党和政府把中医药发展放在了更加重要的位置，随着《中华人民共和国中医药法》《中医药白皮书》《中医药发展战略规划纲要（2016—2030 年）》等的相继颁布，中医药发展上升为国家战略，中医药产业进入新时代。据统计，2015 年，我国中药材种植面积达 5000 余万亩；中药工业总产值达 6167 亿元；市值过百亿元的中药企业达 37 家；出现了丹红注射液、复方丹参滴丸、喜炎平注射液、注射用血栓通 / 血塞通等单品种年产值超过 20 亿的中成药品种 20 个；中药出口额达 37.7 亿美元。《国务院关于促进健康服务业发展的若干意见》提出要"全面发展中医药医疗保健服务""培育一批医疗、药品、医疗器械、中医药等重点产业，打造一批具有国际影响力的知名品牌"。《中医药发展战略规划纲要（2016—2030 年）》明确提出"到 2020 年，中医药产业现代化水平显著提高，中药工业总产值占医药工业总产值 30% 以上，中医药产业成为国民经济重要支柱之一"，明确提出中医药产业要成为国民经济重要支柱之一。《中医药健康服务发展规划（2015—2020 年）》第一次从国家层面明确了中医药健康服务的定义，在此之前，业内虽然也有"中医药产业"这一提法，但实际上大多指中药产业，主要包括中药农业、中药工业、中药商业和中药知识业。以此为契机，各地紧密围绕产业发展，纷纷探索构建中医药健康服务体系和服务新模式，中医药产业的内涵和外延得到进一步延伸。

《中医药发展"十三五"规划》（简称规划）进一步具体提出"到 2020 年，中医药健康产业快速发展，带动相关支撑产业发展""促进中药资源可持续发展和中药全产业链提质增效"。规划不但提出"促进中药工业转型升级"，而且强调"拓展中医药服务新业态"，发展中医药健康养老和健康旅游服务。

中医药产业发展演变对比见表 10-1。

表 10-1　中医药产业发展演变对比表

项目	规划颁布前的"中医药产业"	规划颁布后的"中医药产业"
产业领域	重点是中药产业	中药产业和中医药健康服务业发展并重
发展主体	以中药工业为主体，带动产业发展	在中药工业等基础上发展中医药健康服务业，拓宽中医药服务领域（病前、病中、病后），带动产业发展
发展理念	以治疗疾病为中心	立足全人群和全生命周期两个着力点，以促进健康为中心，全方位满足人民健康需求
发展路径	发展重点是中药一、二产业	推进中医药产业按治未病（病前）、重大疾病治疗（病中）、疾病康复（病后）进行产业结构调整，注重产业融合、集群发展

（续）

项目	规划颁布前的"中医药产业"	规划颁布后的"中医药产业"
主要市场	国内市场为主，国际市场为辅，且多为中药原材料出口	实施"走出去"战略，推动中医药海外创新发展，市场规模明显扩大
发展目标		中医药产业成为国民经济支柱性产业，实现更高水平的全民健康

二、中医药产业内涵及特征

中医药产业是不断发展变化的，在不同的历史时期有不同的内涵。2016 年 2 月，《中医药发展战略规划纲要（2016—2030 年）》正式颁布实施。《中医药发展战略规划纲要（2016—2030 年）》第一次在国家文件层面明确了中医药"五种资源"属性，特别是"潜力巨大的经济资源"，首次提出了"中医药产业成为国民经济重要支柱之一"的发展目标。

中医药产业是与中医药事业相对应的概念，两者都是中医药发展的重要组成部分。中医药产业是社会生产力发展的必然产物，是伴随我国社会主义市场经济的逐步完善和现代生产方式的不断进步而发展起来的新兴产业。中医药产业发展具有历史必然性，既是中医药事业长期发展的客观要求，也是推进健康中国建设的必然要求。

多位学者从供给侧阐述了中医药产业的概念，但本课题组拟从需求侧入手，将中医药产业定义为：中医药产业是指国民经济中，以全方位、全周期满足人民群众日益增长的健康需求为目的，以发挥中医药在治未病中的主导作用、重大疾病治疗中的协同作用、疾病康复中的核心作用为路径，从事中医药（包括民族医药）产品生产和提供中医药服务的企业经济活动集合。中医药产业的特征是：全产业链——第一、二、三产业融合，全人群——健康人群、患病人群、康复人群，全周期——幼年、少年、青年、中年、老年，全功能——在治未病中的主导作用、在重大疾病治疗中的协同作用、在疾病康复中的核心作用。

由此可见，中医药产业分类不再单纯地属于种植业、制造业、服务业的某一范畴，也不是独立于三个产业之外的产业，其更多是横跨三大产业，并存在于以往那些产业分类中。它最具创造性的核心组成部分是中医药服务，中医药服务居于产业的最高端，中医药产业的其他部分都是支撑中医药服务的（中医药服务的衍生）或以中医药服务为延伸。

中医药产业关系见图 10-1。

从图 10-1 中，我们可以发现：①本图旨在说明中医药产业发展中人民群众的健康需求，全方位、全周期中医药服务（病前、病中、病后），科学技术与产品之间的逻辑关系。②中医药产业发展以满足人民群众的健康需求为核心目的。为满足多层次、多元化的健康需求，就必须发展全方位、全周期的中医药服务，而全方位、全周期的中医药服务则使中医药产业，尤其是中医药健康服务业的兴起成为必然。③中医药产业涵盖了第一、二、三产业，是三个产业层次的融合产物，这是中医药产业有别于其他产业的最大不同。融合发展是中医药产业发展的必然要求。④中医药产业主要从病前（中医治未病）、病中（中医医疗）、病后（中医康复护理养老）三个路径提供服务，满足人民群众的健康需求，从而发挥中医药在治未病中的主导作用、在重大疾病治疗中的协同作用、在疾病康复中的核心作用。⑤中医药原始创新及互联网、云计算、物联网、大数据、人工智能、智慧制造、现代供应链、绿色低碳、精益制造等现代科学技术在中医药产业的运用，可以提升中医药服务和产品质量，促进中医药产业迈向全球价值链中高端。⑥中药材、中药饮片、颗粒剂，中成药、中药装备制造、中医诊断治疗设备、中药日化品，中医药文化产品、中医药教育出版等产品的创新研发与高效供给将为中医药服务提供有力支撑，满足人民群众更高层次、更加多元的健康需求。

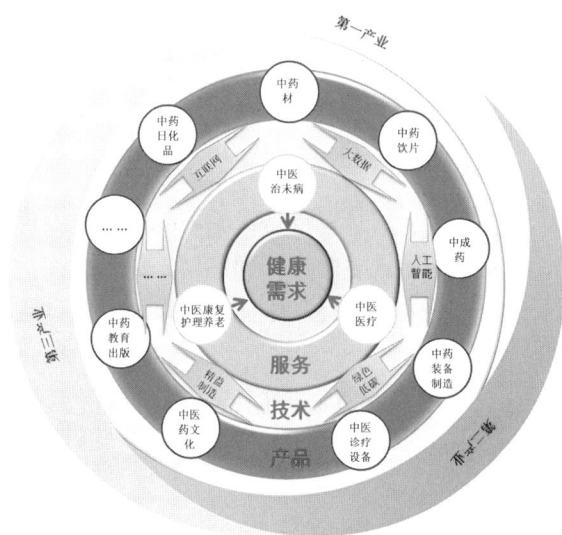

图 10-1　中医药产业关系图

三、中医药产业要素

中医药产业发展要素主要包括需求市场（需求侧）、自有资源（供给侧）、资本投入、新技术融合、产业人才、产业政策。

（一）需求市场要素

社会的进步、生活条件的改善、人们健康需求的增进，给中医药产业发展带来了需求市场的巨大变化。文化需求、疾病防治需求、便捷医疗服务模式需求、保健养生需求、健康主题旅游需求都在发生深刻变化。

（二）中医药自有资源

中医药作为我国独特的卫生资源、潜力巨大的经济资源、具有原创优势的科技资源、优秀的文化资源和重要的生态资源，在经济社会发展的全局中有着重要的意义。中医药是我国独特的卫生资源，其整体观、系统论和辨证论治思维在预防、保健、养生、康复、慢性病、疑难杂症等方面发挥重要作用。作为潜力巨大的经济资源，中医药在我国经济结构转型的关键时期担当重要角色，需要更好地激活中医药产业发展，释放中医药资源巨大的经济潜力。中医药文献资源、国医大师等名中医的治疗经验蕴含着很多现代科技尚未完全认知的知识、能力和技术，具有原始创新性，这是中医药独特的科学性。中医药是中国传统文化和人文精神的体现者，具体的实践者，要充分挖掘、提炼中医药文化资源的内涵，不断服务于人群健康。中医非药物疗法和中药的使用要求符合自然规律，中医药从理念到实践遵循着维护生态平衡、促进生态和谐的原则，是生物和人类的重要生态资源。

（三）现代经济体系要素

1. 资本投入

为中医药产业发展搭建融资平台是促进其发展的关键要素。中医药产业的发展不能单靠自身的积累，还需要业外大量资本的支持和帮助，获得债券、证券、期货市场、国家政策银行的长期低息贷款等的大力支持，这样才能满足人民日益增长的健康需求。

2. 新技术融合

中医理论指导下的中医、中药是具有原创特色的科技资源宝库，要积极引入互联网、云计算、大数据、移动物联网等高新技术，促进中医药产业的绿色、低碳、智能化发展。

3. 产业人才

中医药产业人才是真正推动和促进该产业发展的中坚力量和决定因素。中医药产业需要中医治未病、医疗、养生、康复、养老、中药生产制造等多方面人才。

4. 产业政策

产业规范是促进产业发展的生命线。产业发展要靠法律、规范、政策、策略来维护，要从土地、金融、技术等方面，为中医药产业发展搭建平台、提供支持。

（四）中医药产业各要素的关系

中医药产业要素之间存在相互依存、辩证统一的关系。中医药资源的不断挖掘和合理运用是产业发展的关键，中医药产业发展的核心是要抓住需求这个"牛鼻子"。随着经济的发展和健康意识的提高以及对美好生活的向往，人民对中医药的需求将越来越丰富，为满足人民对中医药需求的变化，中医药产业的供给将不断变化，需求促进供给，供给引导需求。要加大中医药资源要素的挖掘和利用，从而全方位、全链条地服务于大众健康需求。此外，市场的需求和供给都将刺激资本的进入，资本的进入将促使供给的变革和提升，成为中医药产业发展的动力。科学技术的飞速发展，将拓展中医药产业的领域和模式，引导和推动中医药产业的融合发展。产业发展人才是关键。人才在推动、促进和实施中医药产业发展中的作用不可替代，同时产业的发展将有利于中医药产业人才的成长。行业规范的形成和完善将为产业的发展提供保障和支持，产业的发展也对行业规范提出了新的问题和要求，因此，要发挥政策要素的保障作用，促进行业规范的不断完善。

四、中医药产业发展展望

（一）产业结构

中医药的产业形态、服务模式、服务产业、消费支出均发生了深刻改变。

1. 中医药产业形态结构更加多元

随着人民群众对健康日益增长的需求，人们不但有重大疾病治疗的基本需求，更有治未病与疾病康复的健康需求。这就要求中医药产业必然提供更加多样、更高质量的健康服务和产品供给，由相对单一的医疗服务形态结构向医疗服务、养生保健、健康服务多种形态融合转变，从而形成跨第一、二、三产业的新业态、新模式，如"中药种植＋旅游""中药制造＋智慧医疗""中医医疗＋养老""中药种植＋中药制造＋养生保健"等。此外，中医药产业的资本投资出现了由原来的行业内投资向行业内、外（房地产业、基金机构、保险业）投资转变，企业性质由单一的国有资本向央企、国企、社会资本均参与投资转变，产品由原来的中医医疗产品向多样化健康服务和健康产品转变。

2. 中医药服务模式更加多样

党的十八大以来，中医药发展迎来了前所未有的大好机遇，人们对中医药的认识越来越深入。由于中医药简、便、验、廉、安的特点，人们对中医药在养生保健、康复养老等方面的作用越来越认可，对中医药产品和服务的需求将逐渐从疾病诊疗转移到治未病与疾病康复阶段。因此，中医药服务模式将呈现由医疗机构单一服务模式向医疗机构、社会、家庭自我服务并重转变的发展趋势。如，在全球首家热敏灸小镇——山东省潍坊市峡山区太保庄，太保庄街道立足实现全民健康，倡导"健康太保　全民艾灸"的健康理念，通过定期推送艾灸健康知识、开展艾灸培训等方式，将艾灸文化融入生活，实现了家庭自我治疗、自我保健服务；同时，减少了人们的医疗服务费用，助推了相关中医药产业的发展。

3. 中医药服务产业结构更加协调

治未病（病前）、疾病康复护理（病后）领域将成为中医药产业新的增长点。人民群众多层次、多样化的健康服务需求是中医药产业发展的原生动力，随着广大人民群众对健康的需求和保持健康的愿望越来越强烈，人们不但有疾病治疗（病中）的基本需求，更有治未病（病前）与疾病康复（病后）的健康需求，中医药产业发展必然要向提供更多样、更高质量的健康产品和健康服务的方向发展。

4. 中医药消费支出结构发生变化

随着人们消费观念向健康、养生、文化需求等方面转变，应运而生的中医药文化、家庭诊疗设备、运动器械、食养和健康旅游服务等新领域将成为人们消费的主体。以中医治未病产业为例，居民消费将从以前主要靠政府提供基本医疗保障转向居民自我消费为主，消费结构也向中高端、个性、健康、多元转变。如，自我诊断，包括培训产业（教育、影视、出版）、家庭诊断设备等；自我治疗，包括培训产业（教育、影视、出版）、食疗、家庭治疗设备（盐包、艾灸、灸疗仪等）、运动器械（气功）等；自我养生，包括培训产业（教育、影视、出版）、健康旅游、食养等。

（二）产业规模

中医药产业总量将持续快速增长，将成为国民经济的重要支柱产业。

1. 中药材种植养殖

2015 年，我国中药材种植面积为 5045.5 万亩，产量达到 363.8 万吨，行业整体规模近千亿。我国各省种植规模不断再创新高。2015 年，甘肃中药材种植面积为 388 万亩，产量为 99 万吨。2016 年，云南省中药材种植面积为 665 万亩，较上年增长了 11.4%，种植面积跃居全国第一位。种植大省贵州，计划中药材种植面积保持年均 30 万亩的增长速度，到 2019 年实现中药材种植面积 720 万亩，总产量 210 万吨，总产值 200 亿。此外，我国还有部分利好政策。如 2017 年中央财政对林下种植中药材进行补助，试点资金达 3.8 亿元，种植补贴可达 100 ～ 500 元/亩。我国中药材种植规模持续扩大。"十三五"期间，中医药资源与种植的主要任务是建立中药种质资源保护体系，开展第四次全国中药资源普查，建立覆盖全国中药材主要产区的资源监测网络，突破一批濒危稀缺中药材的繁育驯化技术瓶颈，保护药用种质资源和生物多样性。

2. 中药工业

"十一五"期间，我国中药工业总产值实现年均 22% 的增长速度。"十二五"期间，我国中药工业总产值继续保持年均 20% 的增长速度。"十三五"期间，我国中药规模以上企业主营业务收入仍保持高速增长，规模收入突破万亿，年均增长率达到 15%。目前，中药饮片是我国中医药产业链中的重要环节，也是医药行业中市场最广阔的子领域之一。2017 年，中药饮片加工业利润总额为 153.4 亿元，同比增长 15.1%，在所有子行业中排名第 3 名。饮片市场增速从 2011 年开始就一路领先各子行业，增速保持在 15%

左右，潜力巨大。

3. 中医药健康服务

（1）医疗服务业方面：中医类医疗机构在整个医疗体系中所起的作用越来越大。2017年，中医类医疗机构诊疗人次突破10亿人次，诊疗人次占医疗机构总诊疗人次的比重持续增加；医疗收入达到3648亿元，接近医疗机构总收入的10%；中医类卫生人员总数达到122.5万人，执业医师54.3万人，占比44.3%。中医药大健康产业的市场规模持续上升。自2010年以来，中医药大健康产业长期保持两位数的高速增长，2017年达到17500亿元，同比增长21.1%。

（2）养老服务业方面：随着老年人群体不断扩大，基础养老服务体系将逐渐完善，老年消费潜力将逐渐激发，老年人对生活质量的要求逐渐提高。面向老年人的服务和产品需要更加精准地掌握其健康情况和服务需求，真正满足老年人日益多样化、多层次的需要。2017年，《养老服务标准体系建设指南》发布，该指南从老年人的自理能力、养老服务的形式、服务内容等多方面构建了养老服务的标准体系。

（3）健康旅游方面：2017年，《国务院关于促进旅游业改革发展的若干意见》首次提出重点发展医疗健康旅游。现今，追求健康成为一种社会时尚，以获得健康为目的的旅游活动将成为旅游业发展的新热点。据原国家旅游局和国家中医药管理局的一项24个省（自治区、直辖市）中医药健康旅游情况调查显示：全国454个景区点、度假村、宾馆等机构，正从事的中医药健康旅游项目有足部保健、按摩、温泉、药浴、药膳、中医美容、理疗等；服务产品有体验中药传统膏方、药膳、药酒、养生茶制作、品药膳、中药保健茶，传授中医康体养生方法、健身操训练，辨识真伪劣珍稀中药材等。许多省份加大对中医药健康旅游的扶持力度。如，广西充分发扬政府主导作用，联合政府、卫生、旅游等部门，以巴马、东兴、永福等14个"中国长寿之城"为重点，进行统一协调管理，合理把中医药产业与旅游业的各种配套办法和项目联系起来，实现资源的合理化整合；广东率先在全国打响了"中医药文明摄生旅游"品牌，评选出首批19家广东省中医药文明摄生旅游示范基地；江西提出推动旅游强省战略，发展医疗摄生旅游；河北出台促进健康旅游业发展的实施意见，省旅游局与省中医药管理局签署推动中医药健康旅游发展的合作协议；甘肃拟定中医药摄生旅游工作实施方案，制定甘肃陇东南地区国家中医药摄生保健旅游创新区总体计划；四川制定了中医药健康摄生旅游总体计划，举办了中华摄生健康产业发展高端论坛活动。北京、安徽、山东等省市相继出台政策促进中医药健康旅游业发展。

课题负责人：刘红宁
课题组成员：严小军，王立元，聂鹏，柯瑜，单思，刘畅

中医药健康服务的食养政策研究

摘要:

食养是中医药健康服务新业态的重要组成,是中医药理论指导下健康服务的重要手段。由于存在食养概念不清、食养产品及其产业边界不清以及食养政策监管缺乏指导,食养产品推广以及相关产业发展缺乏政策依据和科学证据支撑等问题,可能导致行业无序发展和触犯食品安全法律法规。通过对食养理论溯源和管理政策的对比研究,课题组发现食养政策体系的构建迫切需要正确界定食养和食养产业体系,明确食养的作用对象与方式,科学创设食养相关标准,健全食养产业监管体系,并采取创新手段执行政策监管,从食养的现实作用视角明确食养政策监管的方向、原则和重点任务,并尝试从中医药理论出发,科学诠释食养,并满足食养政策监管的具体需求。

关键词:中医药;食养;健康服务;政策体系;监管

《中医药健康服务发展规划(2015—2020年)》(国办发〔2015〕32号)提出了开展药膳食疗的重点任务。食养从古至今都是实现中医药理论指导下健康服务的重要手段。通过对中医经典著作的阐释可知:食养萌芽于周,形成于秦汉,发展于魏晋南北朝与隋唐,鼎盛于宋元,成熟于明清,在近现代被弱化。

随着人类疾病谱的变化,中医药获得了新的发展。一方面,中医药走向了世界,已获得了世界卫生组织的认可;另一方面,中医药在治未病和防治慢性病领域优势突出。在传统医药的基础上,中医药健康服务新业态不断涌现,食养就是其中一种人们熟悉的中医药健康服务新业态。所谓熟悉,是因为食养是中华民族的瑰宝,无人不知,但是,能真正说清其内涵的人,却寥寥无几,表现在如下几个方面:①食养的概念不清。②食养产品及其产业边界不清。③食养的政策缺乏。换言之,这三个方面分别对应三个迫切需要解决的问题。如何让人们真正认识食养?如何划分食养产品标准及其产业边界?如何构建促进食养发展的政策体系?本研究试图从中医药食养理论出发,从食养的现实作用视角回答上述问题。

根据前期文献分析和相关研究成果,我们认为:食养是在中医药理论指导下,通过食用具有特定营养价值的食品,以达到健康促进和健康维护功用的方法。食疗的概念与食养相似。两者都是在中国历史和中医药传承中形成的；但在功用上两者有所侧重，食养突出调养功用，而食疗更强调治疗功用。因此，我们认为食养食品具有更广泛的适用范围，而食疗更适合作为特殊食品或药品进行管理。

一、国内外食养发展现状

（一）中国

随着我国经济的高速增长，人民物质生活水平大幅提高，老年人口比例不断增多，人们逐渐意识到饮食对健康的重要性，对食养的需求越来越高。近年来，我国政府推出了与食养、保健品相关的系列政策，食养和食养产业的发展获得了前所未有的良机。

1. 食养原料

1982年颁发的《食品卫生法（试行）》提出既是食品又是药品的原料可入药。2002年3月，原卫生部发布了《既是食品又是药品的物品名单》，药食两用中药品种有87种。2014年，原国家卫计委发布《按照传统既是食品又是中药材物质目录（征求意见稿）》，药食两用中药品种有101种。2018年，国家卫生健康委员会将党参、肉苁蓉、铁皮石斛、西洋参、黄芪、灵芝、天麻、山茱萸、杜仲叶等9种物质增补进入药食两用目录。这些药食两用中药品种，构成了食养的重要原料。

2. 家庭食养

食养在我国一直深入民心。民间的一些食养方法很多具有较佳的实际功效。如用茯苓、山药、芡实、莲子制成的阳春白雪糕，具有健脾养胃、祛湿补虚的作用，适合脾虚食少便溏患者的冬季养生调理；用冬瓜、薏苡仁、海带、排骨砂锅炖制成的冬瓜海带薏米汤，具有补脾祛湿、清热降火的作用，用于降压调脂，提高免疫力。类似食养配方不胜枚举。但民间也流传着一些没有科学依据甚至违反实际的"食疗方案"。如某些地区妇女"坐月子"期间不能食用蔬菜水果，仅能吃大滋大补的肉食习俗。在这种情况下，急需食养研究者和从业者宣传正确的食养原理和方法，摒弃不合理的偏方、糟粕，以促进食养的健康持续发展。

3. 食养产品

虽然食养理论有悠久的历史并形成了较完整的体系，但我国的食养产业却仍处于发展阶段。据统计，我国养生产品（含食疗、药膳和保健品）的市场销售额在2003年为175亿元，在2015年高达1万亿元，年增速达20%～25%。在如此巨大的市场需求下，近年来国内相关企业越来越重视对食养产品的研发，出现了多种代表性产品，如江中猴姑米稀、通便茶、五芷黑元等，但食养产品产业的发展仍存在很大问题。首先，我国食养产品的法律法规尚不完善，导致一些不法厂商钻法律空子，游走在灰色地带，套用食养食疗的名目，故意夸大保健疗效，导致民众的经济损失，也阻碍了民众正确认识食养产品。其次，由于我国法律不允许食品宣传，很多食养产品尽管具有保健、治未病甚至治疗疾病的功用，却无法对产品进行任何功用宣传，这成为阻碍食养产品进一步发展的一大桎梏。因此，急需出台和完善相关法律法规，以规范食养原料、服务、产品和产业的发展。

（二）日本

日本食养食疗的理念和经验也有千年积累。日本的食养受医家丹波康赖的《医心方》和贝原益轩的《养生训》影响较大。《养生训》定下的"和食"流传至今，且成为世界非物质文化遗产。目前，食养在日本日益受到重视，相关产业也得到了较快发展。

1.食养原料

日本食养的原料涉及诸多种类，与我国的分类和使用基本相同。如《医心方》中将食物分为谷米、菜、果、禽兽、虫鱼 5 类 172 种，并有补益功效。如日本过新年时喝的屠苏酒，是用日本酒和甜料酒泡制山椒、白术、防风、桔梗、陈皮、桂皮等中草药制成。这些原料中大部分是药食两用物质，有提高免疫力、抵御疫病的功效。由此可见，日本食养原料丰富，同样有组方搭配的习惯和调理健康的使用目的。

2.家庭食养

20 世纪 80 年代起，食养理念风靡日本。日本成立多个食养健康村，在各地设药膳餐厅，在东京都内济生会的大医院甚至设立了食养内科，专门提供疾病防治中的食养服务。在食养科研方面，日本国内成立了很多食养相关的学术团体，定期举办学术会议和培训班，讲授、传播食养的理论、技术和实践，并常与我国各中医药机构联动，目的在于将食养药膳普及到日本民众生活饮食之中。

3.食养产品

基于食养理念专门制成的食养产品在日本深受民众喜爱。常见的食养产品如藏菜凉茶、莲花饮料、防龋冰乳、褪黑素牛乳制品、保健药茶等，种类繁多，广受欢迎。

（三）韩国

食养在韩国传统医学中也占有重要地位。韩国的《食疗纂要》收录了 45 中常见病证的食养食疗方法，其对病证的分类非常接近于中医，如伤寒、泄泻和黄疸等，所用食药材 131 味，其中包含常见的药食两用材料如生姜、薏苡仁、蜂蜜、葛根、枸杞子等。

1.食养原料

当代韩国的食养原料基本沿用了《食疗纂要》中的食药材。韩国食品医药安全厅同样制定了药食同源原料清单，包括 280 种原料；同时，也制定了限制使用的 64 种药食同源原料和不可作为食品的 82 种原料的清单。

2.家庭食养

食养是韩国人家庭生活的重要内容。他们善于将当地食材用于健康人的日常食养保健或亚健康人群的食养调理。如使用荞麦和大米熬粥，并加入白菜、海鲜、鸡蛋、杏仁等，可以起到润肺宣窍、补气养血、通肠润便的功效；如用菠菜、高丽菜、胡萝卜等蔬菜和柳橙、苹果等水果榨汁制作而成的蔬果汁，可以起到降血压、改善贫血、免疫调节的作用。由此可见，韩国的家庭食养凝聚着韩国人食养的智慧和经验，对促进健康起到了积极作用。

3. 食养产品

韩国对食养产品的理念更为开放，走在了世界前列。韩国的食疗产品不仅有饮料、粥饭等传统形式，也有片剂或胶囊等现代药物形式。常见的韩国食疗产品，如高丽参元饮品、玉锦记黑参精、即食参鸡汤、红参果冻、天然蜂胶软胶囊等，种类众多，形式各异，在世界广为销售。

（四）美国

美国的医疗保健和家庭保健中虽然没有食疗和食养的概念，但他们拥有全球最大的膳食补充剂市场。美国的膳食补充剂以西医相关成分，如各类维生素、运动营养品等为主，草药和传统膳食补充剂也在市场上占有较高比例，仅次于维生素和运动营养品类。2014年，美国草药类膳食补充剂销售总额为64.41美元，同比增长4亿美元，与2011年相比增长10亿美元。在美国，可以在食杂店、超市、药店等场所购买草药类膳食补充剂，也可以通过销售员上门推销等形式购买。然而，必须指出的是，美国的草药类膳食补充剂与中医食养最本质的区别是仅利用草药中的单体或复方营养（化学）成分，而非基于中医理论进行体质调理。相信随着中医理念和医疗技术逐渐推向国际，未来美国的草药类膳食补充剂与中医食养将会走向相互融合的形式。

二、食养管理政策的比较

在国际上，尚没有食养品这一说法，与"食养品"定义较为接近的是"具有'功能'的食品"。在国际上，"功能食品"是一种较为成熟的食品形式。美国在销的食品近1/3是功能性食品，欧盟的功能性食品也以每年17%的销售速度增长。这些国家都为"功能食品"制定了一系列的监管法律法规和相应的技术标准。

（一）国外对功能食品的定义和管理措施

1. 日本的定义和范畴

1989年，日本厚生劳动省明确界定了"功能性食品"的概念：具有与机体防御、机体节律调节、疾病防治、健康恢复等有关的功能因子，经设计加工而成，对机体有明显调节功能的食品。从定义来看，功能性食品具备以下三个特征：①由通常所使用的食品原料或成分组成。②属于日常摄取的食品。③应标记有相应的调节功能。

2001 年，日本《保健机能食品制度》将功能性食品对象范畴分为三类——特定保健食品、营养素功能食品和健康辅助食品，并明确指出：特定保健食品在审查其安全性和有效性的基础上由厚生劳动省（现为消费者厅）批准给予许可；营养机能性食品的营养成分含量和种类需符合标准，实行备案事后监管；健康辅助食品由第三方组织来承担管理责任，进行弹性分类。

2. 美国的定义和范畴

在美国，关于功能食品的定义尚没有统一的界定，从范畴来看主要包括有特定声称的常规食品、膳食补充剂、强化食品、特殊膳食食品、疗效食品五大类。美国功能食品声称分为健康声称、营养声称以及结构 / 功能声称：对健康声称食品的管理由美国食品药品监督管理局（FDA）采取"审批 + 备案"批准；而对营养声称以及结构 / 功能声称的食品无需备案，但 FDA 一旦发现产品存在安全问题时，可以对产品进行直接的判定及处理。

3. 欧盟的定义和范畴

欧盟的"功能食品"范畴包括膳食补充剂、新食品、特殊营养用途食品、强化食品（也包括有营养声称和健康声称的普通食品）。营养声称和健康声称是欧盟对功能食品、营养补充品市场管理的主要手段。允许营养和健康声称的条件为："食品中的活性成分的含量必须达到声称所宣示的营养和生理学效果，且该声称必须被普遍接受的科学证据所证实。"

目前，符合欧盟法规规定的营养声称有 29 种，如"低糖""低脂"。一般健康声称采取准许列表管理制度，增加一般功能声称，需由欧盟各成员国主管当局审批，再报欧盟食品安全局审批，最后由欧盟委员会授权认可；减少疾病风险的声明、涉及儿童发育和健康的声明，以及一般健康声称以外的其他特殊相关声称，必须经过欧盟委员会授权许可，先由各成员国主管当局审批，再报欧盟食品安全局审批，最后由欧盟委员会授权认可（公告形式）。

4. 国际组织及其他国家管理功能食品概述

1995 年 9 月，世界卫生组织联合联合国粮农组织提出"功能食品"指："对人体具有增强机体防御功能、调节生理节律、预防疾病和促进健康等有关生理调节功能的加工食品。"

澳大利亚《治疗产品法》指出，功能食品作为食品与药品之间存在的一类产品，归类于"补充药品"，按药品管理；此外，还指出对"补充药品"需审批，低风险的通过列表批准，高风险的实行严格的注册审批。

加拿大的天然健康产品包括氨基酸（益生菌）、维生素、草药增补剂、顺势药品、传统药物、矿物质及草药等。所有天然健康产品上市前需提交详细的信息，包括药用成分、来源、剂量、效价、非药用成分及推荐使用等。天然健康产品由天然健康产品管理司（NHPD）进行审核和评估，颁发产品许可证。

（二）我国对功能食品的定义和管理措施

我国对"功能食品"还没有明确、统一的定义，从现有的文献研究来看，较为普遍的理解是：我国的功能（食养）产品主要是指保健产品。在我国食品的分类管理上，根据《中华人民共和国食品安全法》（简称《食品安全法》）规定，我国食品分为普通食品、保健食品和特殊膳食。普通食品是指：各种供人食用或者饮用的成品和原料以及按照传统既是食品又是药品的物品，但是不包括以治疗为目的的物品。保健食品指：声称具有特定保健功能或者以补充维生素、矿物质为目的的食品，即适宜特定人群食用，具有调节机体功能，不以治疗疾病为目的，并且对人体不产生任何急性、亚急性或慢性危害的食品。特殊膳食是指：为满足特殊的身体或生理状况和（或）满足疾病、紊乱等状态下的特殊膳食需求，专门加工或配方的特种食品。

国家对保健食品和特殊膳食实行严格监管：普通食品不得标示功能声称，保健食品可以声称保健功能，特殊膳食可对能量和营养成分进行功能声称；同时，保健食品声称的保健功能目录，由国务院食品药品监督管局联合中医药管理局等部门制定、调整并颁布，共"27 + 1"种功能声称。由此可以看出，我国相当大的一部分中医食养品没有被纳入保健食品中，尽管从食品市场现况来看，已有的中医食养品要远超保健品范畴。

三、制约食养发展的主要问题

（一）食养概念界定不清

食养品及其服务具有维持健康、修复健康、促进健康的基本特征。"药补不如食补"的观念已深入人心。调查 2005 位消费者的结果显示，愿意接受食养产品的消费者近60%，可接受的月开销金额在 100 ~ 500 元，说明消费者对食养产品的接受度和需求度都比较高。

调查的 2005 名消费者中，57.8% 的人群食用食养产品，33.2% 的人群不食用食养产品，9% 的人群不食用食养产品，见图 11–1。

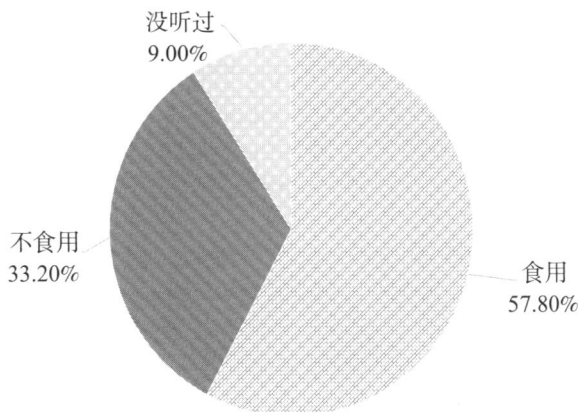

图 11–1 消费者食用食养产品情况

26.5% 的消费者只接受 100 元以下的消费，38.3% 的消费者愿意每月花费 100 ～ 300 元在食养品上，23.2% 的消费者倾向于花费 300 ～ 500 元在食养品上，见图 11-2。

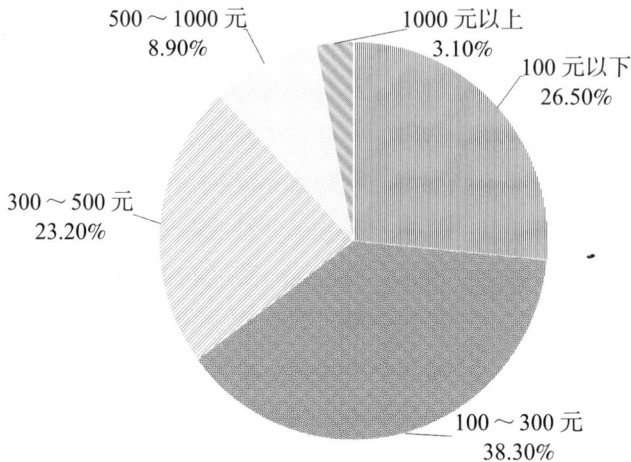

图 11-2　消费者可接受食养产品月开销情况

老百姓对食养产品的了解尚停留在口口相传的"前人经验"上，缺乏科学可靠的认识路径，导致他们对食养的积极作用认识不清，存在着"盲目进补""不辨宜忌"等误区。他们有的对什么是食养、哪些属于食养产品都不清楚。调查显示，2005 名消费者中，很大一部分居民将维生素、钙片、深海鱼油等保健品误认为是食养产品。

比较常见的错误认知是将深海鱼油 28.7%、钙片 26.6%、蛋白质粉 26.4%、维生素 31.4% 等产品归为食养产品。

消费者对常见食养产品认知情况见图 11-3。

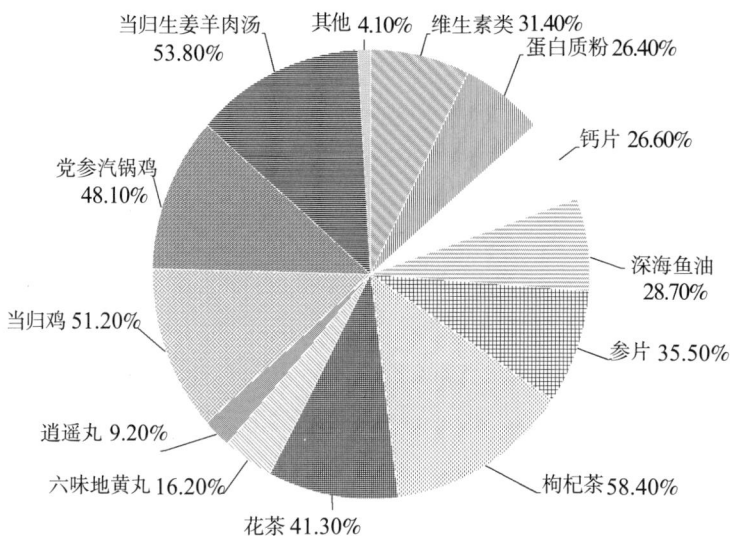

图 11-3　消费者对常见食养产品认知情况

具有专业知识的医疗机构人员对食养产品的概念认知也不乐观。被调查的 160 家医疗机构中，24.4% 的医疗机构认为食养品是特医食品，13.8% 的机构将食养品混淆为保健品。

医疗机构人员对食养的认知情况见图 11-4。

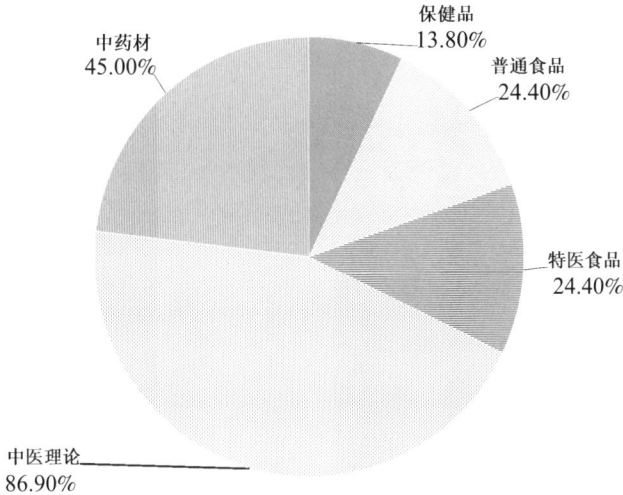

图 11-4　医疗机构人员对食养的认知情况

（二）食品分类缺少"食养"系列

目前，我国食品分类包括普通食品、保健食品和特殊功效食品。食养品横跨这三大类，既有普通的食用属性，也具有健康维护和健康促进属性，还有部分食养食品具有辅助治疗、帮助康复的医疗属性。因此，单纯将食养品归为普通食品、保健食品或特殊功效食品都是不合理的。鉴于食养是在中医理论指导下发展，食养品主要成分均为国家规定的药食两用目录成分，使用食养品必须与中医药健康服务紧密结合，特殊食品包括保健食品、婴幼儿配方食品和特殊医学用途配方食品，这种分类方法无法囊括食养食品，建议将食养食品在特殊食品下单列条目，对其进行单独管理。

（三）产业监管制度滞后于发展需求

国家政策对健康产业的支持力度不断加强，以食养品为主要产品的健康食品产业和中医药产业正在快速发展，但监管制度的缺失和不健全严重制约了食养产业的快速发展。例如，食养行业对产品在广告中进行功用宣传意见不一，调查显示食养产品的管理存在适用法规不明、管理部门不清现象。若按普通食品法律管理，则禁止食养品进行功用声称；若按保健食品管理，则食养品只能声称现有的 27 种保健功能，无法完全涵盖和准确表述食养产品诸如滋阴、壮阳、补血、补气等的中医药语言描述的功能。同时，食养产品评价标准缺失，评估体系不健全，第三方评价机构严重不足，难以保证评价结果的公信力，容易出现产品夸大宣传、虚假宣传的现象，反而引起群众的质疑与反感，造成行业野蛮发展。

经调查，消费者认为在广告中进行食养产品的功效宣传赞成与不赞成的比例各为50%，见图 11-5。

您觉得食养产品广告中进行功效宣传合适吗？

图 11-5　支持与不支持广告中进行食养产品功效宣传的比例

目前，法律规定食养产品不能在广告中进行功效宣传，但是生产厂家和部分学者认为现有法规不适应现实情况。同时，没有相应的评估体系及评价机构对食养产品的功效进行评判，导致广告中宣传的功效是否符合事实没有权威判断。

（四）现有食养产业发展不协调

食养产业发展现状极为不协调，第一、二、三产业比例失衡。据初步估算，食养产业规模主体集中在第二产业环节，产品生产占比超过 60%；第三产业环节的健康服务占比严重不足。这说明食养产业发展还处于产品生产为主的早期扩张阶段。第三产业环节的规范化食养服务尚未形成规模，既影响食养产品的推广应用，也容易造成产业发展畸形，食养产品市场扩张放缓。

从搜集的资料来看，尽管食养产业包括了原材料生产、生产加工和产品服务三个环节，但从第一、二、三产业在产业链中所占比重可以看出：食养产业还是停留在以生产加工为主的阶段，产品服务并未成为整个产业发展最强有力的"发动机"。食养产业的比重分布见图 11-6。

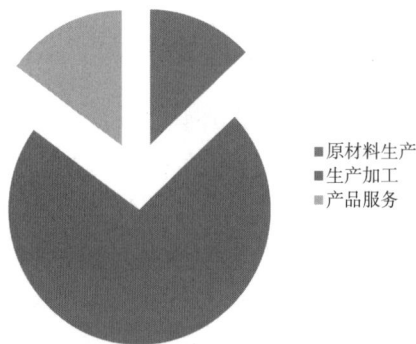

■原材料生产
■生产加工
■产品服务

图 11-6　食养产业的比重分布

四、构建食养政策体系的设想

（一）正确界定食养和食养产业体系

食养是在中医药理论指导下，通过食用具有特定营养价值的食品，以达到健康促进和健康维护目的。食养具有四个特点：①食养具有以食防病、以食助疗、以食养病的功用，但不具备治疗疾病功效。②食养的载体是食品，属于特殊食品分类，应按照《食品安全法》等相关法规进行管理。③食养食品的主要原料是药食两用食品。④食养产品的申报必须提交产品配方、生产工艺、标签、说明书以及表明产品安全性、营养充足性和特殊调养用途临床效果等材料。

（二）明确食养的作用对象与方式

根据食养的定位和作用，食养的适用对象是有需求的人群，包括有营养需求的健康人群、有治未病需求的弱健康人群、有治疗需求的疾病人群以及有调养进补康复需求的愈后人群。

鉴于食养功用之特殊，必须以政策法规限定食养的作用方式。在政策法规的框架下，生产企业必须在中医药理论指导下生产食养品，其销售和使用过程除了以指南、说明书的形式予以指导；必须保证有中医药技师或中医药认可的营养师提供体质辨识服务，需要对公开销售的食养产品的食用剂量、频率、时间进行规定，即健康服务必须贯穿食养产品的销售过程，具有强制属性，以保证合理使用食养产品。对于进入超市和其他商店进行销售的食养产品，生产企业必须定期进行随访以提供产品服务支持，销售网点也必须以醒目方式提醒购买者食养产品的特殊性和使用方法，对食养产品使用方式进行详细介绍。

食养、食疗与医疗的关系见图 11-7。

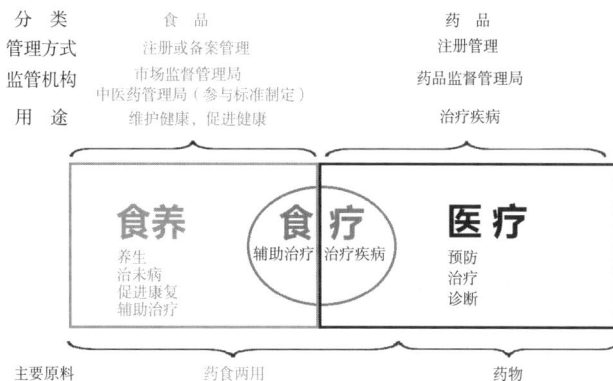

图 11-7 食养、食疗与医疗的关系

（三）科学创设食养相关标准

1. 制定食养标准必须以中医药理论为指导

食养是在中医药理论指导下进行的，制定食养相关标准离不开中医药理论指导，这是由食养的形成与发展过程决定的。食养的发展贯穿中国历史，对食养最早的记载来源于《黄帝内经》等古籍。食养理论是基于"祛邪不伤正"的思想，食养在疾病初起阶段的应用是典型的"扶正祛邪"，这与中医治未病理念高度契合。因此，食养天然具备中医药属性，制定食养标准必须以中医药理论为指导。

2. 界定食养内涵必须依托现代健康科学理论

根据中医药理论对食养的阐述，并结合现代科学理论，可以认为食养是在中医药理论的指导下，通过食用具有特定营养价值的食品，以达到健康促进和健康维护的效果。这些食品称为食养品，对应的产品为食养产品。

历史上，食养、食疗、食治曾经是一个概念。但是现代科学中，医疗的功效被独立出来，专指使用药物产生具体疗效，因此，食养范畴中不宜包括治疗疾病的功能。

3. 遴选食养配方必须做到有据可依

界定食养品要根据中医药理论，除了满足主要原料属于药食两用目录，其具体配方还必须有据可依，即食养配方必须是经过历史传承和实践检验的经典配方，或者是经过临床研究验证的新配方。

课题组通过对经典配方进行初步统计，整理出了 914 个食疗方。其中，食治老年病或养老用方 178 个，妊娠或产后用方 62 个，小儿用方 32 个，以健脾胃为主的用方 101 个，补益或治诸虚证用方 107 个，食治诸风寒湿痹用方 122 个，眼耳用方 30 个，治淋证、痢疾、五痔用方 135 个，食治水肿类用方 33 个，化痰止咳及伤寒类用方 38 个，消渴、止渴类用方 48 个，其他 28 个。食疗方分类见图 11-8。

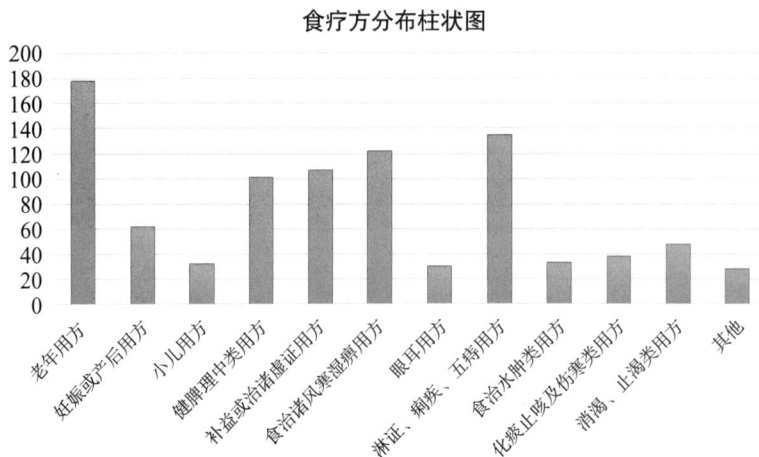

图 11-8　食疗方分类

4. 相关标准必须具有权威性和强制性

应在中医药理论指导下开展食养方研究，对食养的概念、分类、适用范围以及使用形式予以详细界定，由相关监管部门、行业协会和专业机构制定具体标准。该标准必须经过现代科学验证，具体由相应的科研机构、检验平台和临床研究基地开展，相关数据上报中医药管理部门，经认可后予以公开；同时，中医药管理部门也应对食养品标准的制定采取严格的认定和制定完善的程序，以法律规制的形式颁布，以保证其权威。

（四）健全食养产业监管体系

1. 食养管理需要中医药管理部门参与

要充分借鉴食品管理的双轨模式，对食养产品申报实行两条线管理。食养品申报采取"注册＋备案"双轨管理。对食养产品初次申报进行分类：对属于食养方目录的产品，仅需要进行申报备案，由省级食品监管部门受理；对于不属于目录的产品，必须经过临床试验验证其宣称功用，且能够提供权威科学评价，否则必须进行申报注册，由中医药管理部门与市场监督管理部门联合受理。

2. 进行安全性和有效性评价

把食养品作为特殊的食品系列进行管理，应对食养品的功用进行安全性和有效性评价，应在中医药管理部门指导下，由第三方检测平台进行。平台应进行严格的临床试验，以数据说话，以科学评价得出产品是否安全和有效。其临床试验过程应参照药品临床试验的相关管理规定。需要备案申报的食养产品，亦要通过科学评价以证明食养产品合格。科学评价过程及第三方平台的选择非常重要，需要建立适宜食养产品的科学评价方法，从文献研究、临床研究、理论研究三个方面开展。

食养方有效性、安全性评价方法见图11-9。食养方有效性、安全性评价路径图11-10。

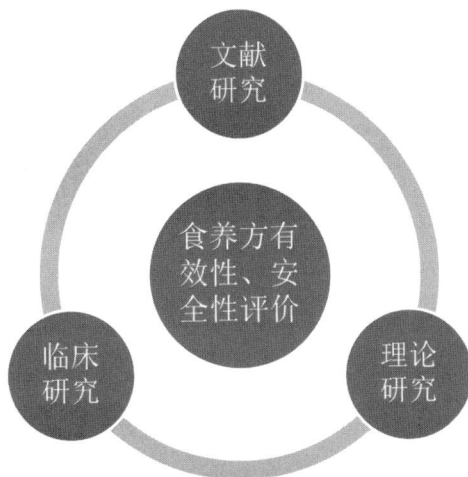

图11-9 食养方有效性、安全性评价方法

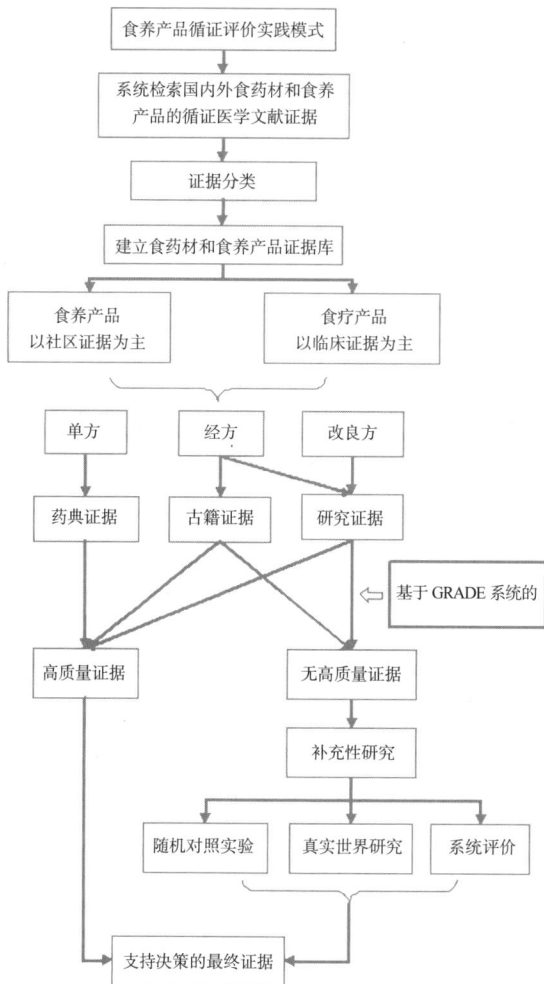

图 11-10　食养方有效性、安全性评价路径

3. 监督食养产业有序成长

对于食养产业的监管，应以支持产业健康发展为最终目的。监管部门可以通过建立黑名单制度，对食养品生产企业实施分级分类监管，对食养品健康服务经营业户进行风险等级评定，宽严相济，扶持食养产业快速发展。应当建立食养配方黑名单，按照风险评价指标实施分级分类监管，按量对食养品健康服务经营业户进行风险等级评定。

健康服务经营商户风险评定见图 11-11。

4. 放开食养健康服务市场

应允许符合食养品管理标准的各类企业进入食养产品健康服务市场，通过备案的医院食养科、中医养生馆、食养养生馆、孕产妇疗养机构等提供食养健康服务，除工商执业登记外不需要经过任何审批。风险等级评定属于监管部门自觉执行，无须健康服务经营者主动申报。

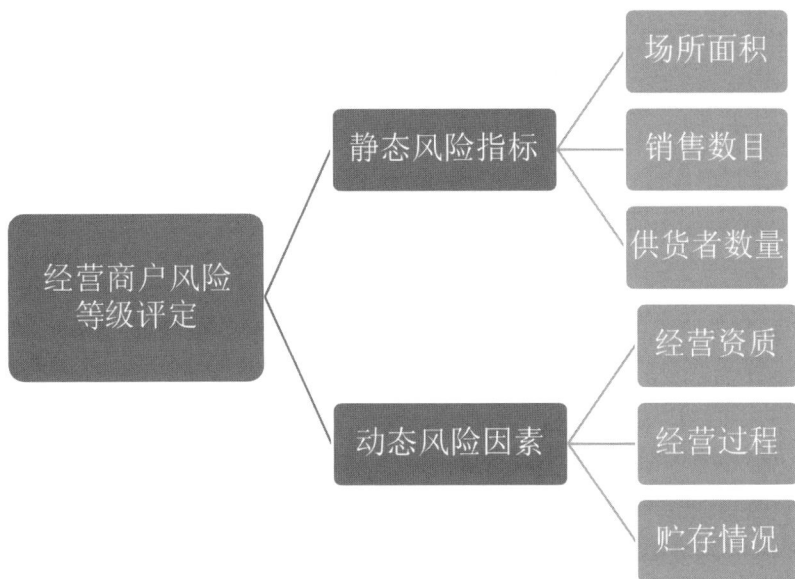

图 11-11　健康服务经营商户风险评定示意图

（五）创新食养政策监管手段

1. 实行标签管理制度

（1）构建全新的食养产品管理类别及序列：从原料来说，食养产品的原料均是药食两用的原料；从生产工艺来说，食养产品应参照制药工艺和技术进行研发和生产；从功用声称来说，食养产品基于中医术语的功用声称需经临床观察验证；从适用目标人群来说，食养产品适用于一般健康人群、弱健康人群、特殊人群和愈后康复人群；从理论基础来看，食养产品建立在传统中医理论之上，讲究辨证食治，强调四性五味。

（2）食养产品标签功用声称管理采取"备案 + 列表（清单）"制：食养产品功用声称，可以借鉴美国《合格健康说明》"备案 + 列表（清单）"管理模式，由国家市场监督管理部门建立基于中医术语的功用声称列表目录清单，选择使用列表清单里的功用声称前，需到食品药品监督管理部门备案，并提供公开可获得证据和免责声明。

2. 参照食品和药品管理

（1）规范企业生产行为：食养食品作为一种特殊食品，其生产要求应严格按照 GMP 要求，从生产人员、原料进货、工艺加工过程、仓库安全管理等多方面对其生产行为进行控制，所有生产企业必须获得 GMP 论证；同时，要加强市场监督检查频次，对无证生产以及生产假冒食养产品等违法行为进行严厉查处。

（2）完善质量监管规制建设：尽快制定出台《食养食品功能学评价程序和检验方法》《食养食品良好生产规范审查方法与评价标准》《食养产品命名规定和命名指南》《食养食品注册检验机构遴选管理办法和遴选规范》《食养产品技术规范》等质量监管规范，做到有规可循，有章可遵。

食养产业质量监管规制建设见图 11-12。

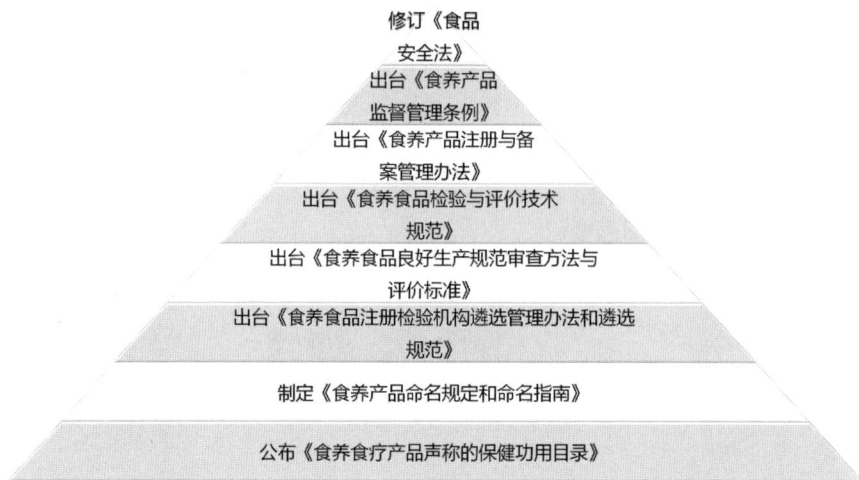

图 11-12　食养产业质量监管规制建设

（3）加强食养产品检验检测能力建设：要加强食养食品检验能力的建设工作，不断研究对食养食品非法添加成分的检验方法，逐步建立健全食养食品抽检制度。同时，对社会反响较大、社会危害较严重的夸大功用宣传的食养食品加大抽检次数，扩大食养食品种类的抽检范围，并将检验结果及时公布，对生产问题产品及涉嫌违法的生产经营企业列入黑名单，并及时通报，保证问题产品第一时间退出市场。对食养食品安全风险监测中发现的问题及时发布预警信息，防止伤害的进一步发生。

（4）加强标签标识和广告监管：依法严肃查处未经主管部门审查批准发布的食养产品广告，加大不按批准内容进行虚假夸大宣传违法广告的处罚力度；对普通食品冒充食养产品，夸大宣传其功用的违法行为要作为查处的重点，同时对食养产品生产企业进行严格监管。对标签、说明书违法宣传功用或与批准证书内容不相同的违法行为，依法严肃查处；对虚假宣传行为及时发布官方消息，正确引导消费者树立科学的食养观念。

3. 尽快完善法律法规体系

（1）修订《食品安全法》，完善各项监管制度：食养产品是一类具有特定功用声称的食品，安全性规范有待严格要求，建议围绕食养产品制定一部专门的食养食品安全风险法规，明确食养产品安全风险监管的范围、机制及责任主体。同时，完善基于食养的各项监管制度，制定出台《食养食品管理办法》《食养食品广告审查暂行规定》，协同政府与社会监管组织，使食养产品监管形成全社会共同治理的良好格局。

（2）尽快制定出台《食养产品监督管理条例》：通过条例的出台，解决食养产品监管无法可依的问题，为查处违法行为提供科学依据。同时，对现行的《食品安全法》进行修订，增加食养食品监管内容，并制定出台《食养产品注册与备案管理办法》和《食养食品检验与评价技术规范》《食养食疗产品声称的保健功用目录》等规章和配套文件，从根本上保障监管工作顺利开展。

（3）完善监管体系：成立食养专家库，发挥知名专家的带头引领作用。施行定期随机抽查制度，对食养企业生产经营活动进行检查；及时公开食养方临床验证研究成果，提高产品申报工作的透明度和专业性；尽快出台《食养产品生产许可管理办法》，严格管理生产企业资质。

4. 推广食养理念保障法规正常执行

（1）建立食养产品监管组织机构：从《食品安全法》可以看出食品监管机构包括市场监督管理部门、卫生行政部门、农业部门、质量监督部门等，这些机构都有一定的食品安全监督管理权限，但《食品安全法》没有明确哪个部门负责食品安全风险交流的组织工作。食养产品作为普通食品的一种，其特殊功用效果不同于普通食品，对其进行安全监管尤为重要，故建议将食品监管部门作为食养产品安全风险交流工作的实施主体部门，由其牵头协调其他部门建立一个立体的监管体系。

（2）建立食养产品信息交流平台：在食养产品的监管体系中，信息平台的构建十分重要，建议食品药品监督管理部门在其业务网站上开通专门的基于食养产品的信息沟通版块，通过开通食养产品安全政务微博、安全政务微信的形式，与市民、媒体、中介组织开展信息交流；除此以外，还应充分发挥报纸、电视、网络视频等传统和新型媒体在监管体系中的作用。

（3）加大中医药食养理论宣传力度：组织开展食养知识宣传活动，并以消费者权益保护、安全生产日、食品安全宣传周、法制宣传日等为契机，通过咨询活动、发放宣传资料、走访企业等形式，重点向广大群众宣传食养的特性、功用及质量管控手段，明确监管部门的任务以及科学选购食养的常识，引导消费者正确合理地选购食养产品，从根源上消除假冒食养产品。

（4）及时更新反馈情况并发布监管公告：充分发挥社会各界的监督作用，大力宣传食养产品监管的重要性和最新动态，保证监管信息外流途径的畅通；主动宣传食养产品各种违法行为的方法和举措，对社会热点和焦点问题积极回应，对查处的食养产品违法违规行为要及时向公众发布监管公告，对发现问题的食养食品以及违法销售人员予以曝光，对不法分子严惩不贷，以达到净化食养食品市场的作用。对上了黑名单的食养方和企业，须及时向社会公开，并公布处理意见和处罚措施，维护食养产业健康发展。

课题负责人：刘红宁
课题组成员：朱卫丰，陈晓凡，颜冬梅，王立元，聂鹤云，李丛，刘志勇，严小军，王飞，唐莉萍，刘路华，陈冬平，庚馨予

报告 XII

对中医药参与传染病防治的再认识

摘要:

中医药在传染病防治历史中发挥了重要作用,中医药防治传染病具有独特优势。课题组通过回顾总结中医药在防治诸如严重急性呼吸综合征(SARS)与新型冠状病毒感染(简称新冠)等传染病中发挥的作用,反思中医药在参与传染病防治中存在的问题与不足,特别是存在的相关法律法规缺失、中医介入不够、临床科室与人才不足、中西医未形成合力、温病学科发展滞后等问题,制约了中医药深度参与疫情防控发挥独特作用。课题组建议中西医并重完善法律法规,加强中医医疗机构传染病防治能力建设,注重中医传染病学科建设,发挥中医药防治传染病的特色优势,为进一步加强传染病防治体系建设,提高应对突发公共卫生事件能力,服务打造人类卫生健康共同体。

关键词: 中医药;传染病;防治;新冠;中西医并重

一、中医药在传染病防治中发挥的积极作用与独特优势

(一)中医药参与传染病防治的历史回顾

中医学认为,疫病是具有强烈传染性并能引起流行的一类疾病的总称,相当于现代医学中的多种烈性传染性疾病。"疫病"还被称为"瘟疫""时行""天行""疫疠"等。疫病在中国早有文字记载。《周礼·天官·冢宰》记载:"疾医掌养万民之疾病,四时皆有疠疾。"《吕氏春秋·季春纪》中的"季春行夏令,则民多疾疫",说明当时的人们对疫病的认识已经达到了一定水平。所谓"疫"者,《说文·疒部》曰:"疫,民皆病也,从疒,役省声。"《素问·刺法论》中的"五疫之至,皆相染易,无问大小,病状相似",说明疫病具有很强的流行性和传染性。

据《中国疫病史鉴》统计,中国历史上曾经暴发过 1400 多次疫病,其中至少发生过 352 次大型疫病。明清时期,疫病流行,明代(1368—1644 年,共 276 年)疫病流行年份多达 118 年,清代(1644—1911 年,共 267 年)则跃升至 134 年。据此推算,明清两代几乎有一半的年份都有疫病流行。

几千年来，在中国历次疫病的防治过程中，中医药已经形成了一整套系统且独特的理论与实践体系。据出土的《云梦秦简》记载，秦代已设置有"疠迁所"对麻风病人进行强制收容。《汉书》记载了汉元始二年对疫灾的救治："民疾疫者，空舍邸第，为置医药。"这意味着古代政府为控制流行病建立了临时公立医院，说明了中国早在公元2年就对传染病采取了隔离措施。至于民间焚香避秽、清扫逐秽、饮水消毒的防疫习惯，则具有更为久远的历史。医学界中，推动中医药抗击疫病的两大重大理论与实践突破：一是以东汉张仲景《伤寒论》为代表的寒性疫病防治体系；一是以明代吴又可《温疫论》、清代吴鞠通《温病条辨》为代表的温热性疫病防治体系。

正是中医药较为完善的抗击疫病的理论与实践体系保障了中华民族的繁衍昌盛，使得数千年来我国人口基本保持平稳增长。自西汉到明代，我国人口数基本上在4600万～6000万；到了清代，虽然疫病流行超过此前任何一个时期，但人口数量仍有大幅度增长，至乾隆年间我国人口已超过2亿。

中华人民共和国成立以来，我国卫生条件已有较大改善。但回顾中华人民共和国成立后的几大公共卫生事件，中医药依然是一把利剑，取得了令人瞩目的成就。如1954—1955年，石家庄市乙型脑炎流行，采用中医治疗取得了显著效果。1955年，原卫生部两次派遣工作组前往石家庄市调查1954年中医治疗乙脑的情况。数据显示，1954年石家庄市中医治疗的流行性乙型脑炎31个病例，其中半数以上皆系极重型病例，无一死亡。

（二）中医药在SARS救治中发挥的积极作用

1. 概况

据世界卫生组织（WHO）2003年度卫生报告，全球共有32个国家和地区报告了8422例SARS感染病例，其中死亡916例，病死率为11%。中国大陆有5327例被确诊，死亡349例，病死率为7%，低于加拿大（17%）和新加坡（14%）。据统计，全国有96所中医院派医疗队到195所定点西医院参与救治SARS，全国内地5327例SARS，中西医结合治疗病例数达3000多例。香港黄大仙医院等也推广了中西药结合成功经验。

在SARS暴发期间，中医药界在积极发动全民健身和爱国卫生运动的同时，还根据SARS的传播途径和特点，提出清热解毒、芳香化湿避秽、补气生津养阴、提高免疫力的防SARS药方，主药包括苍术、藿香、金银花、贯众、防风、沙参、白术等，煎后代茶饮，取得了良好的效果。广东省中医院收治了37名SARS患者，医院1000多名医务人员没有1例感染SARS。北京中医药大学附属东方医院收治了1146例SARS病人和发热病人，医务人员感染率为零。这些足以证明中药防非典是有成效的，是可行的。

2. 中医药治疗SARS的优势

2003年，SARS侵袭我国，中医药积极介入，取得良好效果，显示出中医药面对突发公共卫生事件的应变能力和非凡实力。广州中医药大学第一附属医院是第一个介入SARS治疗的医院。在邓铁涛的带领下，医院一开始就用中医药治疗，实现了三个零的奇迹——零死亡、零转院、医护人员零感染。

中医药治疗 SARS 的优势，可总结为以下几个方面：中医药的早期干预可阻断病程，改善中毒症状，并可促进炎症吸收；加用活血化瘀通络的中药，可减缓恢复期肺间质纤维化的发生；个体化治疗，可有效缩短患者的住院时间，减少后遗症、并发症和西药的毒副作用。临床实践证明：中医治疗 SARS 疗效确切，具有西药所没有的优势。

国家防治 SARS 指挥部宣布，大量实验表明：清开灵注射液、鱼腥草注射液、板蓝根冲剂、新雪颗粒、金连清热颗粒、灯盏细辛注射液、复方苦参注射液和香丹注射液 8 种中成药对 SARS 的不同病理环节有明显的改善作用。

3. 单纯西药治疗组患者和中西医结合治疗组患者的疗效对比

SARS 是前所未有的新型传染病，传染性强，病死率高，临床治疗存在单纯西药治疗或中西医结合治疗的不同。中医药对 SARS 的治疗作用，将通过各地单纯西药治疗组患者和中西医结合治疗组患者的疗效对比加以说明。

黄小波等治疗 SARS 患者 62 例，西医组患者（31 例）给予常规西药治疗，中西医结合组患者（31 例）在常规西药治疗的基础上，将 SARS 分为 4 期应用中药进行治疗。结果：中西医结合组患者痊愈 31 例（100%），西医组患者痊愈 25 例（81%），两组差别有显著性意义；在缩短 SARS 患者发热天数、改善临床症状方面，中西医结合组优于西医组。

李秀惠等对 112 例 SARS 患者进行分析。西药治疗采用甲基泼尼松龙。中西医结合组参照国家中医药管理局制订的《严重急性呼吸综合征中医药防治技术方案》，分为早期、中期、极期和恢复期：对普通型患者早期、中期治以清热宣肺利湿，应用醒脑静注射液和参麦注射液；恢复期患者治以益气养阴，应用生脉注射液；极期患者治以益气固脱，选用参附注射液。结果：中西医结合治疗 73 例患者，其中普通型 60 例，治愈 51 例（85.0%），无一例死亡；重型 13 例，治愈 9 例（69.2%），死亡 2 例（15.4%）。西药治疗 39 例患者，其中普通型 20 例，治愈 13 例（65.0%）；重型 19 例，死亡 9 例（47.4%），与中西医结合治疗相比较，差别有显著性意义（$P < 0.05$）。研究表明与单纯西药治疗相比，中西医结合治疗能显著改善 SARS 患者的预后，降低病死率；同时能帮助患者恢复免疫功能。

综观上述文献资料，中医药理论与实践在治疗 SARS 中发挥了重要作用。中医药早期干预，可阻断病情进一步发展；中医药可减少激素使用量及西药的毒副作用，减少全身并发症，明显减轻患者中毒等临床症状，能缩短发热时间和病程，提高临床疗效，促进炎症吸收，减少后遗症。

（三）中医药在新冠感染救治中发挥的积极作用

1. 江西省中医药参与新冠感染救治工作情况

（1）着力完善工作机制，强化中医药防治工作举措

1）建立中西医协同的工作机制：疫情发生后，江西立即成立新型冠状病毒感染肺

炎疫情联防联控工作领导小组，组成 4 个中医药工作组，并抽调精干力量参加省防控应急指挥部工作组，研究确定新冠感染中医药防控策略、应对措施，统筹协调和指导各设区市中医药管理部门和中医医疗机构落实各项防控措施，参与制定诊疗方案、开展医疗救治和疫情处理工作，组建包括国医大师、全国名中医在内的省级中医药专家组和医疗救治队伍，选派中医药专家赴重点地区协助开展中医药救治和指导中医药防治工作，提出完善中医药救治策略、建议，形成上下协调、左右联动的联防联控工作机制。

2）强化中西医协同救治机制：2020 年 2 月 8 日，时任江西省委书记刘奇主持召开省疫情防控应急指挥部会议，专门调度全省坚持中西医结合治疗新冠感染患者情况，强调要充分发挥江西中西医结合优势，坚持优势互补，形成工作合力，努力在提高救治水平上不断实现新突破。之后，省疫情防控应急指挥部制定下发《关于充分发挥中医药在新型冠状病毒肺炎医疗救治中的作用的通知》，全力推动新冠感染救治定点医疗机构，建立健全中西医共同参与、全程协作的中西医协同救治机制，要求所有医疗救治定点医院至少有一名中医医师全程参与新冠感染医疗救治，确保所有疑似、确诊病例第一时间用上中药，并全程使用中医中药，同时将中西医结合救治工作作为疫情防控的重要督导内容予以推进落实。

（2）发挥中医药独特优势，推动全程有效参与防治

截至 2022 年 3 月 7 日 24 时，江西全省确诊新冠感染病例 935 例。915 例确诊病例使用中药汤剂或者中成药联合西医治疗，占比 97.9%，其中有 72% 的患者服用了中药汤剂；经过中西医结合治疗的患者中，912 例（含出院）病情好转，占比 99.67%。此外，湖北随州江西医疗队对接管病区的所有患者使用中西医结合治疗。实践证明，采用中医药或者中西医结合治疗后，轻症转为普通型，普通型转为重症、危重症的比例明显降低，治疗周期明显缩短。

江西省中医药参与率和治疗有效率居全国前列，其原因主要有如下几个方面。

一是发挥中医药"未病先防"优势，推进预防关口前移。江西先后发布三版《江西省新型冠状病毒感染的肺炎中医药防治方案》，切实加强了中医药早期预防干预，各地面向医学观察阶段、防控疫情一线的易感人群发放预防用中药 160 余万剂。江西省在全国率先面向复产复工企事业单位推广中医药预防方案，面向复工企业发放预防中药近45 万剂。

二是发挥中医药"已病防变"优势，推进救治全面介入。江西省在先后派出 3 批专家组指导各地救治工作的同时，选派南昌市洪都中医院专家组进驻南昌大学第一附属医院中西医协同救治重症患者。专家组参与该院所有（128 例）患者的救治，其中普通型44 例、重症 52 例、危重症 32 例。经中西医结合治疗，患者症状普遍改善或加速改善，发热改善时间为 1～3 天，呼吸道等症状改善时间为 3～7 天。曹山中医药团队在抚州、新余两地采用旴江解毒汤治疗新冠感染患者取得了明显成效，共参与救治 69 例（抚州51 例、新余 18 例）患者。新余市、宜春市、抚州市等地对无症状感染者实行中医药早

期干预治疗，无一例转为确诊病例。

三是发挥中医药"愈后防复"优势，推进后续康复延伸。江西省注重新冠感染患者康复治疗延伸，针对患者恢复期普遍出现的肺脾气虚、气阴两虚推出了食疗方案，在全省推广使用。针对新冠感染重症患者存在的肺部纤维化改变，江西省中医院创制出的温肺化纤汤疗效显著，得到了广泛应用。该方也是江西省批准的第一个治疗新冠感染的中药院内制剂。

四是组建省级中西医定点医院。为进一步发挥中医药的作用和优势，省指挥部决定增设江西中医药大学附属医院抚生院区为省级中西医结合救治定点医院，除湖北外，全国无类似做法。

该院累计收治确诊患者 28 人，其中，中医治疗 13 例、中西医结合治疗 15 例，所有患者治疗均以中医药为主导，无一例使用激素。江西中医药大学附属医院对出院患者发放 1 个月用量的温肺化纤汤并进行随访，出院 2 周后复检的患者无一例核酸阳性。13 名纯中医治疗的患者，2 例为南昌市居民，10 例为鄱阳县转入，1 例为吉安地区转入，已在当地接受过治疗（主要是对症治疗，使用阿比多尔片、盐酸莫西沙星片等西药和中成药连花清瘟胶囊等，平均住院 11 天），未见好转。入院时，13 名患者有不同程度的咳嗽、乏力、胸闷、大便稀等症状。血常规检查提示白细胞正常，淋巴细胞计数稍下降；新型冠状病毒核酸检测阳性；多数患者肺部 CT 提示两肺多发性感染病变。经中医治疗后，南昌市的 2 例患者 5 天后出院，鄱阳县、吉安地区转入的 11 例患者平均住院天数 6.9 天。出院前，患者症状均明显改善，CT 检查肺部感染性病变明显吸收。

2. 湖北省中医药参与新冠感染救治工作情况

湖北省中医药防治新冠感染的主要措施：健全中西医协作机制；组建中医药防控专家组；定点医疗机构中医药全程深度参与；组建武汉首家中医特色江夏方舱医院，开展中医药特色治疗；在方舱医院，建立中医定期巡诊会诊机制；开展中医药社区防控。

湖北省和武汉市中医药防治新冠感染参与比例分别为 91.86% 和 89.40%。武汉市隔离点当日服用中药患者的比例为 96%。方舱医院累计服用中药人数超过 90%。

湖北省中西医结合医院首批 52 例患者（普通型 40 例，重症 10 例，危重症 2 例），分为中西医结合治疗组 34 例、单纯西药治疗组 18 例进行治疗。结果显示：中西医结合组与西药组相比，临床症状消失时间减少了 2 天，体温复常时间缩短了 1.74 天，平均住院天数减少了 2.21 天；中西医结合组 2 例患者从普通型转为重症，单纯西药组 6 例转为重症；中西医结合组较西药组临床治愈率高 30%。

江夏方舱医院作为一所由中医药人员整建制接管的方舱医院，收治 567 例患者，其中轻症患者占 71%，普通型患者占 29%，没有患者转为重症。患者年龄分布：20～40 岁占 29.5%，40～59 岁占 49.3%，60 岁以上占 17.7%。患者入院症状：约 30% 的患者存在乏力、气短的症状；约 40% 的患者有咳嗽症状。中医舌象以舌红苔黄腻、舌淡胖苔白腻为主，脉象以滑脉和濡脉为主。以上中医症状符合湿邪致病的特点，并有热化和寒化的表现。经中医辨证，以清肺排毒汤和宣肺败毒方为主，少数人配合颗粒剂随症加减，辅以太极、八段锦和穴位贴敷，患者临床症状明显缓解。经治疗后，患者体温控制良好。99%的患者体温小于37℃，仅有1%的患者体温高于37℃。治疗后，患者CT影像显著改善，临床症状明显缓解。咳嗽、发热、乏力、喘促、咽干、胸闷、气短、口苦、纳呆等症状较治疗前明显改善。

3. 广东省中医药参与新冠感染救治工作情况

中医药防治的主要措施：强化中西医协同，推动中医药全面参与；组建省级中医药防治专家组；全面落实中西医联合会诊制度，一方面，发挥30家省级定点收治医院中医科的作用，另一方面，各地市全面落实中西医联合会诊制度，所有确诊病例均纳入中医辨证论治范围。此外，部分地市还开展了"中西医双管"创新探索。

针对岭南地区气候和岭南人体质多湿多虚的特点，广东中医药专家提出新冠感染的治疗重点应围绕湿热疫毒展开。在广东省的临床应用中，广州市第八人民医院透解祛瘟颗粒（曾用名"肺炎1号方"）治疗新冠感染（轻症）确诊病人50例，经1周临床观察，全部患者体温恢复正常，50%的患者咳嗽症状消失，52.4%的患者咽痛症状消失，69.6%的患者乏力症状消失，无一例患者转重症。

广东省还结合当地饮食习惯和天气变化开出保健方，制作防流感汤剂。广东省援汉医疗队在湖北省中西医结合医院通过中医护理个案辨证施护为患者提供个性化的中医护理，将耳穴埋豆、腕踝针、穴位注射、穴位按摩、穴位贴敷、刮痧、中药沐足、呼吸操、颈腰椎养生操、龙氏呼吸操、腹部按摩六法、八段锦、五音疗法等中医护理特色技术带入隔离病区。随着越来越多的患者病情好转，患者对中医护理特色技术逐渐认可，并给予高度评价，中医护理技术走红隔离病区。

4. 甘肃省中医药参与新冠感染救治工作情况

中医药防治的主要措施：建立中西医协同工作机制，成立新型冠状病毒疫情防控工作领导小组，成员包含中医药管理部门人员，共同研究制定疫情防控措施和工作方案；组建了50人的省级医疗救治专家组，1名中医专家担任副组长，成员中中医专家9名，中西医专家共同指导全省范围内的新冠感染防控和医疗救治工作。

在救治过程中，甘肃省注重病历收集和分析，对确诊病例中医药治疗情况进行效果评估，及时组织专家总结形成了使用本省部分道地药材的中医药防治新冠感染预防（扶正避瘟方）、治疗（宣肺化浊方、清肺通络方）、康复（益肺健脾方）和藏药系列方；推荐患者使用"熏香"消毒；推荐膳食、情志、传统功法（如太极拳、八段锦）、艾灸、刮痧、拔罐、穴位推拿和呼吸吐纳等康复方法。

甘肃省91例确诊病例中，有89例使用了中医药治疗，中医药参与治疗率达到97.8%，出院患者均全程使用了中医药治疗，中医药参与治疗率居全国前列。甘肃在总结前期中医药参与防治经验的基础上，形成了中医药防治新冠感染系列方，即"甘肃方剂"，分为预防方、治疗方、康复方、藏药方四类。该系列方剂不仅用于本地居民，还将其制成颗粒药剂运送至武汉，供甘肃援湖北医疗队队员预防和新冠感染患者治疗、康复使用。

二、对中医药防控新冠感染的反思

（一）法律法规制约了中医药深度参与疫情防控

1. 中医医疗机构作为传染病定点救治医院缺乏制度保障

《中华人民共和国传染病防治法》第五章第五十条指出"县级以上人民政府应当加强和完善传染病医疗救治服务网络的建设，指定具备传染病救治条件和能力的医疗机构承担传染病救治任务，或者根据传染病救治需要设置传染病医院。"在此次疫情防控中，据不完全统计，只有江西中医药大学附属医院抚生院区、湖北省中医院光谷院区、武汉市中医院、武汉市江夏区中医院等极少数中医医疗机构作为新冠感染定点救治医院。全国其他省（自治区、直辖市）作为新冠感染定点救治医院的中医医疗机构少之又少。

2. 中药注射液、中药院内制剂使用受限

2019 版《国家基本医疗保险、工伤保险和生育保险的药品目录》将部分原医保名单内中药注射液移除，33 种中药注射剂限二级以上医疗机构使用。张伯礼院士在接受记者采访时指出，"对于临床多年实践有效且经过安全评价的中药注射剂，考虑在关键时刻是能救命的，应该予以积极推广使用"。

中药院内制剂大多由名老中医的经验方、秘方等发展而来，简便实用，疗效确切。2019 年修订的《中华人民共和国药品管理法》第七十六条规定：医疗机构配制的制剂，应当是本单位临床需要而市场上没有供应的品种，并应当经所在地省、自治区、直辖市人民政府药品监督管理部门批准；但是，法律对配制中药制剂另有规定的除外。中药院内制剂流通使用需要遵循《中华人民共和国药品管理法实施条例》。该条例第四章第二十四条指出：医疗机构配制的制剂不得在市场上销售或者变相销售，不得发布医疗机构制剂广告。甘肃、河北、江西等部分省市也发文加强医疗机构中药制剂的调剂使用，但其实施效果并不理想。我们在调研中发现一个非常令人痛心的现象：很多中医医疗机构原本广泛使用、行之有效的院内制剂不断萎缩，甚至失传。这是非常大的损失。

3. 中西医结合受到制度掣肘

对于开具中成药，中医类别医师应当按照《中成药临床应用指导原则》《医院中药饮片管理规范》等，遵照中医临床基本的辨证施治原则开具中药处方。其他类别的医师，经过不少于 1 年的系统学习中医药专业知识并考核合格后，遵照中医临床基本的辨证施治原则，可以开具中成药处方。这一要求限制了西医使用中成药。

《医疗事故处理条例》第二十七条规定：专家鉴定组依照医疗卫生管理法律、行政法规、部门规章和诊疗护理规范、常规，运用医学科学原理和专业知识，独立进行医疗事故技术鉴定，对医疗事故进行鉴别和判定，为处理医疗事故争议提供医学依据。其中，"诊疗规范"的主要依据就是疾病临床指南，目前大部分疾病诊疗指南仅包含西医治疗标准，虽然现在已经有少部分指南纳入中医治疗，但数量仍然较少。因而，在疾病治疗过程中，单纯使用中医治疗疾病其实是需要承担一定风险的。

4. 中医预防保健知识普及不够

中医药在医疗卫生与健康事业中有重要作用。《中华人民共和国传染病防治法》和《中华人民共和国基本医疗卫生与健康促进法》均肯定了中医药在疾病预防过程中的重要作用。《中华人民共和国基本医疗卫生与健康促进法》在第六章六十八条阐述健康教育体系方面，提及要"普及健康知识、科学健身知识、急救知识和技能，增强学生主动防病的意识，培养学生良好的卫生习惯和健康的行为习惯，减少、改善学生近视、肥胖等不良健康状况。学校应当按照规定开设体育与健康课程，组织学生开展广播体操、眼保健操、体能锻炼等活动。"但中医药预防与保健知识的知晓率和使用率还是不高。太极拳、八段锦等具有良好强身健体效果的功法亦未体现中医药健康保健知识。这在一定程度上影响了中医药保健知识的传播。

（二）中医权威专家及中医医务人员在疫情防控中总体介入不够

在新冠感染防控过程中，中医药全面、尽早、深度介入疫情防控程度前所未有，成效显著。中医药界院士、国医大师等权威专家积极参与，张伯礼院士、黄璐琦院士、仝小林院士亲自挂帅，第一时间深入武汉一线，为疫情防控做出了卓绝的贡献。国医大师薛伯涛、金世元、晁恩祥、王琦、徐经世、李佃贵、唐祖宣、熊继柏、伍炳彩等也在后方为清肺排毒汤及各地抗疫预防、治疗方剂的选定、远程会诊贡献了自己的智慧。但总体上说，中医权威专家与西医界权威专家相比，还是介入不够、发声不多。

从全国支援湖北抗击疫情人员的构成比例也能发现这一问题。据《中华医药抗击疫情》栏目报道，全国派往湖北省一线参与疫情防控的医务人员约41600人，其中，中医医疗机构驰援湖北的医务人员约3300人，只占7.9%。

（三）中医医疗机构传染病临床科室不健全，人才储备不足

传染病科、感染性疾病科等传染病临床科室是筛查和防控传染病的重要科室，其科室建设特别是医务人员的配置、诊治能力水平对传染病的防控及持续改进医疗质量具有重要意义。2004年，原卫生部发布《卫生部关于二级以上综合医院感染性疾病科建设的通知》要求二级以上综合医院要结合各地实际，将发热门诊、肠道门诊、呼吸道门诊和传染病科统一整合为感染性疾病科。此后，《三级中医医院评审标准实施细则（2017年版）》《三级中西医结合医院评审标准实施细则（2017年版）》均将传染病科室设置纳入评审标准，但实际实施情况并不理想。

我们通过访问相关省级中医医疗机构门户网站发现：北京中医药大学东直门医院、

辽宁中医药大学附属医院在原肝炎门诊、肠道门诊基础上组建感染性疾病科；广州中医药大学第一附属医院感染性疾病科主攻肝炎方向；江西省中医院、甘肃省中医院、江苏省中医院、安徽省中医院在组织机构设置中显示有感染病科，但无法查看科室建设具体内容；上海中医药大学附属龙华医院、山东省中医院未查到传染病科设置相关内容。可见，大部分省级中医医疗机构的感染性疾病科只有发热、肠道、肝炎等门诊，没有病房。

江西省中医医疗机构传染病科室设置率明显偏低，医师数量占比不高。调查显示，江西省 91 所中医医院设置感染性疾病科室（有专职医护人员）的共有 23 所，占 25.27%；共有医护人员 175 人，院均医护人员 7.61 人。其中，6 所三级中医医院设置感染科，占全省三级中医医院的 40%；医护人员共有 81 人，院均 13.50 人；17 所二级医院医护人员共有 94 人，院均 5.53 人。与此相比，全国医疗机构传染科执业（助理）医师占全部执业医师的 0.6%（数据来源：《2019 中国卫生健康统计年鉴》）。四川省综合医院感染科室设置率为 55.22%，其中，三级医院、二级医院感染科室设置率分别为 65.00% 和 49.64%；感染科门诊设置率为 96.02%，其中，三级医院、二级医院设置率分别为 100%、94.16%；三级、二级综合医院感染科医师人数分别为 450 人和 374 人，院均人数分别为 7.50 人和 2.73 人。北京市三级综合医院感染科设置率为 87.5%，且 45.8% 的医院设有病房。由此可见，江西省中医医院感染性疾病科设置率低，但已设置的医院专职人员配备数劣势不明显。这说明中医医院对感染性疾病科室的设置呈现出典型的两极分化现象。

（四）中西医结合防治传染病未形成合力，未真正实现中西医并重

在此次新冠感染防控过程中，虽然中医药全面、深度介入且成效显著，但中西医结合并未形成合力，更不用说实现中西医并重了。疫情流行初期，有关部门对中医药认识不够、重视不够，中医药并未真正介入，很多地区的定点医疗机构对中医药防治方案执行不到位。一些地区的管理者和医务工作者对中医药的科学性认识不到位，轻视、歧视甚至排斥中医中药。他们认为中医药只能治疗慢性病、常见病，在传染病、在急危重症上没有优势作用。此外，中医和西医在诊疗工作中缺乏有效沟通配合，存在上下联动不到位、中西医融合不到位的问题。

2020 年 2 月 6 日，国家中医药管理局发布消息：清肺排毒汤在山西、河北、黑龙江、陕西四省试点治疗新冠感染总有效率可达 90% 以上，并向全国推广。但直到 2 月 10 日，湖北省新冠感染疫情防控指挥部办公室的《关于新冠肺炎中医药治疗及信息统计报送工作的紧急通知》中显示，湖北省中医药参与新冠感染治疗率仅为 30.2%，中医药参与救治的作用没有得到充分发挥，影响了救治效果。后来在中央指导组的支持下，中医药才得到普及推广。尤其值得注意的是，在中国 – 世卫组织疫情考察专家组报告中，几乎未提及中医药的贡献。这令人感到非常遗憾。

在党中央的极力推动下，中医药参与新冠感染的救治率不断升高，但主要限于轻症和普通型患者的治疗与康复上，在重症与危重症患者的救治上，中医药的作用并未得到很好地发挥，未能实现真正意义上的中西医结合。其实，中医药在重症与危重症患者治疗中的作用同样不可或缺，可以在关键治疗环节上发挥作用，也能起到力挽狂澜的作用。

由于基层中医医疗机构力量薄弱，ICU等硬件建设滞后，导致在疫情防控过程中，中医药难以有效参与，而综合医院的中医科基础建设薄弱，有的综合医院只有中医门诊，没有中医病房、病区，有的定点传染病专科医院没有中医科和中医人员，难以适应中西医结合防控疫情的需要。

（五）温病学科传承发展严重滞后

运用温病学方法诊治各种传染病，在历史上形成了诸多经验，在SARS等疾病的防治过程中也起到了一定作用，但当前我国温病学科发展严重滞后。调查显示：北京、上海、天津、南京、广州、成都、福建、安徽8所中医药大学温病教研室（学科组）分别有教师6人、4人、3人、6人、7人、9人、6人和13人；此外，还存在温病学科定位不清、院校规划不够等问题，存在着一本书就是一个学科的现象，特别是对温病（疫病）兼具基础与临床性质的特点认识不到位，要么纯粹作为基础学科临床应用不够，要么作为纯粹临床学科基础积淀不足。

三、坚持中西医并重、提升中医药在传染病防治中的地位与作用

（一）以中西医并重为基本原则，推动法律法规制度进一步完善

1. 加强顶层设计，将中医药纳入国家公共卫生体系之中，完善公共卫生重大风险研判、评估、决策、防治协同机制，从法律层面明确中医药在传染病防治和公共卫生事件应急处置中的地位，充分发挥其独特作用，真正做到中西医并重、中西药并用。针对突发重大疫情，开展《江西省突发公共事件总体应急预案》及相关应对措施的修订工作，增加中医药应对措施，吸纳有中医药管理、防控、临床经验人员参与具体工作。

2. 促进对中医药注射液的合理使用，对不合规、不合格中药注射液该淘汰坚决淘汰，大力扶持经多年实践证实有效且经过安全性评价的中药注射液；进一步推动医疗机构中药制剂的合理配制与使用，畅通流通机制，提高医疗机构中药制剂使用效率与覆盖范围，让大量具有历史沉淀、安全有效的医疗机构中药制剂真正造福人民群众。

3. 进一步完善疾病诊疗指南，充分发挥中医药在疾病救治过程中的作用。针对SARS、新冠感染、流感、伤寒等危害性大或高发常见的呼吸道、消化道传染疾病，应

编写中医药诊疗指南和应对措施，总结有效的防控经验，并下发至各级医疗机构，保证面对突发公共卫生事件时有例可援；同时切实加强综合医院专科医院的中医药能力建设，推动建立综合医院、专科医院中西医结合会诊制度，建立健全中西医结合会诊制度；扎实推进"西学中"，鼓励西医开中成药处方；在医学院本科阶段强化中医课程建设，从学医之始就打好中西医结合的基础。

4.加大中医药预防保健知识与技术的宣传教育力度，在中小学全面普及中医知识和中医思维，树立中医文化自信；筛选中医药应对常见病的简化诊疗方案和用药小贴士，定期对机关、事业单位和社区推广中医简易健身操、推拿按摩技巧、热敏灸灸疗简易方案；组织专人回顾SARS、新冠感染等重大疾病的中医药防控历程，收集典型案例，进行宣传推广；关注有关中医药的网络言论和负面信息，通过官方渠道及时应对不实或错误言论，严格管控污蔑中医的不良信息，给中医药传承发展一个健康空间和社会环境。

（二）加强中医医疗机构传染病防治能力建设

坚持中医药特色明显、中西医结合有优势、西医不落后的中医医疗机构办院方向，切实加大投入，补足基层中医机构基础薄弱这一短板，进一步规范中医医疗机构科室设置，加强中医医疗机构传染病科室人才队伍建设，强化中医医疗机构传染病救治能力，尤其是疑难杂症、急危重症的救治能力；按照三级医院标准建设中西医结合医院，试点建设中西医结合传染病医院，今后中医医疗机构在新发传染病防治上要第一时间发声，第一时间成建制投入疫情防控；同时，积极推动在现有专业传染病医院中设置中医科室，探索传染病、感染性疾病科室与其他基础、临床科室的合作、会诊的机制；在有条件的中医院设立应急诊疗小组，掌握重大传染病诊疗应急方案和措施，做到及时应对正确处理突发重大疾病或传染病。

（三）加强中医传染病学（温病学、疫病学科）学科建设与人才梯队建设

1.要进一步拓展温病（疫病）学科研究方向，采用大口径、广辐射的发展方略。

2.加大投入，打造一支高素质的学术队伍，特别是推动国医大师、国家级名医学术传承，注重培养青年教师（医师），探索温病（疫病）类本科专业建设方案。

3.强化教学研究，探索符合新时代特色的中医温病教学内容与方法体系。

4.加强科学研究，探索中医温病（疫病）传承创新的新思路，探究中医温病（疫病）应对新型传染病的方法。

5.加大温病相关学科条件建设，多方筹措资金，加大临床基地、实验室建设支持力度，夯实学科建设的软件、硬件建设。

（四）加强中医科研攻关，进一步明晰中医病因病机，形成一套完善的中医药诊疗方案

1. 要以科研攻关推动一线临床救治，及时总结、优化、推广有效诊疗方案，对在新冠感染救治中行之有效的中药方药要完善基础系统研究，让科研成果更多向临床一线倾斜，尽快落地服务患者，切实提高治愈率、降低病亡率。

2. 要加快推进重点领域科研攻关，进一步深入研究新发传染病等疫病中医病因病机研究，在省科技计划中设立重大传染疾病研究方向并予以资助，鼓励在重大传染疾病防控方向申报省、市级重点实验室，为今后疫病防治提供指导。

3. 要加强中医药预防疫病与疾病康复研究，积极推广互联网信息技术应用，筑牢生命安全和生物安全的科技防线。

4. 要鼓励科研机构、科技人员和专家团队开放共享信息，及时总结抗击疫情的经验做法，形成常态化防控科学指引、标准和规范。

课题负责人： 左铮云

课题组成员： 章德林，严小军，徐道富，王素珍，王军永，王立元，刘霞，严军，朱瑶

参考文献

[1] Finnicum P, Zeiger J C. Tourism and wellness: A natural alliance in a natural state [J] . Parks & Recreation, 1996, 31 (9): 84–90.

[2] Egrie J C, Browne J K. Development and characterization of novel erythropoiesis stimulating protein (NESP) [J] . British Journal of Cancer, 2001, 84 (1): 3–10.

[3] McCarthy J S, Safer M A. Remembering Heads and Bushels: Cognitive Processes Involved in Agricultural Establishments' Reports of Inventories [J] . Journal of Official Statistics, 2000, 16 (4): 419–434.

[4] DIDASKALOU E A, NASTOS P. The role of climatic and bioclimatic conditions in the development of health tourism product [J] . Anatolia, 2003, 14 (2): 107–126.

[5] Goodrich J N. Health tourism: A new positioning strategy for tourist destinations [J] . Journal of International Consumer Marketing, 1994, 6 (3–4): 227–238.

[6] Hudson S. Sport and adventure tourism [M] . New York: Haworth Hospitality Press, 2003.

[7] Garcia–Altes A. The development of health tourism services [J] . Annals of Tourism Research, 2005, 32 (1): 262–266.

[8] Loh C P A. Health tourism on the rise? Evidence from the balance of payments statistics [J] . The European Journal of Health Economics, 2014, 15 (7): 759–766.

[9] Lebe S S. European spa world: Chances for the project' s sustainability through application of knowledge management [J] . Journal of Quality Assurance in Hospitality & Tourism, 2006, 7 (1–2): 137–146.

[10] Pollock A, Williams P. Health tourism trends: closing the gap between health care and tourism [J] . Trends in Outdoor Recreation, Leisure and Tourism, 2000: 165–173.

[11] Ridderstaat J, Singh D, DeMicco F. The impact of major tourist markets on health tourism spending in the United States [J] . Journal of Destination Marketing & Management, 2019, 11: 270–280.

[12] Speier A R. Health tourism in a Czech health spa [J] . Anthropology and Medicine, 2011, 18 (1): 55–66.

[13] Romer P M. Increasing returns to scale and long–run growth [J] . The Journal of Political Economy, 1986, 94 (5): 1002–1037.

［14］ Lucas R E. On the mechanics of economic development［J］. Journal of Monetary Economics，1988，22（1）：3-42.

［15］ Gans J，Hayes R. Measuring Innovative Performance: Essential for Effective Innovation Policy and Economic Growth［J］. Melbourne Review: A Journal of Business and Public Policy，2006，2（1）.

［16］ Weber A，Friedrich C .Alfred Weber's Theory of the Location of Industries［J］.The University of Chicago Press，193.

［17］ Porter M E. The competitive advantage of nations［J］. Harvard Business Review，1990，68（2）：73-93.

［18］ Humphrey J，Schmitz H. How does insertion in global value chains affect upgrading in industrial clusters?［J］. Regional Studies，2010，36（9）：1017-1027.

［19］ Humphrey J，Schmitz H. Governance and upgrading: linking industrial cluster and global value chain research［M］. Brighton: Institute of Development Studies，2000.

［20］ Gordon I R，Mccann P .Industrial Clusters: Complexes, Agglomeration And/Or Social Networks［J］. Urban Studies，2013，37（3）：513-532.

［21］ Altenburg T，Meyer-Stamer J. How to promote clusters: policy experiences from Latin America［J］. World Development，1999，27（9）：1693-1713.

［22］ Rodriguez-Clare A. Clusters and comparative advantage: Implications for industrial policy［J］. Journal of Development Economics，2007，82（1）：43-57.

［23］ Drager N，Beaglehole R .Globalization: Changing the Public Health Landscape［J］.Bulletin of the World Health Organization，2001，79.

［24］ McInnes C，Lee K. Health, security and foreign policy［J］. Review of International Studies，2006，32（1）：5-23.

［25］ Lederberg J，Shope RE，Oaks SC Jr. Emerging Infections: Microbial Threats to Health in the United States［M］. Washington（DC）: National Academies Press（US），1992.

［26］ Muthiah AlagappaAsian. Security Order: Instrumental and Normative Features［M］. Stanford, CA: Stanford University Press，2003.

［27］ Fidler DP，Gostin LO. The new International Health Regulations: an historic development for international law and public health［J］. The Journal of Law, Medicine & Ethics，2006，34（1）：85-94.

［28］ Leke RG. Global health governance-the response to infectious diseases［J］. Lancet（London, England），2010，376（9748）：1200.

［29］ Maurice J. The Zika virus public health emergency: 6 months on［J］. The Lancet,2016,388（10043）：449-450.

［30］ Hunger I. Coping with Public Health Emergencies［J］. The Rise and Decline of the Post-Cold War International Order. 2018：64.

[31] Halabi, Sam F. Gostin, Lawrence O.et al. Global Management of Infectious Disease After Ebola [M]. Oxford: Oxford University Press, 2016.

[32] 赵阳, 胡艳敏, 李宗友, 等."十二五"城乡基层医疗卫生机构提供中医药服务能力统计调查 [J].中国卫生统计, 2018, 35（4）: 587-589.

[33] 窦蕾, 唐淑云, 尹爱田.基于秩和比法对山东省县级中医院中医药服务能力综合评价研究 [J]. 中国卫生统计, 2013, 30（3）: 377-378, 381.

[34] 张森丽, 庞震苗, 徐庆锋.广东省珠三角地区中医药服务能力的效率评价 [J].现代医院管理, 2017, 15（4）: 22-25.

[35] 潘亚莲, 葛万山, 庞震苗.广东省 21 个地级市中医药服务能力的研究 [J].中医药导报, 2018, 24（5）: 130-131.

[36] 林钟宇, 陈楚杰, 潘华峰.广东省社区中医药服务能力调查分析 [J].医学与法学, 2017, 9（2）: 55-57.

[37] 李静萍.多元统计分析: 原理与基于 SPSS 的应用 [M].北京: 中国人民大学出版社, 2015.

[38] 朱鹤, 刘家明.中国东部地区旅游业竞争力研究——基于时序全局主成分分析法 [J].地域研究 与开发, 2015, 34（5）: 100-104.

[39] 孟子晴, 赵改名, 祝超智, 等.κ-卡拉胶对西门塔尔杂交牛肉糜品质影响评价模型的建立 [J]. 食品与发酵工业, 2020, 46（1）: 136-142.

[40] 王缉慈, 童昕.简论我国地方企业集群的研究意义 [J].经济地理, 2001, 21（5）: 550-553.

[41] 仇保兴.新型工业化、城镇化与企业集群 [J].现代城市研究, 2004（1）: 17-23.

[42] 徐康宁.开放经济中的产业集群与竞争力 [J].中国工业经济, 2001（11）: 22-27.

[43] 张云.公共卫生问题的全球治理——以突发公共卫生事件为例 [D].济南: 山东大学, 2006.

[44] 韦国兵, 李成虎, 胡奇军.江西中医药产业发展现状分析 [J].亚太传统医药, 2019, 15（3）: 5-8.

[45] 马勇, 罗守贵, 周天瑜, 等.上海生物医药产业集群研发-服务联动创新研究 [J].科技进步与 对策, 2013, 30（13）: 72-77.

[46] 颜廷标.服务业发展比较研究 [M].北京: 中国社会科学出版社, 2005.

[47] R.H.海伊斯等.生物制药业 [M].北京: 中国人民大学出版社, 2003.

[48] 吴翠玲, 李培进, 蔡国友, 等.对生物医药产业可持续发展战略的思考 [J].中国生物工程杂志, 2003, 23（11）: 100-103.

[49] 桂子凡, 王义强.我国生物医药产业发展的现状、问题及对策研究 [J].特区经济, 2006（6）: 267-269.

[50] 贺正楚, 张蜜, 陈一鸣, 等.生物医药产业共性技术路线图研究 [J].中国软科学, 2012（7）: 49-60.

[51] 苏月, 刘楠.生物医药产业发展态势与对策 [J].中国生物工程杂志, 2009, 29（11）: 123-128.

[52] 何艺韵, 宋欣阳, 李海英, 等."一带一路"视域下中医药海外中心发展策略 [J].中医杂志,

2018，59（12）：997-1001.

［53］田浩国，高山.我国中医药出口发展中存在的问题与改进对策［J］.对外经贸实务，2018（6）：
48-51.

［54］王跃溪，刘玉祁，王丽颖，等.中医药标准化发展迎来新的机遇与挑战［J］.中华中医药杂志，
2018，33（6）：2252-2254.

［55］邰蕾蕾，魏骅，干行健.“互联网+”环境下安徽中医药产业链模式重构与案例分析［J］.华东
经济管理，2018，32（4）：26-31.

［56］陈骥.论后现代价值观对中医药在澳洲发展的启示［J］.中国中西医结合杂志，2018，38（4）：
489-492.

［57］李和伟，王启帆，付宇，等.《中医药法》视角下有关中医师承教育的思考［J］.中医杂志，
2017，58（21）：1882-1884，1890.

［58］傅文第.关于传统中医药文化历史局限的现实思考［J］.医学与哲学（A），2017，38（10）：
83-86.

［59］宋欣阳，李绵绵.中医药参与海合会国家卫生治理述论［J］.阿拉伯世界研究，2017（5）：58-
73，119.

［60］张永生，张光霁.发展中医药必须坚持自身特色［J］.中华中医药杂志，2017，32（8）：3335-
3338.

［61］吕爱平，程仕萍，刘彪.香港中医药研究发展概况［J］.中国中西医结合杂志，2017，37（6）：
649-651.

［62］申俊龙，张海波，温雯婷，等.中医药复兴之路：对传统中医药的返本与开新［J］.医学与哲学
（A），2017，38（1）：84-88.

［63］常修泽.新发展理念与中医药“走出去”［J］.人民论坛，2016（34）：35.

［64］孙相如，何清湖，陈小平，等.以中医药文化研究促进中医药发展模式变革［J］.中华中医药杂
志，2016，31（12）：5146-5148.

［65］程海波，沈卫星，吴勉华，等.中医药转化医学研究现状与发展述评［J］.南京中医药大学学报，
2016，32（5）：401-404.

［66］赵静.台湾医疗和中医药发展近况及思考［J］.中医杂志，2015，56（18）：1555-1558.

［67］张伯礼，张俊华.中医药现代化研究20年回顾与展望［J］.中国中药杂志，2015，40（17）：
3331-3334.

［68］李冬雪，徐益君.我国中医药科技发展的基本现状［J］.中国中药杂志，2014，39（2）：334-
337.

［69］陈可冀.谈谈中医药的继承发展与创新［J］.科技导报，2013，31（20）：3.

［70］申曙光，马颖颖.新时代健康中国战略论纲［J］.改革，2018（4）：17-28.

［71］张车伟，赵文，程杰.中国大健康产业：属性、范围与规模测算［J］.中国人口科学，2018（5）：
17-29，126.

［72］张毓辉.中国健康产业分类与核算体系的研究［J］.中国卫生经济，2017（4）：5-8.

［73］海青山，金亚菊.大健康概念的内涵和基本特征［J］.中医杂志，2017，58（13）：1085-1088.

［74］范月蕾，毛开云，陈大明，等.我国大健康产业的发展现状及推进建议［J］.竞争情报，2017，13（3）：4-12.

［75］张车伟，宋福兴，王桥，等.大健康产业蓝皮书：中国大健康产业发展报告（2018）［M］.北京：社会科学文献出版社，2019.

［76］高睿，魏巍.中医药健康产业现状与发展趋势［J］.中医药管理杂志，2016，24（13）：3-4.

［77］梁美心.浅谈老年健康产业发展的现状与对策［J］.中国乡镇企业会计，2019（1）：296-297.

［78］陈惠芬，董翠华.我国老年健康产业发展现状与对策初探［J］.西南石油大学学报（社会科学版），2016，18（2）：35-40.

［79］龙强.江西健康产业发展现状及提升策略［J］.江西科学，2016，34（3）：388-392.

［80］柴海瑞.河南省健康产业发展现状浅析［J］.全国流通经济，2018（26）：61-63.

［81］孙艳雯.杭州西湖区健康产业发展现状及思考［J］.统计科学与实践，2016（7）：38-40.

［82］龚向前.传染病控制之国际法问题研究［D］.武汉：武汉大学，2005.

［83］张鸿石，李丽.非政府组织在全球公共卫生治理中的地位和作用［J］.当代世界，2011，20（4）：36-38.

［84］聂建刚，熊昌娥.全球治理下的卫生国际合作现状分析［J］.医学与社会，2010，23（4）：6-8.

［85］马琳，郑英，潘天欣.我国参与全球卫生治理回顾与展望［J］.南京医科大学学报（社会科学版），2014（4）：4.

［86］尹慧，高迪.全球健康领域的国际合作者分析——以在中国开展卫生合作的机构为例［J］.中国卫生政策研究，2015，8（1）：52-57.

［87］文少彪，王畅.全球治理视角下的中国对非洲医疗援助［J］.国际关系研究，2014（1）：119-131，159.

［88］程晓丽，祝亚雯.安徽省旅游产业与文化产业融合发展研究［J］.经济地理，2012，32（9）：161-165.

［89］陈雪钧，李莉，付业勤.基于价值链视域的旅游养老产业发展模式研究［J］.企业经济，2017，36（7）：105-110.

［90］黎莉，王珏，陈棠.从旅游业角度看海南"候鸟式"养老的发展［J］.地域研究与开发，2015，34（1）：100-104.

［91］易慧玲，李志刚.产业融合视角下康养旅游发展模式及路径探析［J］.南宁师范大学学报（哲学社会科学版），2019（5）：21.

［92］王飞.美国生物医药产业创新的升级规律及启示［J］.南京社会科学，2019（8）：29-35.

［93］申俊龙，马洪瑶，魏鲁霞.中医药文化核心价值传承与创新的互动和演化逻辑［J］.医学与哲学（A），2013，34（10）：90-94.

［94］党海霞，张俊华，刘保延，等.中医药传承创新健康服务体系的战略研究［J］.中国工程科学，

2017, 19（2）: 84-87.

［95］习近平关于科技创新论述摘编［M］.北京：中央文献出版社，2016.

［96］安晨雨，李晓丹，王素，等.我国医药制造业政府科技资助与企业 R&D 投入的协整关系研究——基于不同登记注册类型的比较视角［J］.沈阳药科大学学报，2019，36（4）: 353-360.

［97］江岩，曹阳.我国医药制造业产学研合作创新效率评价——基于三阶段 DEA 模型［J］.科技管理研究，2021，41（2）: 54-60.

［98］赖木蓝，徐娜，葛夫莲，等.基于数据包络分析模型的我国 2007—2016 年医药制造业技术创新效率研究［J］.医药导报，2020，39（11）: 1576-1587.

［99］张立国，苏星云，倪力军.基于 2003—2011 年统计数据分析科技投入对医药、中药行业发展的作用［J］.中国新药杂志，2014，23（21）: 2470-2474.

［100］黄茜茜，徐庆锋，庞震苗，等.近十五年我国中医药强省实施发展的文献研究［J］.现代医院管理，2021，19（3）: 7-10.

［101］温丽群，老膺荣.开展群众中医服务需求及中医基础知识调查，夯实中医药强省战略基础［J］.科技管理研究，2007（7）: 42-43，51.

［102］严晋，姚丽芬.以"中医药强省"建设为契机加快中医院现代化发展［J］.中医药管理杂志，2006（1）: 9-11.

［103］张景玲.公立中医医院综合改革的实践与思考［J］.中医药管理杂志，2017，25（22）: 171-173.

［104］季凯文.江西打造中医药强省优势明显［J］.中国国情国力，2020（4）: 43-45.

［105］张琳.抓准中医药传承与创新的"科技配方"［J］.中国科技产业，2021（10）: 50-51.

［106］王立元，章德林.中医药产业发展面临的机遇与挑战——以江西为例［J］.中国集体经济，2020（22）: 30-31.

［107］吕小芳，王娟，白浪.201 所医院感染科运行现状调查分析［J］.中华医院感染学杂志，2017，27（14）: 3339-3342.

［108］曾慧慧，蒋荣猛.北京地区三级综合医院感染科运行现状调查与分析［J］.中国卫生质量管理，2014，21（6）: 33-36.